MESSAGES
The Communication Skills Book
4th Edition

学会沟通

全面沟通技能手册

原书第4版

[美] 马修·麦凯　　玛莎·戴维斯　　帕特里克·范宁　　著
　　(Matthew McKay)　　(Martha Davis)　　(Patrick Fanning)

王正林　译

机械工业出版社
China Machine Press

图书在版编目（CIP）数据

学会沟通：全面沟通技能手册：原书第 4 版 /（美）马修·麦凯（Matthew McKay），（美）玛莎·戴维斯（Martha Davis），（美）帕特里克·范宁（Patrick Fanning）著；王正林译 . -- 北京：机械工业出版社，2021.11（2024.5 重印）
书名原文：Messages: The Communication Skills Book, 4th Edition
ISBN 978-7-111-69218-8

I. ①学… II. ①马… ②玛… ③帕… ④王… III. ①人际关系学 – 通俗读物
IV. ① C912.11-49

中国版本图书馆 CIP 数据核字（2021）第 213039 号

北京市版权局著作权合同登记　图字：01-2021-1995 号。

Matthew McKay, Martha Davis, and Patrick Fanning. Messages: The Communication Skills Book, 4th Edition.

Copyright © 2018 by Matthew McKay, Martha Davis, and Patrick Fanning.

Chinese (Simplified Characters only) Trade Paperback Copyright © 2022 by China Machine Press.

This edition arranged with New Harbinger Publications, Inc. through BIG APPLE AGENCY. This edition is authorized for sale in the Chinese mainland (excluding Hong Kong SAR, Macao SAR and Taiwan).

No part of this book may be reproduced or transmitted in any form or by any means, electronic or mechanical, including photocopying, recording or any information storage and retrieval system, without permission, in writing, from the publisher.

All rights reserved.

本书中文简体字版由 New Harbinger Publications, Inc. 通过 BIG APPLE AGENCY 授权机械工业出版社在中国大陆地区（不包括香港、澳门特别行政区及台湾地区）独家出版发行。未经出版者书面许可，不得以任何方式抄袭、复制或节录本书中的任何部分。

学会沟通：全面沟通技能手册（原书第 4 版）

出版发行：机械工业出版社（北京市西城区百万庄大街 22 号　邮政编码：100037）
责任编辑：邹慧颖　　　　　　　　　　　　　　　责任校对：殷　虹
印　　刷：三河市宏达印刷有限公司　　　　　　　版　　次：2024 年 5 月第 1 版第 6 次印刷
开　　本：170mm×230mm　1/16　　　　　　　　印　　张：20
书　　号：ISBN 978-7-111-69218-8　　　　　　　定　　价：69.00 元

客服电话：（010）88361066　68326294

版权所有·侵权必究
封底无防伪标均为盗版

中文版赞誉

（按姓氏笔画排序）

本书的作者们颇具勇气，他们在努力编写一本有关人际沟通的完整手册：从基本技能到高级意识，再到场景活用。人与人的互动非常复杂，区区三百来页的篇幅或许并不能完全解答所有问题，但是本书提供的框架已经相当完善。今天，关于自我探索和成长的讨论很容易深入到哲学与精神层面，不过在掌握沟通和社交技能之前一味向内探索更像是选择性无视。在社交虚拟化、社会关系原子化的时代，我极力建议大家重视对沟通技能的培养，而这本书将是你实现沟通技能进阶很好的辅助工具。

——史秀雄　心理咨询师，播客《Steve 说》主播

这是一本关于"沟通"的好书，它不止单纯地鼓励表达，或阐述表达的种种好处——毕竟对于大多数人而言，沟通中的难题不是缺少沟通意愿，而是在沟通的过程中遇见了难以跨越的障碍，本书告诉我们，沟通是一项基本技能，并且实现有效沟通是有迹可循的。从最基础的学会倾听与表达，到分析对方的动机与自信表达，作为一名法律人，我很认同自信在沟通中的关键

作用，因为只有你真正认同对话双方处于平等地位，才能避免怯懦对沟通的消极影响。本书还给出了在各种具体场景中如何沟通的有效建议，非常启发人，因此我推荐给大家。

——何运晨　《令人心动的 offer》人气成员

一本好的沟通工具书，应该兼具全面性与可读性：全面性，是为了方便读者在遇到沟通问题时能够找到相应的解决方法；可读性，保证了即便是闲翻书，我们也能够读得津津有味。本书兼备这两个特点，从沟通的基本技能到高级技能，在纵向上保证了学习的深度；从冲突场景、社交场景、家庭场景到公共场景，在横向上展示出应用的广泛性。大量真实的案例与直接有效的话术，让实用性和趣味性贯穿全书始终。这本书已经成了我的床头书，时时翻阅，总有新得。沟通，需要时间去练习，所以，早点打开这本书，让未来的你在沟通中游刃有余。

——席瑞　人气辩手，表达学院讲师

这些年我一直在各个场合讲授沟通方法，从大家的反馈来看，沟通像是生活中既普通又影响重大的一门技能。而在意识到它很重要之前，我们已经因为许多错误的沟通方法惹了不少麻烦。这本书从更细微的角度入手，有扎实的理论，也有轻巧的生活案例，让你一秒代入，连连点头："嘻，原来我跟他一说就炸是这个原因。"最可贵的是，作者提供了很多表格作为自我觉察的工具，把"沟通"这种说不清道不明的事情给具体化了，读完这本书，只要你愿意，你一定能在亲密关系、职场人际关系中做出更积极的改变。

——崔璀　优势教育发起人，女性成长平台 Momself 创始人

原书赞誉

在本书中,作者介绍了基本沟通的要点。从自信的沟通和积极的倾听,到数字化的沟通和社交媒体礼仪指南等,每一个人、每一对夫妻、每一位治疗师都将受益于本书。如果你希望与他人加深联系,并且在每次社交活动中取得成功,那么本书就是为你准备的。

——迈克尔·A. 汤普金斯(Michael A. Tompkins)博士,
《焦虑与回避》(*Anxiety and Avoidance*)的作者,
旧金山湾区认知治疗中心联合主任

本书对我的临床实践大有益处。这本关于高效沟通的图书简单易懂、非常实用,完全符合作者写这本书的初衷。认真阅读,勤做书中的练习,并且践行书中的建议,可以使人们有效地改善人际关系。本书在沟通过程、沟通风格、沟通需求、沟通结果以及练习沟通等方面有大量的描述,这有助于读者全面综合理解"为了加强人与人之间的联系而进行的高效的沟通,究竟意味着什么"。这是一本关于我们怎样用自己传递的信息与他人加强联系的优秀自助手册！

——罗宾·D. 沃尔泽（Robyn D. Walser）博士，
旧金山湾区创伤康复诊所联合主任，
加利福尼亚大学伯克利分校助理教授，
《亲爱的，你会爱我吗》（*The Mindful Couple*）的合著者

这是一本令人惊叹的书。它不仅能帮助你更高效地和他人沟通，而且有助于你磨炼沟通的技能。书中引用了来自各行各业的例子，解释了高效沟通的关键方面，并为读者提供了充裕的在众多不同的环境中练习这些技能的机会。尽管本书基于可靠的学术研究，但读起来不会让人感到乏味、枯燥。书中大量的真实案例和插图，使内容变得生动鲜活，可以说，这是一本十分真诚、清晰、简洁、精美的书。这本书值得我倾力推荐。

——格奥尔格·H. 艾弗特（Georg H. Eifert）博士，
《你的人生目标》（*Your Life on Purpose*）等书的合著者

对于任何想要提高沟通技能的人来讲，本书都是必读之书。无论读者是想增进与重要他人、同事、上司的关系，或是与亲人之间的关系，这本书都提供了如何在不同场合有效地与他人进行沟通的实操建议。每章都有特定的技能和练习来帮助读者掌握人际沟通的技能，使读者在沟通时不必再局限于以"我"开头的语句。我强烈推荐这本书！

——帕特丽夏·E. 苏里塔·奥纳（Patricia E. Zurita Ona）博士，
《当情绪遇见心智》（*Mind and Emotions*）的合著者

沟通是一项基本的生活技能，与你借以努力完成学业或赖以谋生的技能同样重要。沟通的能力在很大程度上决定了你的幸福感。当你掌握了高效的沟通技能时，你能交到朋友并且留住朋友，在工作中受到重视，你的孩子尊重并信任你，你的合理需求会得到满足。

如果沟通不太高效，你就会发现自己的人生在某些方面是有缺憾的：尽管你的工作还算顺利，但你的家人时常在晚餐桌上大吵大闹。你或许能找到另一半，但知心朋友却似乎难寻。你不停地换工作，你的同事常常对你冷淡。不过，好在你和你的老同学玩得很开心。你在聚会上笑得很开心，而回到家里却孤身一人。

高效的沟通使得生活更有意义。然而，你可以从哪里学会这种沟通技能呢？父母可能不善言辞，学校则忙于教你数学和阅读。在通常情况下，没有人告诉你要怎样表达你的内心想法、你的愤怒情绪或者你不为人知的恐惧感，也没有人告诉你要怎样积极倾听、如何在不责怪他人的前提下提出你的要求，或者如何弄懂某人的意思而非去猜测其想法。

这些技能多年来早已为人所知，你也可以加以运用。它们能够也应当与"读、写、算"一同来传授。例如，年轻人应当在学校的时候、在当上父母之前就学会高效的养育技能，而不是等到多年后自家十几岁的孩子逃学或者离家出走时才开始学习。除了向学生传授传统的沟通理论课程，大学还应当提供一些关于沟通技能的核心课程。

本书将一些最基本的沟通技能结集成册。尽管它们以浓缩的形式呈现，但书中也有足够的例子和练习，以便你着手训练你想学习的技能。本书会告诉你要怎样进行沟通，而不是怎样思考沟通。只有当某个理论能够快速帮助你理解特定的沟通技能时，我们才会介绍纯理论的东西。

英文版《学会沟通》于1985年出版，从那以后，它就成了该领域的标杆作品，学生、老师、治疗师、咨询师以及普通读者可以在各种各样的环境中使用它。本书对应的是英文版第4版，仔细查看书中目录，你会发现，本书十分重视对技能的介绍。

第一部分阐述沟通的基本技能。每个人都需要知道如何倾听、如何表达想法和感受，以及如何高效表达。

第二部分说明沟通的高级技能，向你传授怎样使用和理解肢体语言、解密副语言和元信息、揭示隐秘的动机，并且对你与他人的沟通进行分析，明确你和对方的语言信息。

第三部分关注化解冲突的沟通技能，阐述了一些在冲突局面下必不可少的沟通技能，包括自信、验证和谈判。

第四部分讲述社交技能，内容涉及准确的第一印象、与新朋友的联系，以及在数字化领域中恰当而有效的沟通。

第五部分涉及家庭沟通技能，教你如何与伴侣、孩子以及其他家人进行沟通。

第六部分谈论公共沟通技能，涉及你在发表演讲时和在面谈时如何影响他人。

显然，你应该先阅读第一部分和第二部分，然后再阅读适合你的人际关系和人生定位的特定部分。你需要做的不仅仅是阅读，因为如果只是阅读，你就会无法理解本书的要点——沟通是一种技能。学习技能的唯一方法是积累经验，你必须去做！事实上，你必须去做这些练习，遵循书中的建议，并且通过实践使这些技能成为你自己的。对于本书的一些练习，你可能需要准备一个笔记本或一些白纸。

正如你不会指望自己读完一本过期的《木工杂志》（*Woodworking Magazine*）就能成为一名熟练的木工那样，你也不可能仅仅通过仔细阅读关于如何与人沟通的文章，就成为一名能说会道、魅力十足的健谈者。在实践中学习，不仅适用于木工、滑雪或演奏乐器，也适用于沟通技能。人们需要关于技能的知识，而与沟通技能相关的知识就在本书之中，然而，你必须把它运用到你的日常生活中去。

中文版赞誉
原书赞誉
前言

第一部分 1

基本技能

第1章 倾听 2
真正的倾听 vs. 虚伪的倾听 3
倾听障碍 5
评估倾听障碍 9
高效倾听四步骤 13
全然地倾听 18

第2章 自我表露 19
自我表露的益处 21
自我表露的障碍 23
适度的自我表露 24
评估自我表露 26
练习自我表露 28

		第 3 章　表达	31
		观察	31
		想法	32
		感受	32
		需求	33
		完整的信息	34
		混杂的信息	35
		为表达完整的信息做好准备	37
		练习完整的信息	38
		高效沟通的规则	42

第二部分　49

高级技能

	第 4 章　肢体语言	50
	肢体动作	52
	空间关系	56
	第 5 章　副语言和元信息	60
	副语言的要素	61
	改善副语言	63
	元信息	65
	应对负面元信息	68
	第 6 章　隐秘的动机	71
	八种隐秘的动机	72
	隐秘动机的功能	77
	第 7 章　沟通分析	80
	三种自我状态	80
	分析你的沟通	83
	沟通的种类	89
	沟通分析的基本规则	95
	第 8 章　质疑各类语言模式	96
	理解语言模式	98

		质疑受限的语言模式	103
		质疑扭曲现实的语言模式	106

第三部分　111

化解冲突的技能

第 9 章　自信训练　112

你的正当权利　113
三种沟通风格　114
设立学习目标　118
自信地表达　119
自信地倾听　121
自信地表达并倾听　122
回应批评　123
特别的自信沟通方法　128
练习使用自信技能　133

第 10 章　验证策略　135

什么是验证　135
验证的好处　136
验证的原则　139

第 11 章　谈判　142

谈判的四个阶段　143
应对冲突　145
原则谈判法的原则　146
当事情变得棘手时　153

第四部分　157

社交技能

第 12 章　形成准确的第一印象　158

预先判断的典型陷阱　159
预先判断中的赞成和反对　164
纠正人格失调性歪曲　167
持续的幻想　169

澄清第一印象 170

第 13 章　进行接触 172

害怕陌生人 172
与人接触指南 176
交谈的艺术 180
富有成效的交谈 184

第 14 章　数字化沟通 188

电子邮件 188
短信 192
语音信箱 193
社交媒体 195
视频聊天 197

第五部分 | 199

家庭沟通技能

第 15 章　夫妻沟通技能 200

图式 201
夫妻系统 206

第 16 章　和孩子沟通 219

倾听 220
表达 224
共同解决问题 230
何时放手 236
何时必须说"不" 236

第 17 章　家庭沟通 238

家庭沟通的障碍 239
家庭"疾病" 244

家庭系统	250
如何保持良好的家庭沟通	252

第六部分 | 255

公共沟通技能

第18章　影响他人　256

影响他人改变的无效策略	257
影响他人改变的有效策略	258
影响人们做出改变的计划	262

第19章　公开演讲　266

做好演讲的计划	267
组织演讲稿	268
分析观众	272
演讲风格	273
支持材料	276
提纲	277
发表演讲	279
应对怯场	280

第20章　面谈　283

明确你想要什么	284
当你发起面谈时	286
当你接受面谈时	294

参考文献	302
扩展阅读	304

PART 1

第一部分

基本技能

倾　　听

　　想象你在参加一个晚宴。有人正在向你讲一些趣事,有人则向你抱怨,还有人在炫耀他的升职。每个人都急着跟你交谈,讲述他自己的故事。突然之间你发现,没有人在认真倾听。当人们还在继续夸夸其谈时,你注意到他们的眼神在四处游荡。他们或许正在脑海中排练自己的台词。就好像他们暗地里赞成这样的想法:"如果你愿意听我说话,我也愿意听你说。"

　　倾听是结交朋友并保持良好人际关系的基本技能。如果你是一位优秀的倾听者,你就能注意到别人会被你吸引。你的朋友向你透露内心的想法,你们的友谊进一步加深了。由于你倾听并理解他人,成功来得更容易了。你知道他们在想什么,也知道什么事情会伤害或惹恼他们。你会赢得一些"幸运的"突破,因为人们欣赏你,希望你在他们身边。

　　不听别人说话的人令人生厌,他们似乎只对自己感兴趣。他们会透露"你要说的东西对我来说并不重要"的信息,使得潜在的朋友及爱人远离他们。结果，他们常常觉得孤独，感到被人孤立。可悲的是，不善于倾听的人很少发现问题出在哪里。他们改变发型，添新衣裳，努力变得有趣，并且与别人谈论"有趣的"东西。然而，根本的问题依然存在——与他们交谈没有趣味，别人会因他们不听自己说的话而感到不满。

不倾听是危险的！你将错过重要的信息，看不到问题即将出现。当你试图理解人们做事的原因时，必须通过揣度人心来弥补倾听技能的缺失。

倾听是一种奉献之举，并表达了对他人的赞赏之情。之所以说它是一种奉献之举，是因为你要理解他人有什么感受，以及他们怎样看待他们的世界——这意味着将你自己的偏见、信念、焦虑和以自我为中心等搁在一旁，以便从他人的视角来看问题。之所以说倾听表达了对他人的赞赏之情，是因为它好比在告诉别人："我关心你的事情，你的生活和体验很有意义、很重要。"人们通常会喜欢和欣赏你，以回报这种赞赏。

真正的倾听 vs. 虚伪的倾听

真正的倾听不仅需要你在别人说话的时候保持安静，还需要你能有赞赏对方、想要理解对方、从对方身上学习、为对方提供帮助等意图。虚伪的倾听的意图则并不是听对方说话，而是迎合某些其他的需求，比如：

- 让对方以为你对他们感兴趣，以便他们喜欢你。
- 时刻保持警觉，看自己是不是有被拒绝的危险。
- 只听某些特定的信息，忽略其他的信息。
- 为准备你接下来要说的话争取时间。
- 心不在焉地只听一半，以便对方倾听你说话。

- 注意寻找对方的弱点，以便充分利用对方。
- 寻找对方论据中站不住脚的方面，为反击搜集"弹药"，使自己总是站在正确的一边。
- 留意他人的反应，以确保你们的交谈达到了你期望的效果。
- 心不在焉地只听一半，以便表现得"友好"，避免伤害或冒犯某人。

练习1.1

每个人都会有虚伪地倾听别人说话的时候。使用下表来评估你和你生命中重要的人们之间倾听的真伪程度，估算你自己的倾听中有多少是真正的倾听。

工作		家庭	
老板	___ %	伴侣	___ %
同事		孩子	
_____	___ %	_____	___ %
_____	___ %	_____	___ %
_____	___ %	_____	___ %
下属		室友（住家里的）	___ %
_____	___ %	**朋友**	
_____	___ %	最好的朋友	___ %
_____	___ %	同性朋友	
亲人（亲戚）		_____	___ %
母亲	___ %	_____	___ %
父亲	___ %		
兄弟姐妹		异性朋友	
_____	___ %	_____	___ %
_____	___ %	_____	___ %
其他			
_____	___ %	_____	___ %
_____	___ %	_____	___ %

根据上表的信息，请你问自己如下问题：

- 你能够最好地倾听哪些人说话？
- 你和哪些人在一起时，更多地进行虚伪的倾听？
- 是什么让你更容易或者更难以听他们说话？
- 在上表中，有你想更多地真正听他们说话的人吗？

选择一个让你觉得好相处的人，花一天时间真正地倾听对方说话。每当你们交谈时，留意你倾听的意图。你是试着去了解对方，喜欢对方，想向对方学些东西，还是想给予对方帮助或安慰？注意你是否在虚伪地倾听，并且关注什么事情需要用虚伪的倾听来满足。习惯很容易养成。如果你坚持这个练习一周，就会自动开始注意提高倾听的质量。

倾听障碍

倾听有 12 个障碍。你会发现，在这些障碍中，有些是你以前最熟悉并且反复遇到过的，有些则只在与特定类型的人沟通时或在特定情境中出现。每个人都会遇到倾听障碍，即使你发现自己熟悉其中的许多障碍，也不用担心。这次梳理对你来说是一个机会，等到下次你真正遇到这些障碍时，你就能更加清晰地意识到它们。

对比

对比使得倾听难以进行，因为你总在想方设法评估你和对方谁更聪明、更有能力，谁的情绪更健康。有些人重点关注谁遭遇的痛苦更多，谁是更严重的受害者。人们无法听进去太多的话，因为他们忙于观察自己是不是与对方相匹配。当有人对他们说话时，他们常会想："我能不能把这件事做好""我经历过更艰难的日子,他不懂得艰苦是什么""我比他赚得多""我的孩子比他的孩子聪明多了"。

读心

读心者不太注意别人说的话。事实上,他们经常不相信别人说的话。读心者试图弄清楚对方的真实想法和感受:"她说她想去看演出,但我敢打赌她一定是累了,想放松一下。如果她不想走,我去催她,那么她可能会怨我。"假如你是一位读心者,你会根据直觉、预感和模糊的疑虑,就别人将怎样回应你做出种种猜测,而不是根据别人事实上对你说了什么来推测。

预演

当你预演自己该说些什么时,便没有时间倾听。你所有的注意力都放在准备和构思你接下来要说的话上。你不得不表现出一副感兴趣的样子,但思绪早已飘走,因为你要预演你的故事,或者在想着怎样表达某个观点。有些人会在脑海中演练和别人沟通时的整个反应链条:"我会说 X,然后他说 Y,接下来我再说 Z……"

过滤

在过滤听到的信息时,你会只听某些信息,不听别的信息。你只关注某人是不是生气或不高兴,或者留意自己的情绪会不会即将爆发。一旦你确定你和对方的沟通中不包含这些,就会让自己的思绪游离。举个例子,一位女士只是专心地听她儿子讲是否又在学校打架了,听到儿子说"没有"后,她松了一口气,随即就开始考虑她的购物清单了。

人们在沟通时过滤信息的另一种方式是简单地避免听某些事情,特别是那些带有威胁性的、消极的、包含批评的或不愉快的事情。就好像对方从来没有说过那些话，你甚至可能会坦然地说："我不记得对方说过那些话。"

评判

负面的标签有着极大的破坏力。如果你预先评判某个人愚蠢、"一根筋"或者不称职，就不会太认真地听他说话。你已经把这个人撇在一边了。匆忙地判定"别人说的某句话是不道德的、虚伪的，或是疯狂言论"，意味着你已经没在听了，并且已经做出了一种本能反应——逃离。倾听的一条基本规则是，只有在你倾听了别人的话并且评估了说话内容之后，才能进行判断。

联想

当你听到一半时，对方说的话突然在你的内心引发了一系列秘密联想。你的邻居说她被解雇了，你转瞬间就回想起：自己曾经因在工作日的休息时间打牌而被解雇；《红心大战》是个很棒的棋牌游戏；几年前，你还住在萨特街的时候，有很多非常不错的纸牌派对……你的思绪还沉浸在过去，直到几分钟后，当邻居对你说"我知道你能理解，但请别告诉我的丈夫"时，你才回过神来，继续与她交谈。

辨认

当这种障碍出现时，你会把某人告诉你的所有内容都听进去，并且有意代入你自己的经历。有人想告诉你他的一次牙疼的经历，你马上想起自己也做过阻止牙龈萎缩的口腔手术。还没等别人讲完他的故事，你就开始讲你的故事。你听到的每件事都会让你想起自己曾经的感受、做过的事情或遭受过的痛苦。你忙于回想生活中那些激动人心的故事，以至于没有时间去真正地倾听或了解对方。

建议

你是十分出色的问题解决者，随时准备出手帮助别人并提供建议。你可能不听别人把话说完，就会开始搜寻合适的建议。不过，当你在认真思考你的建议并试图说服对方"试一试"时，可能忽略了最重要的东西。你没有理解对方的感受，也没有承认对方的痛苦。对方仍会感到孤独，因为你没有在听他说话，没有站在他的立场上去思考和回应。

争辩

这种倾听障碍使得你容易与别人争辩。对方从未觉得你在倾听，因为你总是急于提出不同意见。事实上，你大部分的注意力集中在寻找和他不一致的意见上。你坚持你的立场，而且明确地表达你相信和偏爱的东西。

争辩的一种类型是贬低对方。你用尖酸刻薄的话来驳斥他人的观点。例如，当海伦开始向亚瑟讲述生物课上遇到的问题时，亚瑟说："你什么时候才能动动脑筋，放弃那门课？"贬低对方是许多婚姻中常见的倾听障碍。它瞬间就能将沟通推入刻板的模式，每一方都重复一段耳熟能详的充满敌意的长篇大论。

争辩的另一种类型是贬低自己。这种倾听障碍常见于那些无法忍受赞美的人："哦，我什么也没做。""你什么意思？我真的太差劲了。""虽然你说得很好听，但我这次的尝试真是太糟糕了。"贬低自己的问题在于，别人从来不能因为你听到了他们的赞美而感到满足。他们是对的，你确实没听到！

以为自己正确

以为自己正确，意味着你会竭尽全力地避免错误。你会扭曲事实，开始高声大叫，找借口，肆意指责别人，或者使别人回想起过去的罪恶。你听不进批评，你也不可能因为别人的建议而纠正错误和改变自己。你的信念不可动摇。因为你不承认你犯了错误，所以还会继续犯错。

顾左右而言他

这种倾听障碍表现为突然地改变话题。当你对谈话感到厌倦，或者对某个话题感到不舒服时，你就开始顾左右而言他。你可能用幽默来转移话题，或者不论别人说了什么，你都开一句玩笑或妙语连珠，目的是避免因认真倾听对方说话而产生的不舒服或焦虑。

讨好

"对……你说得对……绝对的……我知道……当然，你……不可思议……是的……真的吗？"你想做个好人，想表现得高兴并且乐于助人。你希望人们喜欢你，因此同意他们说的一切。你想要避免冲突。你只听了一半，只够听懂对方的大致意思，而你并没有真正参与沟通。你是在讨好对方，而不是在关注和确认对方在说什么。

评估倾听障碍

现在，你已经了解了倾听障碍，也许知道哪一种障碍发生在你身上。请记下那些似乎在你身上十分典型的倾听障碍。你在认出它们后，可以开始探索它们阻碍了你和哪些人的沟通。你还可以找出哪些人或者什么类型的人通常会引起某些倾听障碍。例如，你会和母亲争辩，而你对最好的朋友则顾左右而言他；面对老板，你会讨好和预演，而面对孩子，你可能提大量的建议。

在下面这些练习中,你将探索你通常会使用的倾听障碍,你和哪些人在一起时倾向于使用某些障碍,你使用倾听障碍的频率,以及你在哪些情境中会使用倾听障碍。在你评估了自己的倾听模式后,最后的练习将帮助你做出一些小小的改变,使你将来能够变成更优秀的倾听者。

练习 1.2

对于你人生中的重要之人,写下你和对方沟通时通常会使用的倾听障碍。请注意,你可能对许多人使用不止一种倾听障碍。

人	障碍
工作	
老板 _____	_____
同事 _____	_____
_____	_____
_____	_____
下属 _____	_____
_____	_____
_____	_____
_____	_____
亲人(亲戚)	
母亲 _____	_____
父亲 _____	_____
兄弟姐妹 _____	_____
_____	_____
其他 _____	_____
_____	_____
_____	_____

家庭
伴侣 _____ _____
孩子 _____ _____
_____ _____
_____ _____
_____ _____
室友（住家里的）_____ _____

朋友
最好的朋友_____ _____
同性朋友 _____ _____
_____ _____
_____ _____
异性朋友 _____ _____
_____ _____
_____ _____

留意一下你使用倾听障碍的规律。你在家里使用的倾听障碍更多，还是在工作中使用的倾听障碍更多？你与同性朋友沟通时使用的障碍更多，还是和异性朋友沟通时使用的障碍更多？某些人或者某些情境是否会促使你起用倾听障碍？你是经常使用某一种倾听障碍，还是对不同的人、在不同的情境中使用了不同的倾听障碍？

练习1.3

你可以留出一天时间来完成以下五个步骤，从而系统地考察你的倾听障碍。请注意，这个练习的目的不是消除倾听障碍，而是提高你对如何以及何时使用倾听障碍的意识。

1. 选择你最常使用的倾听障碍。
2. 做好记录：你在一天之中使用这种倾听障碍的频率。
3. 你最容易对谁使用这种倾听障碍？
4. 通常什么样的话题或者情境会促使你起用这种倾听障碍？
5. 你在使用这种倾听障碍时，感觉怎样？请圈出你认为相符的词。
   厌倦　焦虑　激怒　受伤　嫉妒　挫败　匆忙
   心情低落　被人批评　高度兴奋　心事重重　被人攻击　身心疲惫
   其他_____

你想要考察的倾听障碍有多少种，就可以重复这种意识练习多少次。请注意，一天中只追踪观察一种障碍。

练习1.4

在获得了更加深入的认识之后，你也许想要改变某些妨碍倾听的行为。你可以留出两天时间做下面这些事情。

1. 挑选一个你打算对他停用倾听障碍的重要人士。
2. 做好记录：你一天中与这个人交谈时使用了多少次倾听障碍？
3. 你对这个人使用了哪些倾听障碍？
4. 通常什么样的话题或者场合会触发你使用这些障碍？
5. 第二天，你要有意识地避免对这个人使用倾听障碍，试着把对方说过的话用自己的语言表述出来，真正地用心倾听，注意并记下你的感觉以及你在拒绝使用倾听障碍时发生了什么。
   请注意：不要期望奇迹发生。如果你少用了一半的倾听障碍，你就算成功了。

起初，你可能感到焦急、厌倦或恼怒。你也许发现自己避免了某一种倾听障碍，却使用了另一种倾听障碍。沟通让你觉得不舒服。你也许突然之间分享和透露了你以前不愿透露的事情。此时，你要像科学家那样冷静地观察发生了什么事，评估当时的状况。这是不是让你与目标对象打交道时感觉更好？如果不是，那么你需要花一周时间做上述练习。请留心你是如何逐渐地养成监测自己倾听的认真程度的习惯的。

高效倾听四步骤

高效倾听有四个步骤：①积极地倾听；②带着同理心倾听；③敞开胸襟倾听；④有意识地倾听。

积极地倾听

倾听并不意味着你可以坐着一动不动而且一言不发。倾听是一个需要你积极参与的过程。你通常得向对方提一些问题，并且给出反馈。在这种提问与反馈之后，你便更加全面地了解了你们在聊些什么。这样的话，你就不再是被动地接收信息，而是沟通过程中的合作者。积极地倾听包括改述、澄清、给予对方反馈。

改述

改述是指你用自己的话表述对方刚刚说过的话，把对方的想法重新表达出来。改述是认真倾听的必要环节，它使你不停地设法理解和弄清楚另一个人的意思，而不会妨碍沟通。你可以采用下面这些导语来进行改述："我听到你说的是……""换句话讲……""那么说，基本上你的感觉是……""让我想想，你遇到的情况是这样的……""我理解，事情是这样的……""你的意思是不是……"每当人们说了某些你觉得重要的事情时，你都应当改述。

你在改述的时候，对方会非常赞赏你的倾听行为，对此感到满足。改述可以阻止愤怒升级，并延缓危机的出现。它通过当场澄清错误的假设、误解等来终止双方的误会。改述有助于你记住对方说的话。改述是大多数倾听障碍的"解药"——你在改述的时候，会发现倾听障碍（例如，对比、评判、预演、争辩、建议、顾左右而言他、联想等）都变得更容易克服了。

为了增强你的改述能力，请做以下练习。你可以选一位喜欢尝试新鲜事物的朋友，向对方解释你想要提高自己的倾听技能。你朋友的任务是和你讲一个发生在他生活中的故事，而且这个故事对他来说很重要。基本上你的朋友只要说话就行了。你的任务是每隔一段时间就改述你朋友刚刚讲的话，用你自己的方式将听到的内容说出来，并且看看你是否理解正确。你每次改述时，你的朋友要确定你是不是真正理解了他说的意思。如果你说错了，你的朋友就要纠正你的说法，而你要将他纠正的内容融入下一次的改述。你们不停地改述和纠正，直到你的朋友确信你已经听懂了他讲的内容。这样一来，你可能会惊讶地发现自己要花不少的时间才能清楚地理解朋友说的话，并且两人就此达成一致。不得不说，误解太容易发生了！

澄清

澄清常常与改述"如影随形"。它意味着，在你更深入地了解对方的意思之前，要先提问。你的目的是完全理解对方的话，因此常常需要询问对方更多的细节。你得更深入地了解情况。澄清帮助你聚焦于重点内容，以便听到的不只是含糊笼统的信息。你在由某人的想法、感受组成的背景信息中听到了某个事件，以及相关的历史。澄清还让对方知道你对他感兴趣，它传递的信息是："我愿意努力去了解和理解你。"

给予对方反馈

积极倾听不仅有赖于改述和澄清，还需要给予对方反馈。你改述并澄清了对方所说的话，现在可能已经理解了对方的意思。此时，你应当回应对方，你可以采用非评判的方式来说出你的想法、感受。这并不是说你要重新和别人争辩一番，或者将你的陈述视为一种回应，而是意味着分享你内心的想法和感受，不需要对方赞同或反对。反馈能帮助对方理解他与你沟通的效果。这是纠正错误和误解的一个机会，也有助于使对方知道（你的）新颖的和有价值的观点。

为了核实你对他人感受的看法，你可以把你的所见所闻转变成一种试探性的描述："我想了解你的感受，你对已经发生的事情是更加后悔，还是更加内疚？""听你这么说，我想知道你是不是还在生他的气。"

好的反馈是直接的、坦诚的、支持性的。"直接的反馈"在于你改述和澄清听到的内容并且在完全理解之后立即给予对方反馈。如果推迟反馈，哪怕只推迟几个小时，它的价值也会大打折扣。"坦诚的反馈"在于你要给出真实的反应，而且不进行粗暴的反馈。你没有必要为了反馈而批评某人。事实上，粗暴的反馈往往都不坦诚。"支持性的反馈"在于温和地说出你需要说的话（即使是负面的反馈），不给对方造成伤害或令对方产生抵触情绪。例如，"我有一种感觉，你有些事没有告诉我"就比"你有些事在瞒着我"更能向对方表达支持。"我觉得你很可能犯了个错"比"你一直很愚蠢"更能给人以支持。

带着同理心倾听

带着同理心倾听，就是要记住，每个人都在心理上和身体上尽他们最大的努力生存下去。尽管你不必一心想着自己必须喜欢每个人或者与每个人都达成一致意见，但你要意识到，你和别人一样，都有着同样的挣扎。即使是最令人发指、最自私、最虚伪、最暴力的行为，也是一种使得行为人痛苦最小化、延缓死亡和保住生命的策略。有些人的生存策略比其他人更好，另一些人显然是无力的，只要是他们接手的事情，都会被搞得一团糟。在身体上，他们不如别人健康，而在心理上他们深陷慢性抑郁或焦虑的泥潭。然而，每个人都无时无刻不在竭尽全力地求得生存。

当别人说出不堪入耳的话时，你对自己说："这人说话很难听，但他只是在努力求得生存罢了。"当别人说出不切实际的想法时，你可以问问自己："虽然他最终可能失败，但这个想法是如何降低他的焦虑或者满足他的需求的呢？"当一个人怒气冲天、吹毛求疵或者顾影自怜时，让你带着同理心去倾听尤为困难。当这种情况发生的时候，你可以问自己如下问题。

- 人们的愤怒、焦虑等情绪是源自什么需求？
- 这个人正在经历什么危险？
- 这个人在寻求什么？

敞开胸襟倾听

当你的思想封闭时，当你在评判和挑毛病的时候，你很难去倾听。当你列举案例来驳斥对方的观点时，所有的信息都被你打乱了。你会有选择地听，过滤掉重要的信息，并且只听那些看起来虚假或愚蠢的东西。你收集并且囤积那些"愚蠢的东西"，以便用来反驳对方，并在日后将其分享给某个有同理心的人。

评判对方尽管可能让你深感满足，但也会让你付出许多代价：如果你的观点被证明是错误的，你往往最后一个才知道；你无法变得更加睿智，因为你只听那些你支持的观点；你不同意对方的主张，因此你也不理睬这些原本值得信赖的人；别人会对你失去兴趣，因为你在争论，不倾听他们的话；你最终会错过重要的信息。

几乎所有人都难以做到完全敞开胸襟倾听。你不想听到你那些神圣不可侵犯的东西变得毫无价值。你不想面对关于你自己的某些事实，也不想相信某个不讨喜的人说了什么值得思考的话。你自然而然地想要极力争辩，大声喊叫，以压制对方。你害怕犯错，因为你的观点和信念与你的自尊紧密相联。错误可能等同于愚蠢、糟糕或一文不值。

敞开胸襟倾听是一项可以学会的技能。为提高这项技能水平，你要和你信任的某个人一同来做如下"反转"练习。首先，针对你们之间有分歧但不至于引发激烈争吵的观点，你们各自陈述自己的论据。然后，你们将两人角色互换，为对方的观点展开辩论。你们要做到有说服力，真正地说服自己接受别人的观点，试着从对方的立场赢得这场辩论。别停下来，直到你觉得自己已经沉浸在曾经反对的观点之中为止。最后，你们互相分享自己的体会。

显然，你不可能在大多数时间里做这个"反转"练习。这个练习促使你敞开胸襟倾听。你可以把自己想象成一名人类学家，设想和你辩论的那个人来自另一个国家，和你有着不同的风俗习惯和思维方式。你的任务是找出对方的观点有哪些意义，看一看对方的观点与其世界观、历史背景及特定的社会制度之间有哪些内在联系。请保留你的判断，努力倾听对方完整的陈述和你们之间的沟通。在你掌握所有信息之前，先不要评估。

有意识地倾听

有意识地倾听包含两个部分。

一是，将你听到的信息与你自己掌握的历史、人物和实情等方面进行对比。在对比时要不加评判，只是简单地记下你和对方的沟通与已知的事实之间有哪些内在联系。

二是，把对方的话听进去，并观察对方是否言行一致。也就是说，留意这个人的语气、重音、面部表情和姿势等是否与说话的内容相一致。例如，如果有人告诉你，他的父亲刚刚去世，而他在和你沟通时却微笑着舒服地靠在椅背上，双手交叉放在脑后，那么他传递的信息没有意义，因为他的言行不一致。如果对方的身体动作、面部表情、声音和其言语不匹配，那么作为一名倾听者，你的任务是澄清事实，并且将你察觉到的这种不一致反馈给对方。如果你对这种不一致视而不见，那么说明你能勉强接受这种不完整的或令人困惑的信息。

全然地倾听

人们想要你倾听，所以他们会找寻线索来证明你确实在听。一位全然的倾听者要做到如下几点。

- 与对方保持良好的眼神交流。
- 身体稍稍向前倾斜。
- 通过点头或改述等方式向对方表示支持。
- 借助提问来澄清事实。
- 主动远离会让你分神的东西。
- 即使你生气或者烦躁，也要努力去理解对方的话。

自我表露

你可能觉得自我表露和高空跳伞却不带降落伞一样可怕。你之所以隐瞒自己的事情,是因为预料对方会拒绝或者不同意,但这样一来,你会错失许多东西。自我表露有助于建立令人兴奋的人际关系,并且加深两人的亲密感。它使关系变得透明、富有活力。如果没有自我表露,你就会被孤立在你自己私密的经历之中。

你不由自主地表露你自己。只要你和别人在一起,你就会这么做。即使你对他们不予理睬,你的沉默和姿态也会无意中透露一些信息。问题不在于是不是要表露你的想法,而在于如何恰当而有效地表露。

在本章中,自我表露是指简单地交流关于你自己的信息。尽管这个定义很简短,但其含义却十分重要。这个定义中的"交流"暗示着对方会接收你表露的信息。我们认为,自我反思和在日记中记录你自己的想法等不属于自我表露。"交流"包含借助非口头语言(例如手势、姿势、语音语调)进行的表达。

这个定义中的"信息"是指你向对方透露的新东西，而不是老调重弹。信息的形式有很多种，包括你已经察觉到并指出的事实、你对过去的经历或现在的体验所产生的感觉、你对自己或他人的想法、你过去或现在的愿望与需求等。

这个定义中的关键词是"你自己"。它意指你的真我。自我表露不是指说些谎言和失真的东西，也不是指戴着华丽的面具与别人交流。为了更好地理解要表露的这种自我，你可以参照如下改编自乔哈里视窗（Johari Window）的图进行检查（Handy, 2000）。试想你整个人可以用一个圆来表示，你将其分成四个象限。

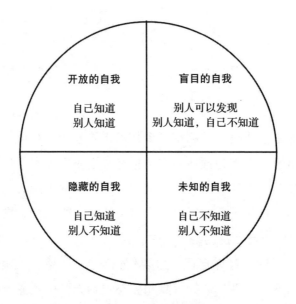

第一个象限是开放的自我，它包括了你的全部有意识的言行举止。第二个象限是盲目的自我，它由别人可以发现的、你自己却没有意识到的一些事情组成，比如习惯、言谈举止、防御机制、逃避策略等。第三个象限是隐藏的自我，它包括了你所有的秘密，也就是你只让自己知道的一切想法、感受和欲望。第四个象限是未知的自我，我们只能假定它确实存在，并且给它起个名字，比如无意识或潜意识。梦和神秘的经历是未知自我存在的最强有力的证据。

这些象限并不是密封的隔间。你在日常生活中的观察、想法、感受和需求等，不断从一个象限移动到另一个象限。你从外部世界看到的、听到的和触摸到的一切，都被带入了隐藏的自我。你可能忘记了一些事情，这或许意味着你将它们放进了未知的自我。有些经历会助长你持续的无意识习惯，从而进入盲目的自我。有些事情你记得，但你却永远不会说出来，只是把它们留在隐藏的自我之中。有些事情你注意到了，并将它们传递给别人，让其进入开放的自我。当你开始洞察自己为人处世的方式时，你就把这种洞见从盲目的自我转移到了隐藏的自我。当你和别人分享这种洞见时，它们就进入了开放的自我。

当关于你的观察、感受、想法和需求的信息从隐藏的自我移动到开放的自我时，你就是在进行自我表露。如果你善于自我表露，你的开放的自我这一象限就会比其他象限更大。开放的自我这一象限越大，你就越有可能从自我表露中受益。

自我表露的益处

准确地表露你是个什么样的人，是一件困难的事情。有时候你会想："为什么要费力地解释呢？为什么要冒险被别人拒绝呢？"然而，我们在生活中总是不断地需要与他人亲近、为他人所知。自我表露有以下益处。

增强自我了解

你在多大程度上了解自己，对此你自己并不一定知道。这既是矛盾的，又是真实的。你的想法、感受和需求常常模糊不清，直到你将它们表达出来，自己才清楚。如果想让别人了解你，那么你需要对"自己是个什么样的人"这一点进行澄清、阐述并得出结论。例如，当你想要某物时，你要向对方表达自己的需求，告诉对方其形状和颜色，还要补充细节，指出你需要解决的矛盾和可能的冲突。

加深人际关系

了解自己和他人是加深人际关系的基础。如果你和对方都愿意展现真实的自我，你们的关系就会加深。如果你们中的一方或双方都对自己的情况有很大程度的保留，你们的关系就会相应地变得淡薄。

增进沟通

自我表露可以促使和鼓励他人表露。当你向别人敞开心扉时，也会鼓励别人向你敞开心扉。即使对方和你不是特别亲密，你们也可以讨论更多的话题。即使你们只是在敞开胸襟地围绕某个特定的话题而沟通，沟通的深度也会进一步加深。此时，你从别人那里听到的不仅有事实和观点，还有他们的感受、需求和根深蒂固的信念。

减轻内疚感

内疚是一种混杂的情绪，由一些对自己的愤怒情绪以及另一些害怕心理组成，主要是害怕自己做过的、没做过的或者想过的事情会招致报复。内疚往往是非理性的，而且总是令人痛苦。不过，自我表露有助于稍微减轻内疚感。说出你做过的或者想过的事，可以从两个方面减轻内疚感：第一，你不需要再耗费精力来隐瞒过失了；第二，表露令你感到内疚的事情时，你就可以更客观地看待它。人们可以给予你反馈。你可以考察内心的这种内疚感是否合理，或者你的规则和价值观是否过于严苛，你的行为是否不可原谅。

自我表露是减轻内疚感的首要辅助手段，它以几种形式实现了制度化，例如嗜酒者互诫协会成员自称"酒鬼"，以及来访者向治疗师表露自己的创伤性事件。然而在日常生活中，你不需要治疗师在场就能体验自我表露的治愈效果，只要有个好朋友就可以了。

使你精力充沛

将自己的重要信息隐藏起来需要耗费精力。让我们假设你辞掉了工作，然后你像往常一样回到家里，对即将到来的困苦生活只字不提。事情可能这样发展：你没有注意到，你的女儿换了新发型，家人将你最喜欢的晚餐摆上了餐桌，或者重新摆放了客厅的家具。你太想保守你的秘密了，以至于几乎发现不了其他事情。你沉默、孤僻、爱发牢骚。你觉得生活了无趣味，它变成了一种负担。你所有的精力都被耗尽了。除非你卸下包袱，否则就是一具行尸走肉。

当你和别人的对话显得死气沉沉、无聊透顶、难以继续时，你要问问自己，你是不是在隐瞒什么事情。未表露的感受与需求往往难以抑制。它们已经存在于你的内心，好比一块石头堵在你的胸口，使你的言谈举止不再自然和随性，说起话来就跟发表葬礼演说那样严肃而沉重。你可以用这种方式来分辨自己是不是应当透露某个秘密：看看那种被压抑的感觉或需求是不是正在扼杀你和对方的关系。

自我表露的障碍

既然自我表露具有上述益处，那么为什么每个人不会时时刻刻都向所有人透露自己的一切呢？因为自我表露有一些巨大的障碍，它们常常被你深埋在隐藏的自我之中。

这些障碍的来源之一是社会对自我表露的偏见。我们一般认为，过多地谈论自己，或者在家庭之外讨论自己的感受或需求都是不好的。

自我表露的最大障碍是恐惧：害怕被人拒绝，害怕受到惩罚，害怕被人在背后议论，害怕被人利用。听到你表露自己的想法，有的人可能会嘲笑你，或者拒绝你，或者离开你。如果你表露了不好的特质，别人就会认为你很坏。如果你表露了一些积极的东西，别人又可能指责你吹牛。如果你表明了自己的立场，可能不得不做点什么，比如投票、捐款、当志愿者，或者处理别人的纷争。最后，你也许害怕认识自我。你本能地知道，通过表露自己的想法，你能够更好地了解自己，但你怀疑有一些关于你自己的令人不愉快的事实，你宁愿不去了解。

适度的自我表露

有些人就是比另一些人更加外向和乐于助人，他们的开放的自我这一象限相对较大。

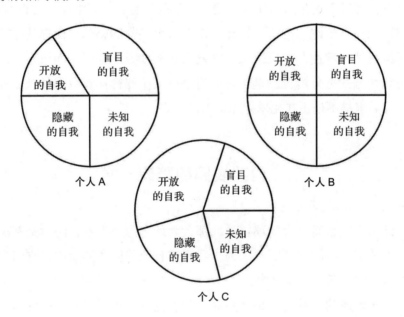

其实，你表露内心想法的多少，并不存在一个固定的量。你可能会倾向于比别人更加开放或更加保守，但在一定的范围内，你的情绪波动

将取决于你的心情、谈话对象、说话内容。下图展示了同一个人在与不同的人说话时自我表露的象限大小。

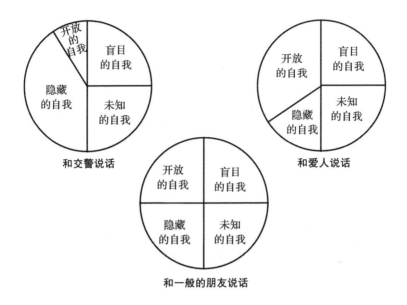

对自我表露的研究证实了常识的合理性。你往往对自己的伴侣、部分家人以及亲密的朋友更加开放。你一般更愿意透露你对衣服和食品的偏好，不太愿意透露财务状况。有的时候，你心情不好，不愿和别人说半句话。随着年龄从 17 岁增长到 50 岁，人们可能会逐渐提高自我表露的平均水平，过了 50 岁以后，人们一般变得更加保守。

健康的自我表露涉及一个平衡问题，即学会在恰当的时候对恰当的人说恰当的话。一般来讲，不断进入开放的自我这个象限之中的信息越多，沟通效果就会越好。进入隐藏的自我或盲目的自我这些象限中的信息越多，沟通效果就会越差。谨防走极端。如果开放的自我这个象限太大，你可能成为一个多嘴、说话不合时宜的人；如果这个象限太小，你会显得封闭和神神秘秘。如果盲目的自我这个象限太大，你会不在乎自己的外在形象。如果未知的自我这个象限太大，你会被人们认为是恶霸、吝啬鬼等。如果盲目的自我这个象限太小，你将成为一个过度分析的自我意识成瘾者。如果隐藏的自我这个象限太大,你会疏远人们,使人们难以接触你;如果这个象限太小,你将是不可信任的,因为你藏不住秘密。

评估自我表露

下面这个练习将揭示你是怎样向你人生中的重要他人表露自己的想法的。

> **练习2.1**
>
> 在下表中,对于每个主题,为你与母亲、父亲、伴侣、孩子和最好的朋友谈论它的程度打分。如果你的父母去世了,你没有孩子,或者想不出由谁来填补朋友或伴侣的类别,可以把这些栏空在那里。
>
> 打分标准如下。
> - 0分:你从来没有向其透露过关于你自己的这个方面。
> - 1分:你已经大致谈过这个方面,对方虽然知道一些事实,但不知道全部的信息。
> - 2分:你已经把相关的信息完整地告诉了对方,包括你的观察、想法、感受和需求。
> - X:你在这方面说过谎话或者提供了虚假信息,致使别人对你产生了错误的印象。
>
> | | 母亲 | 父亲 | 伴侣 | 孩子 | 最好的女性朋友 | 最好的男性朋友 |
> | --- | --- | --- | --- | --- | --- | --- |
> | **品位和兴趣** | | | | | | |
> | 你最喜欢的食物和不喜欢的食物 | | | | | | |
> | 你喜欢和不喜欢的音乐 | | | | | | |

(续)

	母亲	父亲	伴侣	孩子	最好的女性朋友	最好的男性朋友
你最喜欢的图书						
你喜欢的电影、电视节目或者电子游戏						
你最喜欢的住宅样式和家具类型						
你最喜欢的社交聚会类型						
态度与主张						
你对宗教的想法和感觉						
你对种族主义的看法						
你对酗酒问题的个人看法						
你对性道德的个人看法						
你认为恋爱对象应当具有的特质和品质						
工作或学习						
你最喜欢什么						
你最不喜欢什么						
你的缺点和不足						
你的特长						
你对别人欣赏你的工作的感觉						
你在工作中的抱负与目标						
金钱						
你的工资						
你是否欠钱（如果是的，欠了多少，欠什么人钱）						
你是否存钱，存了多少						
别人是否欠你钱，欠了多少，什么人欠的						
你是不是赌博，赌多大						
你现有的所有收入来源						
个性						
你不喜欢自己个性中的哪些方面						

	母亲	父亲	伴侣	孩子	最好的女性朋友	最好的男性朋友
你难以表达或难以控制的感觉						
关于你现有的性生活的事实（你怎样获得性满足，是否存有问题，和什么人有性关系）						
你是否觉得自己在性方面有吸引力						
你过去或现在觉得可耻和内疚的事情						
你最害怕什么						
身体						
你对自己颜值的感觉						
你希望自己看起来是什么样子						
你对身体不同部位的感觉，比如腿、臀、腰、胸等						
你目前是否存在健康问题						
你的病史和治疗史						
你如今是否付出了特别的努力来保持身材、健康和魅力						

（续）

请留意你更容易和别人聊哪些话题，又在哪些话题上总是保持沉默或者说谎。为了隐藏某个方面的信息，你耗费了多少精力？

请留意你对谁表露，又对谁隐瞒。这里有没有明显的规律可循？你是对某个家人透露或隐瞒，还是对某种性别的人透露或隐瞒？

请记下你想要关注的话题或谈话对象，并在下次练习时记住它们。

练习自我表露

下面你将进行自我表露的练习。它分为三个步骤，从告诉某个人一些关于你自己的事实，到表露你当前的想法、感受和需求，再到即时沟通。

信息

在这一步,你只表露事实。你可以挑选一个熟人,告诉对方你的工作情况、最近一次度假的情况,或者一些有意思的经历。在聊天时,你坚持只陈述时间、地点、事件、人物等事实,不要透露你的感受或观点。当你觉得可以自在地透露这些事实了,再继续下一步。

关于过去或未来的想法、感受和需求

在这一步,事实只是谈话内容的一部分,你还要将自己的想法、感受和需求告诉对方。请参考练习2.1,为这个步骤寻找话题。你可以谈一谈你对音乐的偏好、对宗教信仰的看法、在工作中的抱负、财务情况、感到自豪的事、你的健康状况等。把你选择好的话题告诉你信任的某个人。除了陈述事实,你还可以说一说你对这个话题的想法、感受,以及你在这件事上有哪些需求或期望。

不要试图和对方谈论你现在的感受或想法,你只需和他交谈与过去或未来有关的话题。当你适应了这一步的沟通时,可以与对方开展即时沟通。

即时沟通

这是最难的一种自我表露的类型,因为你必须冒险和别人即时分享你的想法、感受和需求。

你可以谈一谈:你被他人吸引的感觉,其一举一动会怎样影响你,你如何把一些事情埋在心底,你怎样编造故事使自己的形象更好,你希望交谈如何进行,你现在需要些什么,你有多么放松或紧张……即时沟通是自我表露的最完整和最令人满意的模式,我们将在第3章更加全面地探讨它。

为了渐渐地进入即时沟通的模式，你需要挑选一件事情，在接下来的一周里把注意力都集中在它上面。例如，你可以尝试着告诉别人"某些谈话将会怎样影响你"，然后慢慢地深入，在保持些许警惕的同时，不放弃这种即时沟通。

CHAPTER 3
第 3 章

表　达

本章探讨当事态紧急时，或者当你需要对你的心路历程做出清晰完整的陈述时，你怎样向对你来说重要的人表达想法和感受。表达有四种类型：观察、想法、感受、需求。每种类型都有对应的风格和措辞。

观　察

科学家、侦探、电器维修人员常使用观察类语言。当你表达观察的内容时，你要把感官告诉你的内容报告出来。没有推测、推论或结论，一切都是简单的事实。以下是一些表达观察内容的例子。

- "我听新闻说，500 年内地球将进入冰河时代。"
- "我原来的住址是费尔街 1996 号。"

- "她打算穿红色无肩带的晚礼服。"
- "今天早上我把烤面包机弄坏了。"

所有这些表述都严格遵循这个人听到、读到或亲身经历的事情。

想　　法

想法是从你听到、读到和观察到的东西中得出的结论。这种表达试图综合你的观察结果，以便帮你弄清到底发生了什么事情，并且理解事情发生的原因和方式。想法可能包含一些价值判断，在这些判断中，你可以决定某件事"好或坏，错或对"。信念、观点和推论都是各种各样的结论。以下是一些表达想法的例子。

- **信念**："无私是美满婚姻的基本要素。"
- **观点**："我认为，宇宙还会继续爆炸和崩塌，永远地爆炸和崩塌下去。"
- **推论**："他在他老婆面前总是显得无比紧张，他一定很怕老婆。"
- **价值判断**："真正的枫糖浆是唯一值得买的糖浆。"

感　　受

谈论自己的感受是最困难的表达类型。这之所以令你望而生畏，是因为别人可能会拒绝你或者尖刻地评判你。有些人不想听你谈论感受，一句也不想听。有些人一聊到感受就厌倦或者心烦。还有些人会选择性地听你谈论感受——当你谈到自己的伤心事时，他们愿意听，而当你谈到令你气愤的事情时，他们不愿意听。

你可能把你的许多感受深埋心底。然而，你的感受在很大程度上决定了你的独特个性。分享内心的感受是建立亲密关系的基础。当你让别人知道什么事情会使你感到生气、害怕、高兴时，他们会产生更强烈的同理心，更加理解你，更有可能满足你的需求。以下是一些表达内心感受的例子。

- "我想念艾尔，当他动身去欧洲时，我真的感觉心里空落落的。"
- "我觉得我让你失望了，这让我心里很不好受。"
- "我独自坐在房间里，感觉一种刺痛感在我的脊椎上来回移动，然后就体验到了这种焦虑情绪。"
- "我一见到你就十分开心，我感觉到了令人难以置信的喜爱之情。"

请注意，这些内心感受的陈述并不是观察的结果，也不是价值判断或者观点。例如，"我有时候觉得你很死板"这句话就与感受没有关系，它是一种相对委婉的评判。

需　求

除了你自己，没有人知道你的需求是什么。在这个方面，你是专家，是最高权威。然而，你可能收到严厉的禁令，禁止你对自己想要的东西提出要求。你希望你的朋友和家人具有足够的敏锐度或者洞察力，知道你想要什么。一种常见的说法是："如果你爱我，就得知道你自己哪里错了。"因为你觉得，要求别人给你提供些什么（不论你要求的是什么），都是不好的举动，所以你只能借助愤怒或者怨恨来表达你的需求。于是，你心中的愤怒仿佛在说："我不该让你这样，你也不该逼我那样做。"

当两个人都能清楚地表达他们各自的需求,并鼓励对方表达自身需求时,两人的关系就会得到改变、调整和发展。试图和对方建立友好关系却不表达你的需求,就好比驾驶一辆没有方向盘的汽车——尽管你可以开得很快,但你不能改变方向或者绕过坑洼。

表达你的需求,就是简单地说出什么能够帮助你或者让你高兴。它们不是评判,也不是责备或者挑剔。以下是一些表达需求的例子。

- "你能在7点之前回家吗?我想去看场电影。"
- "我累趴了。你能不能洗一下碗,并且照看一下床上的孩子?"
- "我这个周末需要有一天自己的时间。我们能不能换作周日晚上聚会?"
- "我要和你约个时间,以便我俩可以坐下来讨论这个问题。"

完整的信息

完整的信息包括你的观察、想法、感受和需求。表达了这些完整的信息,亲密关系就会得到健康发展。对于最亲密的朋友、伴侣和家人,除非你和他们分享自己所有的经历,否则他们不可能了解真正的你。这意味着你愿意并且能够分享你的感受甚至不舒服的情绪,比如愤怒。这意味着你要表明你的需求,即使这些需求看起来很自私或者微不足道。这还意味着你要准确地阐述观察到的东西,清晰地陈述你的结论,提出直截了当的要求或建议。

并不是每一种人际关系或每一个社交场合都需要你表达完整的信息。例如,与汽车修理工进行有效沟通,可能不会涉及太多的感受,也不会过多地讨论你的情感需求。哪怕你和他是亲密的朋友,大多数信息也仅限于了解汽车的情况。

不过,当你遗漏了重要的部分时,你告诉别人的便是"部分的信息"(与完整的信息相对)。部分的信息会造成混淆和不信任。人们总感觉少了些什么,但他们不知道缺少的究竟是什么。当他们听到一些被你的感受与期望冲淡了的判断时,会感到厌烦。他们不想听那些没有包含你受挫或受伤的故事的愤怒声音。他们对没有证据支持的结论持怀疑态度,对来自没有明确表达的感觉与假设的需求感到不舒服。

你可以问自己以下问题,测试一下你到底是提供了完整的信息,还是部分的信息。

- "我有没有说,我实际上知道一些事实?它是不是基于我观察到、读到或听到的信息?"
- "我有没有表达并明确地表明我的偏好和结论?"
- "我是不是以不指责或不评判的方式表达我的感受?"
- "我是不是以不指责或不评判的方式分享了我的需求?"

混杂的信息

当你提供的信息混杂在一起,并且你不能明确表明所表达的是观察、想法、感受,还是需求时,对方可能就会一头雾水。例如,假设你对你的女儿说:"我看到你又穿那件旧衣服了。"你可能在说四件截然不同的事情。

- **观察**:"那件衣服有一点破了,而且还有一些我们怎么也去不掉的墨水渍。"
- **想法**:"我觉得,周日去看你爷爷时穿它不太好。"

- **感受**："我感到焦虑，如果我让你穿着这样一件衣服，你爷爷会说我不是个好父亲。"
- **需求**："我希望你穿得更像样些。"

混杂的信息往好了说令人困惑，往坏了说让人有距离感。比如"我看到你妻子给了你两个多汁的橘子当午餐"这样的话就令人困惑，因为在这句话里，观察和需求相混杂。当说话者不能明确表达需求时，听者必须判断他听到的是否真的是一种隐秘的诉求。"你在喂你的狗的时候，我的晚餐变凉了"这句话同样属于混杂的信息，它会疏远你与对方的关系，因为它表面上属于简单的观察阐述，实则包含着愤怒的评判——言下之意似乎是"你关心狗胜过关心我"。

混杂的信息与部分的信息的区别在于，后者没有完整地表明说话者的观察、想法、感受、需求，而前者以一种伪装和隐蔽的形式表明了上述内容，并且把它们混杂在一起了。以下是包含着混杂的信息的例子。

- "你为什么不改变一下，表现得有点人情味呢？"在这条信息中，需求与想法（价值判断）相混杂。完整的信息也许是："你几乎一声不吭，即使开口说话，声音也很小，声调还下降（观察）。这让我以为你不在乎，以为你没有情感（想法）。我觉得很受伤（感受）。我真的希望你和我说话（需求）。"
- "每年你都带不同的男生回家。我不知道你怎么这样见异思迁。"如果说话者带着尖刻的语气说这句话，那么它属于带有价值判断的观察（想法）。完整的信息也许是："每年和你回家的男生都不一样（观察）。我猜想，这会不会令你感情麻木（想法）。我有点担心，当我开始喜欢你的朋友，却再也看不到他时，我感到失望（感受）。我希望你下定决心找一个终身伴侣（需求）。"
- "我得回家……我头痛死了。"假如说话者以愤怒的口吻在一个派对上说出这句话，它就是一种需求和感受相混杂的信息。这个人真正想说的意思是："我一直一个人站着（观察）。你们似乎没有注意到我，也没人和我聊天（想法）。我开始感到受伤和生气（感受）。我希望你们聊天的时候带上我，否则我不想待在这里了（需求）。"

- "你一言不发地吃着早餐，拿着笔记本电脑，出门，再回家，调酒，看报纸，在晚餐的时候谈论高尔夫，看着电视就睡着了，你总是这样。"在这句话中，观察和感受相混杂。这似乎是对整个事情的简单描述，而说话者真正想说的是："我感到孤独和愤怒。请关注我。"

当说话者以一种与你的感受不相符的语调对你说出简单而直白的话时，你接收到的是一种混杂的信息。比如，对于"我不想再面试别人了，已经够了"这句话，人们可以用一种基本事实的口吻来说，也可以用一种十分恼怒的口气来说。如果是前者，那么这句话明确地表达了需求。如果是后者，那么这句话听起来像是需求混杂着一种未予确认的愤怒情绪。

为表达完整的信息做好准备

当你要说一些重要事情时，以下三种意识有助于你表达出完整的信息。

自我意识。唯一能确保表达完整信息的方法就是审视你自己的内在体验。你在观察、思考、感受和期望什么？这次沟通的目的是什么？你口头说出来的目的和你内心真正的目的一致吗？你害怕说些什么？你可能需要进行一些心理演练来强化自我意识，特别是当你开始习惯于表达完整信息时。在脑海中反复思考，直到信息的每个部分都清晰明了。你要把"观察的、知道的东西"与自己"推测的、以为的东西"分开。确认你的感觉,并且想办法把它表达出来。你要用一种不带威胁的方式表达你的需求。

对他人的意识。在表达任何重要的信息之前,应当进行一定程度的"受众分析"。如果你的朋友刚失业,而你向他抱怨自己工资低,那么他可能无心听你说话。对方是一种什么样的状态?是匆匆忙忙、异常痛苦和愤怒,还是能够冷静下来听你说?对他人的意识还意味着你在说话的时候会留意听者的反应:注意对方的面部表情和肢体语言。对方是在向你提问、反馈,还是坐在椅子上发呆?

地点意识。重要的信息通常是由两个人在一个不会分散注意力的环境中传递的。当人们在公开场合谈话时,通常不会表达完整的信息。如果是在公共场合,你可能会有意压缩和净化你的个人评论,其中部分的信息和混杂的信息就会增多。所以,当你想要表达完整的信息时,可以找一个安静、舒适且几乎没有干扰的地方。

练习完整的信息

你可以通过先收集部分的信息或者混杂的信息,再补充遗漏的观察、想法、感受或需求的方式,来练习表达完整的信息。

练习 3.1

请从如下每句表述中获取完整的信息,以第一人称的句式将其写下来,例如:"我注意到……"

1. "我看你又在斤斤计较了。"(这是用一种恼怒的语气说出的话,暗含有一定程度的焦虑和伤害。说话者回家晚了,他的妻子有 30 分钟没理他。)

观察：_____

想法：_____

感受：_____

需求：_____

2. "我们应该像这样说话吗？"（一对热恋的情侣之间的交谈，他们突然间对孩子和婚姻产生了幻想。说话者担心她的伴侣会感到有压力而退缩。）

观察：_____

想法：_____

感受：_____

需求：_____

3. "这个人已经不再年轻，他身上的某些东西变了。"（一位父亲正设法向他 14 岁的女儿解释他为什么辞职。由于错过了升职的机会，他感到沮丧。他担心自己找不到令人满意的工作，岁月不饶人。他试图让女儿理解他。）

观察：_____

想法：_____

感受：_____

需求：_____

4. "我在这里，不是吗？"（说话者被老板问起加班的感受时这样说道。他因加班而错过了自己 10 岁孩子在学校的话剧演出，他想要早些回家帮忙筹备庆祝派对。）

观察：_____

想法：_____

感受：_____

需求：_____

5. "我知道，我知道，你们不必提醒我。"（一个16岁的女孩感觉被父母过度控制了，她的父母已经第四次提醒她，快要期末考试了。）

观察：_____
想法：_____
感受：_____
需求：_____

以下是上述语句的完整信息的示例。可以把你的答案与之进行比较。

1. "我回家以后，你一句话也没说，我猜你是生气了。你这样生闷气，我也气愤。我宁愿把话说出来，而不只是生闷气。"
2. "我们相互了解对方两周了，幻想着一辈子在一起。我担心我们中有人会因为有压力而退缩。你觉得，我们可以谈谈结婚这件事吗？"
3. "我已经干这份工作很长时间了，我不喜欢我做的事情。我认为，在一个不喜欢的地方老去，是可悲的。我很沮丧，想碰碰运气，找到一份真正让我感觉良好的工作。这很难，我需要你的支持。"
4. "我错过了我家10岁孩子在学校的话剧演出。我本应该在那里。这令人沮丧。我真想9点前回家，帮忙筹备庆祝派对。"
5. "你们已经提醒我四次了，这给我的感觉是，你们认为我很愚蠢或者不负责任。我感到被你们监视，这让我很生气。请让我自己处理这件事情，我们可以谈一谈，万一我考砸了该怎么办。"

能够表达完整的信息而不是部分的信息或者混杂的信息，是一种技能。这种技能可以通过练习获得。

练习 3.2

请试着做这个练习,以便用完整的信息来沟通。

1. 选一位你信任的朋友或家人。
2. 向对方解释什么是完整的信息。
3. 安排好练习的时间。
4. 选择你想谈的事情,一般是一件能够影响你的情绪、对你来说足够重要的事情。它可以是过去的事情,也可以是现在正在发生的事情;它可以是牵涉其他人的事情,也可以只与你们两人有关系。
5. 使用完整的信息来谈论你选择的事情,完整的信息包括如下四个部分:你观察到了什么;你的想法是什么;你的感受是什么;你在这种情况下需要什么。
6. 当你说完时,让对方用他的话重复这条信息的每个部分(观察、想法、感受、需求)。
7. 纠正对方没有完全理解的地方。
8. 将整个过程颠倒过来,让对方用完整的信息来描述一次经历,你再进行改述。

你可以和这位朋友或家人达成协议,你们之间的每一次重要沟通,都要包含完整的信息。请花两周时间练习表达完整的信息。在练习的过程中,你一定要向对方反馈,在你们沟通的信息中,你听到了什么以及遗漏了什么。两周后,你们要评估自己的体验。

这一练习的目的是使表达完整的信息成为一种习惯。最后,你可以邀请其他对你来说重要的人一起来练习,这将增强你对自己、对他人、对地点的意识,使你能够迅速地觉察内心所想,寻找必要的子信息来形成完整的信息。

高效沟通的规则

为了高效沟通，你要确保自己表达的信息直接、即时、清晰、直白且能够支持对方。以下内容更加深入地讨论了高效沟通的这五个特征。

信息应当直接

信息不直接，可能会令说话者在情感上付出高昂的代价。

- 例如，一名男士的妻子和他结婚 15 年后离婚，他抱怨说："她知道我爱她。我不需要用这么多话来表达爱意。我的爱显而易见。"其实他的爱并不明显。他的妻子由于听不到他饱含爱意的话语而情绪低落。
- 一位曾因孩子在学校成绩不好而苦恼的女士，在孩子成绩提高时就不再唠叨了。她惊讶地发现，即使自己不再唠叨，儿子还是觉得没有获得母亲的赏识，他还希望得到母亲直接的肯定。
- 一位背部患有慢性疾病的男子害怕在园艺和家庭维修等方面寻求帮助。他在做这些事情的时候饱受痛苦，并且对家人感到越来越多的愤怒和怨恨。
- 一个 15 岁女孩的父母离了婚，后来她的母亲交了男朋友。她抱怨说头疼，每次母亲的男朋友来家里时，她都找借口离开家，或者回到自己的房间不出来。她的母亲曾告诉她："你在我心中永远是第一位的。"她的母亲认为女儿只是感到尴尬，很快就会没事的。

所有这些例子都说明，尽管人们有些重要的事情需要去沟通，但他们不知道怎样沟通。他们以为别人会了解他们的感受。直接的沟通意味着不做任何假设。事实上，你应当假设人们不擅长读心，根本不知道你内心在想什么。

有时候，人们虽然知道他们需要说些什么，但他们却又害怕直接说出内心真实的想法。因此，他们试图暗示或告诉第三方，希望沟通的对象最终能听到。这种间接沟通是有风险的。一方面，人们很多时候容易误解或忽略暗示的信息。例如，一位女士在电视播放广告期间把音量调低，她希望丈夫能领会这个暗示，在不看电视的时候两人聊一会儿。然而，丈夫忽略了这个暗示，利用这段时间在手机上查看短信和赛事的比分，直到最后，妻子对他大发雷霆。另一方面，三方沟通非常危险，因为人们很可能曲解你的意思。即使间接沟通准确地传达了你的意思，也没有人愿意间接地"听到"你的愤怒、失望甚至你的爱。

信息应当即时

如果你感到受伤，或者异常愤怒，或者需要改变些什么，那么推迟沟通通常会加剧负面情绪。你的怒火也许在胸中燃烧，你那受到挫折的需求可能变成一种慢性的折磨。你当时没能即时表达的东西，以后会以微妙的或者被动攻击的方式表现出来。例如，一位女士只要一想到姐姐没有邀请她去家里过感恩节，就十分伤心。尽管她对此什么也没说，但她在姐姐约她去天文馆时爽约了，并且"忘记"了姐姐的生日。有时候，没有表达出来的感受会堆积到某个特定的时刻，在那时，他人一个小小的过失便足以促使你宣泄所有被累积的愤怒情绪和伤痛。最终，这些爆发式的情感宣泄会疏远朋友和家人。

即时沟通有两个重要优势。首先，即时沟通增加了人们了解你的需求并据此改变他们行为的可能性。即时沟通有助于对方明白其行为（比如，开车太快）与后果（你表现得焦虑）之间的联系。其次，即时沟通会增加亲密感，你现在就把你的想法说出来，而不是等到几周之后再说出来，这更加令人兴奋，也更能引起对方的兴趣。

信息应当清晰

清晰的信息能完整而准确地表明你的观察、想法、感受和需求。当你不遗漏信息，不使用抽象模糊的语言，即使感到紧张，也不会借助行话、伪心理学或者"氛围"来掩饰一切时，你才能表达出清晰的信息。例如，一位女士对男友的公开示爱感到厌烦，但她不敢告诉男友，只说那天她感觉"有点奇怪"，觉得父母即将到来的探望"压抑了她的性欲"。这一模棱两可的信息使她的男友把她的不适理解为一种暂时的状态，他从未了解她真正的需求。

这里有一些使信息保持清晰的建议。

在需要陈述的时候不要提问

丈夫对妻子说："你为什么要回学校？你有很多事情要忙。"这个问题隐含的意思是："如果你回学校，我就看不到你了，我会感到孤独。随着我们在一起的时间越来越短，我会感到我们的生活快要失去控制了。"

妻子对丈夫说："你觉得我们今天需要去参加你们老板的烧烤活动吗？"这个问题中隐含着一种没有表达出来的需求：妻子想在自家花园里放松和闲逛。由于妻子没有清楚地表达这个需求，丈夫要么不明白，要么会完全忽视她的需求。

父亲对儿子说："画那些画花了多少钱？"其实，这位父亲真正想说的是，他的儿子不仅入不敷出，还向家里借钱，并且没有任何想还钱的意思。他很担心儿子处理不好财务问题，而且感到很生气，因为他觉得自己被儿子骗了。

信息内容与肢体语言保持一致

信息的内容与你表达信息时的语气和肢体语言，都应相互一致。当你祝贺某人获得了奖学金时，如果你的声音欢快，面露喜色，表现得十分兴奋，那么你的反应就是一致的。如果有个人皱着眉头对你说"谢谢"，这种不一致便显而易见，表明对方并不是真的想感谢你。

当信息内容与肢体语言不一致时，沟通会变得令人困惑。一名男子送了一天的货，回到家后，妻子让他去一趟超市。他说："当然，你想要我干什么，我就干什么。"然而，他说话时带着讽刺的语气，没有精神，十分懒散。妻子听他这么一说，便自己去了超市。不过，妻子被他这种讥讽的语气激怒了，后来两人又因为盘子的事吵了起来。一个大学生"热心"地询问室友的近况，问其男朋友遇到了什么麻烦。当她的室友在讲述时，她的眼睛始终盯着镜子，整个人随意地坐在椅子边上，让人感觉她有些坐不住。她虽然在说"我关心你"，而身体却在透露这样的信息："很无聊。快点讲。"

避免双重信息

双重信息就好比某个人一边踢狗，一边抚摸它。当你一下子说出两句相互冲突的话时，你就在表达双重信息。丈夫对妻子说："我想带你去参加会议，我会带你去。如果你不去，我会感到孤单。不过我想，会议对你来说没什么意思。你会嫌烦的。"这是双重信息：表面上，丈夫想要妻子陪他参会，但当你从字里行间去理解这些话的深意时，显然丈夫在设法不让妻子陪同。

父亲对儿子说："去参加派对吧！玩得开心点。我想，如果你愿意，我们就明天再谈你的成绩。"在这里，一条信息削弱了另一条信息，儿子不清楚父亲的真实立场。最有害的双重信息是"过来，走开"和"我爱你，我恨你"。这些沟通存在于亲子和爱人之间，经常使用这种双重信息的说话者会给对方造成严重的心理伤害。

明确你的需求和感受

虽然暗示你的感受和需求似乎比明确表达更安全，但这样一来，听你说话的人会感到困惑。一个人对朋友说："你为什么不放弃在那个疯狂的免费诊所做志愿者呢？"在这里，清晰的信息应该是："我担心，你在那个充满冲突的地方做志愿者会很累，我怀念我们一同度过整个下午的那些悠闲时光。我希望你保持健康，有更多时间和我在一起。"

一名丈夫对其妻子说："我在员工聚会上看到的那些关系怪异的夫妻令我感到不寒而栗。"他没有真正表露出来的信息是："当我看到那些不幸的婚姻时，我意识到我们的婚姻生活有多么美好，我有多么爱你。"

一位母亲对其女儿说："我希望你本周去看看你的外婆。"虽然这句话听起来很直白，但其背后暗含着母亲的歉疚和焦虑，她担心自己的母亲会感到孤单。她虽然牵挂着母亲的健康，但没有对女儿解释她的忧思，只是吵着要女儿多去探望。

一个人对其伴侣说："你接电话时，我一直在等着，现在我们的晚餐都凉了。"这句话的潜台词是："你在吃饭的时候接电话，我觉得你不怎么在乎我，我感到伤心和气愤。"

区分观察与想法

你必须把你的所见所闻与你的判断、理论、信念和观点区分开来，切忌表达混杂的信息。"我看到你又和乔一起去钓鱼了"这句话，本来可能是一种直白的观察。不过，假如将其放在"乔长期与别人合不来，经常发生冲突"的谈话背景下，它可能会变成一种讽刺的评判。

一次聚焦一件事

"一次聚焦一件事"意味着你不要在讨论女儿的成瘾行为时，抱怨她的西班牙语成绩。你们只探讨当前的话题，直到双方都能表达清晰、完整的信息。如果你无法集中注意力，试着用下面这类话来澄清信息："我感到迷茫……我们到底在说什么？""你听到我说什么了吗？我觉得我们没在谈正题。"

信息应当直白

直白的信息在于直率地表达——你怎么想，就怎么说。在沟通中，伪装的意图和隐秘的动机会有损两人的关系，因为它们促使你想尽办法操纵他人，而不是与他人进行沟通。你可以问自己两个问题来检验你的信息是否直白："我为什么对这个人说这些？我是想让这个人听这件事，还是听别的事？"

我们将在第6章详细讨论隐秘的动机。当你感到不自信，觉得自己能力不足时，你可能带着隐秘的动机与别人沟通。当你不得不保护自己时，你会树立一种特定的形象。有的人摆出一副"我很好"的姿态，把大多数的沟通都变成一些微妙的自夸机会。有的人好比在玩"我很好，但你不行"的游戏，忙于贬低别人，并通过暗示来表现自己更聪明、更强壮、更成功。"我很无助""我很脆弱""我很坚强""我无所不知"这类话的背后是一种为了不让自己受伤的防御策略。此时的你口是心非。例如，当你表面上在谈论错综复杂的政治局势时，真正的目的是展示你有多么博学。我们每个人都可能屈从于小小的虚荣心，而当你的沟通被这样的动机所主宰时，你就无法传达直白的信息。

表达直白的信息意味着道出真相，说出自己真正的需求和感受。如果你确实生气了，希望别人更多地关注你，就不要说"我累了，想回家"之类的话。不要通过贬低自己来寻求赞美或安慰。不要因为你的伴侣不喜欢你大发雷霆的样子，就把自己内心的"愤怒"描述为对方更能接受的"抑郁"。当你觉得去看望女朋友的哥哥让你很难受，甚至比用指甲在黑板上刮擦更令你不舒服时，不要说你喜欢去探望他。谎言使你与他人隔绝，让别人不知道你真正的需求和感受。即使你是出于善意而撒谎，或者是为了保护自己而撒谎，你还是会让你最亲密的朋友远离你，最终你会深感孤独。

信息应当是支持性的

如果他人愿意倾听你，并且没有不安或戒心，那么说明你表达的信息是支持对方的。你可以问问自己："我是希望别人心存戒备地听我说话，还是准确地理解我的言下之意？我的目的到底是要伤害别人、烘托自己，还是要沟通？"如果你希望不让听者受到伤害，那么你在沟通时需要避免如下行为。

- **使用恶意标签**。"愚蠢""丑陋""邪恶""小气""恶心""没用""懒惰"等恶意标签会令听者伤心。当你对别人说"你是一个蠢货、懦夫、醉鬼……"时,这些恶意标签的破坏作用最大。用这种方式表达你的观点,会让人觉得你是在控诉对方,而不是对其特定行为进行简单评价。
- **讽刺**。当你讽刺对方时,他会清楚地意识到,你在轻视他。它常常用于掩饰你的愤怒和伤痛。讽刺的话会将对方推开或者使对方深感愤怒。
- **沉溺于过去**。这使得你和对方都没有机会来清楚地表达你们对现状的感受。你重新揭开旧的伤疤,回想过去的背叛,而不是审视你目前的困境。
- **负面的对比**。"你怎么不像你哥哥那样大方?""你为什么不能像其他人那样 6 点钟回家?""在音乐欣赏这堂课上,萨拉次次得 A,你却连一次 B 都得不到。"这样的对比是致命的,因为它不仅包含"你不好"的信息,还会使听者感到自卑。
- **使用充满评判意味的以"你"开头的句子**。这些以"你"开头的句子颇具攻击性,带有指责意味:"你不再爱我了。""当我需要你的时候,你从来都不在。""你从不帮忙做家务。"
- **威胁**。威胁要搬出去、辞职或伤害他人,一定会致使有意义的沟通戛然而止。人们妄想用威胁来生硬地转移话题,为了绕开不舒服的话题而威胁对方。

当你不执着于输赢和对错时,你才能表达出支持对方的信息。真正的沟通会增进双方对彼此的理解,提升亲密感,而执着于输赢则会引发冲突,导致双方渐行渐远。你的沟通意图往往把你带向一个可预测的结果。你可以问问自己:"我是想要赢,还是想要沟通?我是想要正确,还是想要相互理解?"如果你发现自己在沟通时有戒备心理,并且想批评别人,这就说明你执着于输赢而非沟通。

PART 2

第二部分

高级技能

肢体语言

沟通无处不在。即使你不说话,你的肢体语言也能表露你的感觉和态度。尽管你可能微笑着说"我很高兴",但你双眉紧锁、双臂交叉的姿势表明"我很生气",而如果你像击鼓那样拨弄手指,并且发出爆发式的叹气声,你就是在表示:"我不耐烦了,走开些。"虽然你什么都没有展示,但你封闭的姿态和拒绝说话的态度表明:"我不想说这件事情。让我清静清静。"

非言语的沟通方式有两种:一种是使用肢体动作,例如面部表情、手势和姿势;另一种是运用空间关系,即调控你与他人之间的距离。理解肢体语言至关重要,因为肢体动作对典型沟通的影响超过50%(Mehrabian,2007)。

肢体语言不仅能比口头语言传递更多的信息,而且往往比口头沟通更加可信。如果你问你母亲"怎么了",而她耸耸肩,皱皱眉,转过身去,喃喃自语着"哦……没什么,我想,我很好",那么此时你不会相信她说的话,而是相信她那些看起来沮丧的肢体语言,然后你会继续寻找造成这种困扰的原因。

解读肢体语言的关键是寻找一致性。首先,某个人的手势和动作是不是全都相互匹配,并构成了完全一致的信息?其次,这些手势和动作是否与口头语言相一致?你母亲耸肩、皱眉,并且转过身去,这些动作和表情本身是一致的。它们都可能表示"我感到郁闷"或者"我担心"。不过,她的肢体语言与口头语言却不一致。它们没有相互匹配。假如你是一位敏锐的听者,你会把这种不一致当成吸引你再次询问并探究背后原因的信号。

在另一种情境中,你可能发现非语言线索本身缺乏一致性。肢体语言的线索通常出现在许多的手势和动作之中,它们一同表现出来。有时事实并非如此。比如,一位销售员紧挨着你站着,温暖而坚定地握着你的手,面带微笑,与此同时,她拒绝与你对视。这些相互冲突的非语言线索通常是情感冲突或者沟通不完整的表现。也许销售员在和你交谈的时候希望你不要问与保修相关的事,又或许她注意到了站在附近的老板。

对自己肢体语言表露的信息与口头语言的不一致的意识,能够帮助你成为更高效的沟通者。例如,你可能想到了一个提升员工士气的好主意,而在开会讨论时你有些迟疑,无精打采地坐在椅子上,保护性地把双臂交叉起来,眼睛望向地面。虽然你嘴上可能说了"我有一个好主意",但你的肢体语言已经透露出"请忽略我"的信号。

当你开始意识到自己的非语言线索时,你会发现,肢体语言透露了你潜意识中的很多感觉和态度。例如,在一个令人尴尬的社交场合,你可能注意到自己把双臂交叉放在胸前,手指紧紧地贴在肱二头肌上。你发现自己很紧张,戒备心很强。当你对自己内心状态的这种意识不断增强时,可以想办法缓解紧张情绪,而不是继续把自己绷得那么紧。

某个特定的手势或表情可能在不同的情境中有着不同的含义。当你看到一辆卡车撞向你停着的车时,你会捂住嘴巴来表达你的惊恐。然而,面对一场冗长的演讲,你可能会用同样的手势来表达你的厌倦。又如,与你对交警说"哦，不，警官，我一直在限速行驶"时，你也可以捂住嘴巴，以表达你的不确定和伪装。有的时候，人们难以只根据情境确定别人某个手势或表情背后的含义。例如，当你从房子里走出来，打算上车时，捂住了自己的嘴巴，然后又匆忙回到你的房子。只有你自己知道捂嘴在这一情境中代表了什么：也许是你忘了带钥匙，或者忘了关掉烤箱。

肢体动作

社交肢体语言（social kinesics），或肢体语言沟通在很大程度上是后天习得的。我们没有经过任何特殊的训练，在潜移默化中将手势代代相传下去。一个男孩学着像他的父亲那样走路，一个女孩则学着像她的母亲那样笑着拍手。有些手势仅限于某个特定的同龄群体，有些手势则带有某个特定地区或文化的典型特征，还有一些肢体动作则是通用的。

不同文化之间的口头语言的差异要多于不同文化之间的肢体语言的相似之处。尽管如此，为数不多的肢体语言的差异也足以造成极大的误解。例如，对美国中西部的人们来说，在回答权威人士的提问时保持稳定的眼神交流是真诚的表现，而对波多黎各人来讲，在类似的场合老是盯着对方的眼睛看，则是一种不尊重对方的表现。因此，波多黎各人眼中的礼貌行为，在美国威斯康星州的人们看来可能是无礼的。

即使是在同一种文化之中，对肢体语言的解读也存在许多个体差异。你可以用快速的、不稳定的动作来表示厌烦，而你的合作伙伴可能通过皱眉、僵直地站着和双臂交叉来表现厌烦。了解对方用什么样的方式来表达感受与态度，有助于顺利沟通。

肢体动作有几个沟通的目的。除了展示态度和表达感受，肢体动作还可以充当"说明者"和"调节者"。作为"说明者"，肢体动作与口头语言相伴相随，并可对口头语言进行辅助性的阐释。你一边对肉店老板说"我要那个",一边指向 T 骨牛排。你上下点头表示同意,左右摇头表示不同意。你用手在空中划出你正在讨论的东西,你模拟口头描述的动作,或者做出动作来强调某个单词或短语的重要性。

作为"调节者",听者的肢体动作可以为说话者调控谈话内容提供线索。你在听别人说话时,点头示意说话者,表明你懂他的意思,希望他继续说下去。如果你身体前倾或者将目光移开,那么这表明你希望对方别说了。你半信半疑地扬起眉毛,表明你不相信对方的话,对方需要为自己的观点辩护。敏感的说话者会根据听者的肢体动作暗含的信息来调整自己的谈话内容。

面部表情

脸是身体最具表现力的部分。下次你阅读杂志或者浏览社交网站时,留意人们带动作的照片。当你用手遮住照片中的人物的脸之外的其他身体部位时,你能从这张脸上获得哪些信息?又会失去哪些信息?

你可能会发现,只看人们的面部,尽管不知道他们在做什么,但仍然可以确定他们的感受与态度。接下来,你试着只看这些人的眼睛,遮住其他部位,此时你还能不能体会他们的感受,了解他们的态度。再接下来,你试着只看这些人的嘴巴,遮住其他部位。你会发现,有些情感是可以通过眼睛和嘴巴来解读的。然而,你遮住的面部的面积越大,就越难辨别他们的情感和态度。

在观察面部表情时,你还要注意某个人的眉毛是扬起的还是低垂的,额头是紧绷的还是放松的,下巴是僵硬的还是松弛的。一个人的脸色是红润的还是苍白的,也能提供有益的信息。

你可以做个试验,试着在日常人际交往中使用不同的面部表情。在正常情况下,你要努力微笑,试着直接看向那些你一般不想和他们交往的人们。在对最好的朋友讲话时,你可以试着茫然地凝视周围的空间。你可以先一本正经地讲个有趣的故事,然后带着生动的面部表情讲述同样的故事。你可以先用灿烂的微笑传递非常严肃的信息，然后带着严肃的面部表情再试一次。每次你都要留意自己的感觉以及你从别人那里获得的反应。还值得注意的是，当你的肢体动作与你想要表达的意思是一致时和当这二者是不一致时之间的差异。

手势

除了面部，身体的其他部位也能很好地表达你的想法和感受。

手臂和手

你也许认识一些用手来"说话"的人。即使在打电话，他们也可能无意识地使用一些手势。人们在困惑时挠挠头，在有所疑虑时摸摸鼻子，在气愤或沮丧时擦擦脖子，在想打断别人说话时揪揪耳朵，在悲伤时绞着双手，在满怀期待时搓搓手。有些人会把手放在膝盖上以示准备好了，把手放在嘴唇上以示不耐烦，把手反放在背后来表示正在自我控制，把手放在脑后来彰显优越感，将手伸进口袋以示有所隐瞒，将手握成拳头以示愤怒或紧张。有人在你面前伸出双臂，掌心朝上，用来表示诚意，然后在保持这种姿势的同时耸耸肩，以示"我怎么知道"或者"我就是忍不住"。当人们心存戒备或者不愿意公开沟通时，会把双臂交叉放在胸前。总之，他们会用手臂和手创造非语言信号，这些信号传达了他们的感受和想法，比如"感到安逸""我不同意"。

腿和脚

当你坐着的时候，两腿不交叉，稍稍分开，这表示你乐于接受他人的意见。当你两腿张开跨坐在椅子上时，你在表明你的主导地位。当你将一条腿放在椅子扶手上时，你在暗示自己漠不关心。用一只脚的脚踝搭在另一条腿的膝盖上，或者交叉脚踝坐着，都是一种抗拒的表现。当你坐在那里，一条腿交叉在另一条腿上，来回摆动或者踢来踢去时，这通常意味着你感到无聊、气愤或沮丧。双腿不交叉，最有可能表示同意对方的说法。腿和脚指向的方向，通常是一个人最感兴趣的方向。

要体会你有多么依赖肢体动作来沟通，那你就试着不用肢体动作来讲个故事。你可能不得不把脚牢牢踩在地板上，双手放在背后。讲了几分钟后，你再允许自己使用肢体动作，并且注意它们带来的变化。请留意你无法用手来阐明观点时有什么感受，你的沟通受到了怎样的影响。你可以问一问听者注意到了哪些不同。

在随意交谈时，你可以试着使用肢体动作来调节说话者的谈话内容（作为一种试验）。当你的朋友在说话时，你可以用不同的肢体动作来暗示他：继续说话，加快速度，放慢速度，直奔主题，扩展观点，为观点辩护，停止说话并且让你说话，结束谈话。

姿势和呼吸

萎靡不振的姿势可能是"心情低落"、身心疲惫、自卑或者不想被人注意的信号。不过请记住，一些敏感的高个子也会表现得萎靡不振，这样他们就不会显得高高在上，吓到矮一些的人了。笔挺的姿势通常与高昂的情绪、强大的自信、开放的态度联系在一起。身体前倾意味着开放和兴趣。身体后仰表示缺乏兴趣或者防御。紧张而僵硬的姿势往往是戒备的标志，放松的姿势表明开放。

呼吸是观察感受与态度的重要指标。快速的呼吸可能与兴奋、恐惧、易怒、极度的愉快或者焦虑相联系。屏住呼吸和短促的喘气交替出现的模式，是焦虑或者紧张的信号。气息在胸腔上部的浅呼吸通常表示思想游离。气息流向胃部的深呼吸与强烈的情感和动作有关。

你可以通过观察和模仿人们的呼吸模式来深入了解他们。你只需着重关注对方衣领的升降，你就能轻松了解其呼吸模式。请注意对方呼吸的速度和深度，然后模仿对方的呼吸模式，留意自己体内发生的变化。当这样照做时，你有什么感受？人们常常发现，在模仿的过程中，自己能够体会他人的感受。

在每天的活动中，你可以偶尔停下来，留心观察自己怎样呼吸以及有什么感受。你可以做一些改变呼吸模式的试验。如果你的呼吸较浅，而你觉得疲倦或压抑，试着快而深地呼吸几分钟，观察你的内心发生了什么变化。如果你的呼吸很快，而你感到焦虑或烦恼，试着慢而深地呼吸几分钟。改变呼吸的模式，通常能改变你的感受。

练习 4.1

你可以练习在电视上或日常生活中，观察人们怎样使用肢体动作来传递信息。你首先要把注意力集中在人们的面部表情上，然后观察他们的胳膊和手势，注意他们的脚怎样移动，如何保持平稳，以及保持何种姿势。你还要观察他们的呼吸模式。

你要留意每个动作包含多少意义，然后考虑产生那种动作的环境。在确定肢体动作的意义的互动中，你会有哪些收获？

注意肢体动作往往会怎样成串地出现。这些成串的动作一致吗？它们有同样的含义吗？身体的某个部位发出的信息，会不会与其他部位发出的信息不同？

肢体语言和口头语言是一致的吗？有没有什么不协调的地方让人感到焦虑、愤怒、拒绝沟通或者想撒谎？语言信息中缺少了哪些由非语言信息传达的情感和态度？

空间关系

空间关系学（proxemics）研究人们如何运用空间进行交流。你离谈话对象有多远，如何摆放家里的家具，以及如何应对他人对你的领地的侵犯，都是重要的非语言信号。

人类学家爱德华·T. 霍尔（Edward T. Hall）指出，人们在与他人互动时较常使用4种空间距离：亲密距离、个人距离、社交距离、公众距离（1990）。试想，每个人都被四个同心的气泡包围着，这些气泡是由个人定义的空间，它们在人们的前面时最大，而在人们的侧面和背面时最小。每个区域都有一个近的和一个远的"子区"。一般来讲，两个人交流时的距离越远，关系就越不亲密。

亲密距离有远近之分，在近的亲密距离内的两个人很容易有肢体接触，远的亲密距离为15～45厘米。亲密距离适用于伴侣之间、密友之间、亲子之间。如果受环境的限制，原本并不亲密的两个人在没有非语言障碍的情况下分享这个空间来保护自己，他们通常会感到尴尬或受到威胁。你可以观察在拥挤的公共汽车上或电梯里人们如何避免眼神接触，假如不可避免地要产生肢体接触，他们会躲开或紧张起来。假如他们确实产生了目光接触，那也是短暂的，并且他们会马上投给对方一个礼貌的、非侵入性的微笑。

个人距离也有远近之分，近的个人距离为45～76厘米，这是一个适合在聚会上交谈的舒适空间。在这种情况下，你仍然可以轻易地触碰到和你交谈的人。远的个人距离为76～122厘米，在这样的距离范围内，你们可以讨论一些相对私密的事情，而且不会有肢体接触的风险。与别人保持远的个人距离，实际上是与对方保持了一臂之遥。

说到社交距离，近的社交距离为122～213厘米，在这一距离范围内，你最有可能处理人际关系事务，比如与客户或服务人员交谈等。这个距离通常被人为地用来表明地位。管理者站在某位坐着的员工旁边，保持着这个距离，以表示自己的地位比员工更高。远的社交距离为213～366厘米，这一距离最常用于正式的商务场合或社交场合。公司总裁通常坐在办公桌后面，与员工的距离大概是这么远，因为这表现了一种优越地位。这一距离在开放式办公环境中也很适用，保持着远的社交距离，员工可以继续工作，不会因为没有和附近的同事沟通而感到不礼貌。到了家里，丈夫和妻子也可以保持这个距离坐着，要么读书，要么看电视，偶尔聊聊天。

至于公众距离，近的公众距离为213~610厘米，通常用于相对非正式的场合，比如老师和学生在教室里上课，或者老板和一群员工谈话。远的公众距离为610厘米以外，政客和名人在集会时常保持这种距离。

这四种人际距离在不同的文化之间有着很大的差异。来自不同文化地域的人常常因为对人际距离的理解不同而误会对方。例如，拉丁美洲人的个人距离通常比盎格鲁美洲人近得多。来自这两种不同文化的熟人之间的对话，可能从房间的一端开始，到另一端结束。拉丁美洲人试图走得更近一些，以便保持舒适的个人距离，而这在盎格鲁美洲人眼中属于亲密距离，他们会试图把距离拉开一些，从而一方上前一步，另一方又后退一步。拉丁美洲人认为盎格鲁美洲人冷漠，而盎格鲁美洲人则认为拉丁美洲人太过热情。

即使对话双方处于同一文化背景，他们也会因人际距离不当、话不投机而感到不舒服。霍尔的人际距离理论只能作为一般的指导。

两性之间古老的双重标准仍适用于两性在空间上的互动。和男性进入女性的空间相比，女性通常更容易进入男性的空间。无论男性还是女性都可能将"进入空间"的这种行为理解为"调情"，而女性更可能将这种行为视为不尊重自己的表现。

当人们被当作物体对待时，人际距离通常会被忽略。父母也许在13岁的女儿面前讨论事情，而不征求女儿的意见。在这种情况下，女儿没有得到父母充分的尊重。把别人当作物体来对待，也可能表现为盯着他们看，或者当他们也参与谈话时却不跟他们说话。

领地（territory）类似于个人空间，是指你认为属于你自己的地方，也是让你感到安全的地方。你在自己的领地内可以放松，不必担心别人的入侵。你的领地可能是你的家、办公室、最喜欢的椅子，或者你在沙滩上连续几小时晒日光浴的地方。众所周知，动物具有夺取和保卫领地的本能，人类也不例外。当人们感到自己的领地受到威胁时，会做出强烈的反应，保卫自己的领地。

你可以做一个这样的练习：站在一块空地的中央，让别人缓缓朝你走来。一旦你开始感到不舒服，就告诉对方停止，指导对方向后移动，直到你与他之间保持一个舒适的距离，这就是你与他之间的缓冲地带。当不同的人朝你走来，站在你觉得舒服的地方时，这个缓冲地带会改变吗？各个缓冲地带之间有哪些不同呢？

你还可以试着侵入别人的缓冲地带，例如在电梯里或公共汽车上站得离别人"很近"，观察你靠近的这个人有什么反应。请注意，做这个练习时要谨慎，最好是靠近同性。

你可以每天记录几次你和交谈对象之间的距离。你与对方相隔的距离，是否与你和他之间的关系一致？如果不是，你能解释其中的原因吗？

副语言和元信息

研究表明，肢体动作对典型沟通的影响超过50%（Mehrabian，2007）。余下不到50%的影响来自言语内容和声音（非言语内容）。该研究指出，典型沟通的影响因素有以下几点。

- 7%的影响来自语言（言语）。
- 38%来自声音（音量、音高、节奏等）。
- 55%来自肢体动作（大部分是面部表情）。

这38%的声音（非言语内容）是本章探讨的主题。言语中的声音成分被称为副语言（paralanguage），包括音高、共振、清晰度、语速、音量、节奏。你往往无意中通过副语言透露了你的情感和态度。不论你说什么，你说话的声音会表露你是一个什么样的人，你的感受如何。

当你故意改变说话的节奏或音高来强调某个词，或者添加特殊的修饰语时，你就是在发送元信息（metamessages）。元信息为句子增加了一层通常是矛盾的或否定的含义。"我们当然喜欢你"和"我们喜欢你"是很不一样的。强调"我们"并且加上"当然"，就微妙地改变了原本的意思，暗示其他人不喜欢你，因此你的个人魅力有待提高。构成元信息所需的全部要素，就是添加少数几个无伤大雅的字眼，并且改变说话的节奏。

副语言的要素

副语言的六个要素是音高、共振、清晰度、语速、音量、节奏。

音高

当你收紧声带时，你就提高了音高。强烈的喜悦、恐惧或愤怒会使音调变高。当你感到沮丧、疲惫或者平静时，声带肌肉放松，声音会变得低沉。在正常的对话中你的音高会有所起伏，而当你表达强烈的感受时，音高会走向极端。

共振

共振涉及声音的丰满或单薄。你的声带和胸部形状决定了共振的情况。如果一个人的声带很厚，胸脯宽大，声音可能低沉而饱满。声带又细又紧的女人，其声音往往又尖又高。通过一些练习，你可以控制音高和共振，就像歌手和公众演讲者常做的那样。深沉的胸音传达出坚定、自信和力量。尖细的声音传达出不安全感、软弱和优柔寡断。

清晰度

你说话有多仔细？你是不是说话太过放松，以至于很多声音都含糊不清？你吐字是否清晰？声音的不同清晰度适合不同的场合。与密友交谈时，轻微的含混不清或者慢吞吞地拖长调子，可能增加舒适或亲密的气氛。然而，在董事会会议上含糊其辞是不合适的，因为会议要求与会者讲话清晰，有决断力。

语速

语速反映了人们的情感和态度。语速快的说话者能够传递兴奋的感觉，而且话语表现力强、有说服力。不过，说得太快会使听者紧张。语速快也可能意味着缺乏安全感。说话慢吞吞、犹犹豫豫的人会给别人留下懒惰或冷漠的印象。不过，对听者来说，说话慢的人显得真诚、体贴。

语速与你所在的地域有关。纽约人的语速比亚特兰大人的语速快，在大城市长大的人往往比在乡村长大的人说话快。在和语速慢的人交谈时，语速快的人常常感到沮丧。后者对长时间的停顿感到不舒服，经常很想为语速慢的人补充句子。由于语速慢的人很难跟上语速快的人的节奏，前者最终可能会放弃沟通。

音量

从积极的方面来讲，音量大通常意味着饱含热情和自信。从消极的方面来讲，它可能与侵略性、过度膨胀的自我或者夸大信念在信息中的重要性等因素相关联。地位高的人可能在讲话时音量超过其下属。在这种情况下，声音响亮暗含着这样的信号："这里我说了算，你照我说的做。"声音柔和可能传递了这样的信号："不要攻击我，我知道我的地位，我知道我很无助。"

在日常生活中，人们通常认为，讲话声音柔和既可能表示说话者值得信任、有爱心、善解人意，又可能表示说话者缺乏自信、自卑，或者不重视谈话内容。与此同时，极端版本的柔和声音（比如耳语），则能加强沟通。耳语暗示着特殊的亲密关系，意思是"这件事只有我们两人知道"。它也可以传递悲伤、恐惧或敬畏的信号。

节奏

说话者通过改变说话节奏来表明强调的内容。当人们问"现在是什么时间"时，通常会强调"时间"这个词。如果你强调"什么"这个词，就会打乱节奏。请注意，当你改变下面这个句子的节奏时，它的含义的变化。

- "我高兴嘛！"（Am I happy！）
- "我高兴吗？"（Am I happy？）

如果换一种节奏，这句话就会从热情洋溢的事实陈述句变成犹豫不决的疑问句。

正如每首歌都有其独特的节奏一样，每种语言也有其独特的节奏。当你还是个不会说话的婴儿时，你就已经开始模仿周围成年人的语言节奏了。后来，随着你开始使用字词，你将它们放入熟悉的节奏中。到现在，节奏对你来说已经十分自然，以至于你很少注意到它们。尽管说话节奏是无形的，但它却极其重要。你选择在句子中强调哪个词对所表达的意思产生至关重要的影响。

改善副语言

如果你说话时不改变音高、共振、音量、语速、节奏，听起来像个机器人在说话，那么别人会觉得你的说话风格很单调、乏味，从而对你失去兴趣。为了客观地评估你自己的副语言，并且了解它会怎样透露你内心的态度和感想，你可以在和别人正常对话时录下自己的声音，并且至少等到24小时之后再听这些录音。另外，如果你不常听到你自己声音的录音，那么你应该听一段时间，直到新鲜感消失，听起来相对自然。听录音时，你可以考虑以下几点。

- 你的声音是否表达了你想说的内容？
- 你的声音是否与你说出的话相一致？
- 你是否不喜欢自己声音的某些特点？

如果你发现你想改变副语言中的某些要素，那么你要再用录音机进行练习，对着录音机说话或朗读，改变你的声音，时刻记住你想要怎样发音。你可以播放自己的原始录音，让朋友就你的声音质量给予反馈，尝试根据对方的建议做出改变。

辛迪是一名女服务员，她发现顾客给自己的小费往往很少。当她听自己声音的录音时，发现有的过于单调，有的声调过高，有的过于平淡，有的鼻音太重。她还注意到自己语速太快，说话含糊不清，让人很难听懂。她的声音让她想起了比自己大30岁的阿姨，阿姨的声音就单调、乏味。辛迪开始练习接下来将要介绍的三个练习，她每天对着录音机读书5分钟，坚持了1个月。读书的时候，她专注于深呼吸和放松声带。随着时间的推移，她注意到自己的共振有所改善，音调、速度和节奏也有了很大的变化。辛迪改善了自己的副语言，她和男友的约会也变得更美好了。

下面的发声练习是由戏剧声乐老师约翰·阿格（John Argue）提供的。

舒展身体，锻炼发声。你的身体是你用来发声的工具。为了扩大共振和音量的范围，提升音高，你需要放松身体。如果你说话太轻，声音的共振太弱，或者音高听起来令人不舒服地高、低或单调，这个练习将帮助你获得更宽的音域。它会打开你的喉咙和上胸部，同时锻炼你的声带。

你可以从打哈欠开始进行发声练习。你先尽可能张大嘴巴，放空肺里的空气，然后深深地吸气。在打哈欠时，你要不断调整你的音高，时高时低。几分钟后，你可以试着一边打哈欠一边说话。

调节音量。多大的声音才算合适？如果你说话音量太大或者太小，那么你需要通过这个练习来调节音量。它使你将视觉与声音感觉联系起来，以便为不同的场合选择合适的音量。

先把注意力集中在近处的一个物体上，慢慢地、准确地说出"触碰"这个词，想象你的声音发出去，碰到那个东西。然后，看向远处的一个物体，大声说出"触碰"这个词，再次想象你的声音真的碰到了那个物体。转动双眼，在房间里找到其他可以"触碰"的东西，并记录你能用声音触碰物体的距离。通过练习，当你的音量低于或高于别人时，你就能感觉到，并有意识地调节自身音量。

提升语言清晰度，调节语速。如果人们因为你说话太快、含混不清，或者他们曲解了你的话而难以理解你，那么你可以通过这个练习来改善发声。它将帮助你调节语速，在日常对话中清晰地表达你的意思。

你可以背诵一些你已经记住的东西，比如你最喜欢的一句话、一首诗、一首儿歌，甚至是你的电话号码和地址。你需要一遍又一遍地、大声地、慢慢地背诵出来。在英语发声方面，你要把所有的元音拖长到正常语速的 3~4 倍，并且夸张地说出所有的单词，清晰地发出辅音（例如，b、p、k、t）。

元信息

许多语句有两层含义。第一层含义是通过一连串词语传递的基本信息。第二层含义是传达说话者的态度和感受的元信息。元信息主要通过节奏、音高和修饰语来传达。

当你说"你今晚迟到了"这句话时，如果你用稍微升高的音调来强调"迟到"一词，那么这表明你很惊讶于对方的迟到，可能试图在询问迟到的原因。如果你强调"你"这个字，那么这意味着你对此感到恼怒。

元信息是许多人际冲突的根源。虽然从表面上看，某句话似乎是合理和直接的，但在其背后，有些元信息传递的是责备和敌意。你本想说"我在尽力帮助你"，而当你加入修饰语"只是"，并提高音调，强调这个词，说出"我只是在尽力帮助你"时，你传达出了受伤的感觉和防御心理。最后，这句话变成了一种抨击（对听者来说）。

人们常常在不经意间运用负面元信息，其中蕴含的愤怒和不满又会在无形中伤害听者。这种负面元信息的攻击常常太难以被察觉，以至于你都不知道自己究竟是如何受伤的。例如，约翰刚从大学宿舍搬到自己的公寓。他的母亲来看他时，对他说："当然，这是你的第一套公寓。"原本这句话可能只是简单的陈述。然而，他的母亲说这句话时运用了修饰语"当然"，并强调了"是"这个字，好像在嘲讽他："这个地方不是很好，你不过是刚踏入社会，我还能对你有什么期待呢？"母亲说完这句话后，约翰感到莫名的恼火。

你需要学会辨别自己的元信息，并处理他人的负面元信息。诀窍是要了解元信息是如何构成的。你先要注意听节奏和音高。

元信息中的节奏与音高

如果你用同一种节奏和音高说出一句话，那么这句话不太可能包含元信息。然而，人们在说话时会使用不同的节奏和音高，强调某些字眼，来表达自身情绪。例如，当你用平稳的语速和音高说"就等我1分钟"时，你只是向对方提一个简单的请求。当你强调"就"或"分钟"这些字眼时，听者会觉得你很恼火或不耐烦。

对于"我不会和你回家"这句话，当你强调不同的字眼时，你表达出的元信息也有所不同。当你强调"家"这个字的时候，意思可能是："虽然我会和你去某个地方,但我不和你一起回家。"如果你强调"你"这个字,那么你的意思可能是:"虽然我会和某个人回家,但肯定不会和你一起回家。"对于同一句话,当你强调不同的字眼时,你会表达出不同的意思。

很多看似赞美的话都隐藏着负面元信息的"冷嘲热讽"。例如,人们用不同的节奏和音高说"你真好"这句话,其意思会有很大变化。当说话者用升调强调"你"时,传递的是惊讶,或许还有不信任。这样一来,这句话就可以解读为"你很好,但这种情况很少见"。当说话者强调"好"这个字眼时,传达的信息显然是赞赏或喜爱。如果说话者强烈地强调"你真",并且用降调说出"好",那么这句话就会带有讽刺而尖刻的意味。

有些元信息具有警告功能。当你说"依我看"这几个字时,如果你强调"看"这个字,其潜台词就是对方可以不同意。然而,如果你强调"我"这个字,那么你就在警告对方:"听下去,不要反驳我。"

修饰语

修饰语是一种特殊的词语,它能使句子的意义有所不同。人们经常会使用的修饰语有:"确实"(certainly)、"仅仅"(only、merely)、"当然"(naturally、of course)、"现在"(now)、"以后"(later)、"一定"(sure)、"只、只是"(just)、"还"(still)、"又"(again)、"稍稍"(slightly)、"恐怕"(supposedly)、"来吧"(come on)、"我确定"(I'm sure)、"我猜想"(I guess)等。

一般来讲,任何表示数量或程度的词都可以巧妙地转换成讽刺的元信息,例如"你有点不对劲"或者"我等你的时候被雨稍稍淋湿了"。在下表中,左列是一些包含修饰语的句子,右列则是每个修饰语暗含的元信息。

包含修饰语的句子	修饰语暗含的元信息
这**只**是一场游戏	你有点问题，你对这件事太认真了
你最近**一定**很累	你有点不对劲，你不怀好意
我**只是**在说实话	如果你不能以诚相待，这就是你的问题
你**当然**想来	如果你不想来，你就有问题
你**还**在这里吗	你不应当在这里
我**只是**想表达一个观点	如果你不能理性对待，这就是你的问题
你**确实**很安静	你太安静了，这让我发疯
来吧，让我们放松点	你有点不太对，你有点烦
我**确定**，你已经尽力了	我不是十分确定你尽了自己最大的努力
现在你想做什么	你提的要求太多了，你在考验我的耐心

这些句子中的修饰语营造了一种恼怒和不赞同的基调。当你将左列句子中的修饰语去掉，再读一遍，你会注意到，它们变成了简单的事实陈述句或一般疑问句。隐秘的反讽和隐含的拒绝都不见了。

应对负面元信息

元信息的基本作用是允许你偷偷地说一些你不敢直接说出来的话。负面元信息的攻击是隐蔽的，因此遭到公开报复的可能性很小。这里有两个简单的步骤来应对负面元信息。

1. 在脑海里重复这条信息，认真听它的节奏和音高，注意所有的修饰语。
2. 大声说出你认为的元信息是什么，并询问这个人是否真的有这种想法或感觉。

第二步绝对有必要。如果你不核实自己的解读，就会陷入猜测别人意图的境地，把假定的元信息视为真实的信息。核实你的解读，也是请对方直话直说的好方法。当你识破了人们隐秘的言语攻击时，他们更有可能对你直言不讳。由此，你就可以坦然地了解隐藏在元信息中的想法和感受了。

哈里经常加班到很晚，他知道在交谈时如何应对负面元信息。当一位同事对他说"我猜你今晚又要加班了"的时候，他注意到同事用升调重读了"你"这个字，并且使用了"又"这个修饰语。哈里弄不清这句话到底是讥讽（"你的勤奋让我们大家看起来都显得很懒"），还是同情（"请照顾好你自己"）。他决定重复负面元信息来核实自己的感知，于是他对那位同事说："我不知道我工作到很晚会不会让人不高兴，会不会有人觉得我在显摆自己？"让哈里松了一口气的是，同事后来的回复证明，他刚刚的话的确是出于对哈里的关心。

有时候，人们需要反复追问才能让说话者认可某个元信息。莉萨的父亲特别喜欢微妙地讽刺人。有一次，他问莉萨："你还对那个……年轻人感兴趣吗？"莉萨觉得这是一种不赞成的贬低。她把这句话反复想了一遍，以证实自己理解的意思是不是父亲想表达的意思。她想到父亲重读了修饰语"还"，在说"年轻人"之前有了一段停顿，并且重读了"年轻"这两个字。于是，她和父亲进行了如下对话。

莉萨：爸爸，你对他有什么不满意的吗？
父亲：我猜，他是如今这个时代常见的那种人。
莉萨：爸爸，从你的话里，我感到你不是很喜欢他。你觉得我和他约会一点儿都不明智。
父亲：我猜，他还可以吧。

当莉萨听到了"我猜"这个词时，她觉得父亲在怀疑男友的价值。她决定详细探究父亲的想法。

莉萨：爸爸，当你问我是否还在和他约会时，你十分强调"还"这个字眼。你称他为"那个……年轻人"，这让我觉得，你不认可他，你觉得我们的关系很荒谬。

父亲：虽然我不认识他，但我觉得他确实让我费神。

莉萨终于和父亲谈到要点了。过了一会儿，两人就坦诚地谈论起父亲的这种负面情绪。如果莉萨能够继续保持这种开诚布公的心理，反复追问父亲，就真的有机会听到父亲的真实观点，并直接回应他，父亲也不再需要利用元信息来进行隐秘的攻击。

隐秘的动机

在公共汽车上，你可能偶尔听到这样的话："每天晚上我还在打扫卫生时，他就一直坐在那里看电视。就算我摔断一条腿，他也不会起身帮我做家务。他说他整天忙于工作，却不知道自己在做些什么事。我要去购物，要照顾孩子，要做三顿饭，还要打扫卫生。当我抱怨时，他让我放松些。然而，只要我在做事，就必须把它做好。我想我真是太好了。"

你邀请一对夫妇共进晚餐。那对夫妇中的丈夫笔直地坐在桌边，就像站在讲台上一样。席间，他开始滔滔不绝地谈论政治。后来，他把话题转向经济（美国各州应该统一税收方式）、体育（棒球运动正走向衰落）、育儿（涉及七个发展阶段）。接下来，他谈到生态环境，围绕气候变化发表了一通观点。整晚你听了一场冗长的演讲。

你认识一些这样的人。他们的故事和评论都有着相同的主题，相同的隐秘动机：要证明他们是多么优秀、睿智、无可指摘、成功……

如果你对自己感觉不太好，隐秘的动机就是常见的防御策略。隐秘的动机会驱使你通过创造一种期望的形象来保护你不被拒绝,并且一次又一次地帮你证明你的基本价值。

隐秘的动机会妨碍亲密关系的构建和培养。心里藏着隐秘的动机,也就是说,你说出的每一句话都暗含目的,那就没人能看清真实的你了。你只和别人说一些精心编造的故事和精心设计的评论,以证明你是多么勇敢,多么无助,多么脆弱。你可以通过倾听自己的声音来判断自己是否在使用隐秘的动机。你讲述的奇闻趣事都出于同一个目的吗?你总想证明些什么吗?

八种隐秘的动机

主要的隐秘的动机有八种。当你在下面的描述中读到它们时,请注意你常使用哪些隐秘的动机。

我很好

你是自己讲述的所有故事中的英雄。每件趣事都突出了你最看重的品质。如果你想让人们知道你的财富或权力,你讲的故事会告诉他们这一点。如果你想让别人知道你的力量与慷慨,你讲的故事可以帮你做到这一点。如果你经常和别人说"我很好",就是在说自己是个细心、体贴、有爱的人。虽然你创造了一个不可否认的好角色,但它并不是真实的你。你必须不断地用行动、回忆和敏感的话语来证明你有多好。

一些典型的"我很好"的信息是:"我很诚实、成功、努力、强大、勇敢、坚强、忠诚、富有、慷慨、勇于自我牺牲、有雄心壮志、有冒险精神。"

每个人都有虚伪的一面,而表达"我很好"的动机远不止这些。这个隐秘的动机将伴你一生,你将用它来扭曲自己,以便你只将自己十分美好的部分展示给别人看。这意味着你不相信自己身上存在任何不好的部分。

表达"我很好"的动机有两大缺点。一是，这很难使你和别人建立密切的关系，因为他们只通过你讲述的"我很好"的故事来了解你。二是，与你交谈的人会感到无聊，厌倦了一次又一次地看到同样的面具，听到同样的主题，他们听了一会儿就会不听了或者走开。

我很好，而你不好

在这个隐秘的动机中，你通过显示其他人有多糟糕来证明（衬托）你有多好："除了我，其他人都是愚蠢的、无能的、自私的、不讲道理的、懒惰的、胆小的、迟钝的。"你讲的每个故事都是这一主题的变体。你总是那个做得对的人、那个推理清晰的人、那个真正有爱心的人。一位护士经常抱怨："我总是愿意停下来去应答病床上的患者按下的信号灯，即使他不是我的患者。我会力所能及地帮助其他护士，但会有人来帮我吗？绝对没有。"

"我很好，而你不好"有好几个形式。其一是隐含的批评。你指出自己工作有多努力，或者你做了多少让步，以暗示对方懒惰或者一根筋。其二是沟通分析之父艾瑞克·伯恩（Eric Berne）称为"法庭"的游戏（1996）[⊖]。在该游戏中，夫妻双方都试图证明对方有多糟糕。其中，夫妻分别是原告和被告，而法官通常由隔壁邻居、治疗师或者孩子扮演。伯恩指出，夫妻之间常见的游戏是"要不是为了你"，他们互相指责对方，抱怨自己因对方而处处受限，生活乏味。

"我很好，而你不好"虽然可以提升你的自尊水平，但你要付出代价。你的家人和朋友会感到受威胁和被你贬低，于是很快就开始实施他们自己的防御策略。

⊖ 伯恩认为，沟通中的游戏是造成人们心情沮丧、彼此伤害的重要原因。他在《人间游戏：人际关系心理学》中对这些游戏一一加以命名、讲解、分析和研究。——译者注

你很好，而我不好

这个动机的最简单的形式就是奉承，更复杂的形式包括对聪明、美丽或强壮的人们的崇拜。人们贬低自己以示崇拜对方："你做得很好，而我笨手笨脚。""我好希望我有你那样的进取心和胆量，我太害怕把事情搞砸了。""我从来就没有经商的头脑，看到你所做的一切后，我觉得你真是太聪明了。"有时，人们用这种自贬的姿态来获得好处或打击别人。人们常用"你很好，而我不好"来挽救糟糕的人际关系，或者把它当成一种避免愤怒和拒绝的策略。毕竟，你怎么能对一个已经自暴自弃的人生气呢？这个隐秘的动机有助于减少对方过高的要求和期望。没人会对一个"无能的人"抱有太大期望。

"你很好，而我不好"可能成为抑郁症患者的隐秘的动机，其基本说法是："我错了，我很坏，我被伤害了，我愚蠢，我无聊，我不可爱。所以，可怜可怜我吧！"酗酒者、长期赌徒可能也会强调"你很好，而我不好"，以此作为不改恶习的借口。

我很无助，我很痛苦

这是受害者的隐秘的动机。他们讲述的故事聚焦于不幸、不公或虐待。这些故事讲的是一个人被困住了，他努力尝试却无法逃脱，忍受着没有希望的痛苦。怀着这一隐秘的动机的人会含蓄地说："不要让我为所有这些痛苦做任何事，我不负责。"

伯恩描述了几种依赖于"我很无助，我很痛苦"这一动机的心理游戏（Berne, 1996）。在游戏"没那么可怕"中，人们遭受的不公正待遇似乎总是无法得到解决。当两个人进行"你为什么不——是啊，但是"这个心理游戏时，其无助的感觉会持续下去。一个人对深感无助的另一个人提出了一系列建议，无助的人却一个接一个地把这些建议驳倒。到最后，无助的人证明了"什么建议都没有用"，自己无法控制痛苦，从而加深了自己的无助感。

一个经典的"我很无助，我很痛苦"的心理游戏是"为什么这种事总发生在我身上"。一名男子抱怨说，他遇到了大规模堵车，着急上火，溃疡复发了，身边还没带抗酸剂。他说："我总是很倒霉。我刚感觉好点，然后就会发生一些令人头疼的事，让我又难过起来。我做了沙拉，有人却在上面放了辣椒，或者我的销售业绩一落千丈。这种事总发生在我身上，从无例外。"人们常常用"我很无助，我很痛苦"来逃避可怕的新解决方案，或者推迟做出重大的人生决策。"我丑""我生病了""我太紧张"这些话通常会使人们无限期地推迟改变。

有些人在求爱的早期阶段常使用这种隐秘的动机的过去式（"我曾经很无助，我曾经很痛苦"）。在这个时期，人们会来来回回地讲述关于前任配偶或恋人的可怕故事。在以前的伤害、过去几年的不联系和痛苦的基础上，同情的纽带就这样慢慢地建立起来。

我无可指摘

当事情出错时，人们可能会选择使用"我无可指摘"这种隐秘的动机。你听过人们为失败找的一千种借口，你见过他们四处寻找可以责备的人或事。他们的基本立场是"我没做过这件事。"痛苦的婚姻通常会滋生"我无可指摘"这样的隐秘的动机。夫妻双方都在寻找证据，证明过错在对方："她付出不够多。""他从不在家。""孩子占去了我们所有的时间。""如果我们没有搬到这里，就不会有这样的问题。""她辞职后情况就不一样了。"

关于"我无可指摘"的心理游戏是"看，你都让我做了些什么"。你寻求并听从别人的建议，然后把所有的错误都归咎于为你提供建议的人。这就好比买了一种心理保险，你永远不必为任何事情负责。

我很脆弱

"我很脆弱"暗含的意思是"别伤害我"。你讲述自己过去如何被别人背叛和伤害，来表明"我很脆弱"。你清楚地表示自己需要被保护，自己无法听到全部的真相。你用柔和的声音说话，而你的脆弱往往十分引人关注："你在学校里过得怎样？哦。你知道吗？当我听说你一个人玩、没有任何朋友的时候，真的很心烦。""亲爱的，你的每件事对我来说都很重要，但你为什么要告诉我那些让我心烦的事呢？""请不要哭。我又开始头疼了。""我的父母总是为了钱吵架。我们先别谈这个了。"

我很坚强

在生活中，无论是心理上还是身体上，你都在克服一切困难，负重前行。你在大学一年级就带了40名学生，同时还拥有一份全职工作。你是个女超人，每周工作40个小时，养育4个孩子，做饭，打扫卫生，还要组织社区的公益基金筹款活动。你是个工作狂，有一份收入高、压力高的工作，而且周末也不省心，经常从早到晚连轴转，就连换水管都是自己动手。

当你带着"我很坚强"这种隐秘的动机与人沟通时，你会专注于诉说自己做过或者正在做的事。你背诵着自己的行程安排，滔滔不绝地告诉对方"你去过哪里，你当前在做什么，以及一谈完你就急着要去的地方"。你的潜台词是你比别人更强大，工作更努力、更快、更持久。这样做你会得到别人的赞赏，以及保证你不会被批评。人们不会问你太多，因为你太忙了。你掌控一切，负责一切，最重要的是，你无可指摘。有了这个隐秘的动机，你不仅不会放慢自己的脚步，还很有可能会崩溃。

"我很坚强"也有"我很强硬""我很危险""我有时候很暴力"的意思。在这种姿态下，手势和语言结合在一起，给人一种"刀枪不入"的感觉。"不要攻击我，否则我就剁了你。"对有些人来说，"我很坚强"是一种理想。这个隐秘的动机的唯一目的是防止受伤和保护脆弱的自尊。唯一真正被隐藏的是那些使用它的人的弱点。防御墙的背后是一个人，他害怕被拒绝，不确定自己的价值。

我无所不知

上文那位没完没了地在晚宴上"演讲"的客人就是使用了这个隐秘的动机。对他来说，沟通的目的不是为了提供信息或娱乐，而是证明自己知道多少。"我无所不知"显现于说教或教导的过程中。你是永远的导师，只在想象的讲台后面自由发挥。人们不会靠你太近。这种方式最适用于那些很容易被打动或被恐吓的年轻人。你的谈话对象很快会发现，你不可能听他们说话，也不会欣赏他们，只是把他们当成观众而已。"我无所不知"的真正作用是防止你重新遭遇早期因无知和情绪感知能力弱而产生的羞耻感。

隐秘动机的功能

隐秘的动机有两项功能。

第一项功能是彰显基本立场，使说话者保持活在世界上的基本姿态。当你产生了自己能力不足的感觉时，隐秘的动机会成为你应对这些感觉的唯一方法。你可以在"我很好"的隐秘的动机中坚信自己是有价值的，或者借用"我很好，而你不好"来贬低别人，以此来应对负面情绪。你用"我很坚强""我很脆弱""我无所不知"来保护你自己。

第二项功能是宣扬不可告人的动机和需求。如果你想与某人交朋友，那么你可能会用"你很好，而我不好"来恭维他。你可以从"我很无助，我很痛苦"的隐秘的动机中寻求安慰和帮助。你也许用"我无可指摘"来原谅自己的失败。"我想挽救我们的婚姻，而你不想"这句话既表达了"我无可指摘"的立场，又可能促使对方产生罪恶感并迫使对方改变。

毫无疑问，隐秘的动机是有适应性的，并始终服务于一个目的（保护你自己）。然而最终，它将使你无法获得他人的理解与认可，使你陷入孤立无援的境地。下面的练习将帮助你了解自己最常使用哪些隐秘的动机以及使用对象是谁。

> **练习6.1**
>
> 　　在某一天，你有意识地记录下自己讲述的故事和发表的评论，数一数你使用隐秘的动机的次数。你可以将上述八种隐秘的动机逐一列出，每次使用了隐秘的动机，便记录下来。
>
> 　　如果这些隐秘的动机对你和他人的沟通产生了很大影响，试着第二天再追踪观察。在追踪观察时，写下每一个和你谈话的人的名字，在每个名字旁边记录一个百分比，表示你与之交谈时使用了多久的隐秘的动机。一位做过这个练习的女士发现，她在和老板沟通时，80%的时间里使用了"我很好"和"我无可指摘"这两个隐秘的动机。她在与同事的交谈过程中，大约30%的时间里使用了"我很好"这一动机。在家里，虽然她和孩子们没有任何隐秘的动机，但她和丈夫沟通时20%的时间里使用了"我很好，而你不好"这一动机。

　　通过上述练习，你开始注意观察自己的隐秘的动机。假如隐秘的动机主宰着你和某人的关系，你就需要采取额外的行动了。以下是四条建议。

1. 让对方知道你的动机："我知道我总是在给你讲自己的英雄事迹，而我正试着摆脱这种思维模式和说话模式。""我注意到，我总是告诉你我有多么讨厌某个人。之所以这样做，是因为我想尝试着让自己往好的方面想。""我总是让自己看起来很无助，而我认为那不是真正的我。"
2. 和对方一起追踪观察你的隐秘的动机。
3. 当你抑制了自己使用隐秘的动机的冲动时，奖励一下自己。
4. 如果你被某个隐秘的动机困住了，那么你需要调整自己的定位。

针对每种隐秘的动机，下表列举了一些有助于调整定位的话。

隐秘的动机	调整定位的话
我很好	我既有优点，也有缺点
我很好，而你不好	我不必通过打击你来突出我自己的好，我不再做这种对比了
你很好，而我不好	我可以关注自己的优点和能力
我很无助，我很痛苦	我的生活既有愉快也有痛苦，既有希望也有悲伤；我可以跟别人分享我生活中的每一面
我无可指摘	人无完人，我有时候做的一些决定的确使事情变得糟糕了
我很脆弱	当有人难过时，虽然我有些胆怯，但我可以倾听他的心声
我很坚强	我可以照顾好自己；放松点，人们还是喜欢我的；我不用恐吓别人，也能安心
我无所不知	我可以倾听别人讲话，可以对某些人或事感兴趣，可以提问题；总有些事情值得我学习和探索

请注意，这些调整定位的话多为简单的自我指示。你可以一遍又一遍地默念这些话，引出你的隐秘的动机。你甚至可以将这些话当成座右铭，把它们贴在浴室的镜子上或者放在随身公文包里。

沟通分析

在 20 世纪 60 年代早期，艾瑞克·伯恩提出了沟通分析理论。伯恩认为，每个人的内心都有三种自我状态：父母自我状态、成人自我状态、儿童自我状态（Berne, 1996）。你可能会在某些时候进入其中的一种自我状态，这种自我状态会影响你的行为方式和沟通方式。

三种自我状态

沟通风格会因为内心的自我状态的不同而有着明显的不同。

父母自我状态

当你进入父母自我状态时，你的内心会存在大量的规则、道德格言以及怎样为人处世的指示。这些规则和指示在你的心里打下了深深的烙印，它们也许从你0～5岁这段时间就"镌刻"在你的心里，并且将在你的一生中发挥作用。父母自我状态中的规则包括你小时候听到自己的父母说过的每一句话、宣言、格言，比如"不要懒惰。""别吹牛。""永远不要让任何人愚弄你。""婚姻天长地久。""要把盘子里的东西都吃完。""永远不要相信有钱人。""避免风险。""陌生人很危险。""不要在梯子下面走。"在你的孩提时代，这些规则对你十分重要，因为你没有办法预测危险，也不知道世界如何运转。当你还是个小孩子时，你不知道"烫"是什么意思，也不知道烧伤会对皮肤造成怎样的伤害，所以父母制订了严格的规则来约束你使用炉子。

父母自我状态中的规则提供了"怎么做"的信息，包括如何握手，怎样注意餐桌礼仪，如何向杯子里倒酒，怎样和别人交谈，以及如何与邻居相处。这些信息帮助你应对有生以来的第一次社交，并且使你在试探性地踏入社会时充满信心。

在许多方面，父母自我状态中的规则是好的，也有所帮助，为你的人生提供了框架。有些规则具有支持和关爱的特点，就像好老师那样，提醒你做某件事的正确方法，而不会强迫你或攻击你。不过，假如你的父母严格而古板，那么你内心的父母自我状态可能同样严格而无情，也许会发出惩罚性的、否定的声音，让你感到深受束缚。

当你以父母自我状态和别人交谈时，你会有所察觉，因为你会使用"总是""从不""停止""不要"这样的词。你和别人的沟通充满了命令和价值判断。当你以惩罚型的父母自我状态沟通时，你会使用"恶心""愚蠢""荒谬""白痴"等带有评判性的词语。在支持型的父母自我状态中，你可能使用"完美""好极了""太棒了"等字眼。另外，当你以父母自我状态与人沟通时，你往往讨论"应该"和"应当"做些什么的问题。上述词语的使用，暗示着你的内心已经进入了父母自我状态。

儿童自我状态

正如父母自我状态已在你内心打下深深烙印那样，儿童自我状态也在你的心灵深处留下了印记。儿童自我状态包含了你想了解、感觉、触摸、体验新世界的强烈愿望。在这种自我状态下，你渴望探索和感觉。然而，这种自我状态也是所有否定、惩罚和负面情绪的产物。进入这种自我状态时，你很快就得出结论："我不舒服。"在儿童自我状态之下，你之所以做出这样的决策，是因为令人费解的、可怕的否定性事件打乱了你的生活。

在儿童自我状态下，你的情感扎根于内心，比如你的魅力、你的爱、你的喜悦、你的恐惧、你的愤怒，以及你在成长的混乱中产生的不良情绪。儿童自我状态既充满正常的需求，又带有因父母管制而产生的伤感。

当你以儿童的姿态和别人沟通时，通常会迸发巨大的能量，可表现为流泪、噘嘴、发脾气和抱怨。儿童自我状态是快乐、欢笑和性兴奋的源泉，在这种状态下和别人交谈，你会使用"我讨厌""我希望""为什么我必须这么做"等字眼。你无法忍受别人说你不好或者拒绝你。当你感到被人们拒绝时，你就会进入受伤和愤怒的状态。

成人自我状态

你的内心有一种自我状态会在儿童自我状态（强烈的情感和需求）与父母自我状态（大量的规则和命令）之间做出权衡，这种自我状态就是成人自我状态。当你以成人自我状态和别人沟通时，你就像一台电脑、一个数据处理中心，对各种数据进行分类，始终让自己知道内心世界和外部世界都发生了什么。在成人自我状态下，你必须做决策。为了做到这一点，这种自我状态下的你需要核实外部因素，并对可能的结果做出预测。处在这种自我状态时，你会从内心"倾听"父母自我状态下的建议，"倾听"儿童自我状态下的需求和反应。

沟通分析的重点是强化你内心的成人自我状态。有时，你可能会被儿童自我状态或父母自我状态淹没或干扰。当成人自我状态屈从于儿童自我状态时，你能感受得到，因为你通常会在没有正视自己的强烈感情与冲动的情况下贸然采取行动。你的感觉会压倒你，你可能通过哭诉、抱怨或者发脾气等方式来表达这些感觉。疯狂的消费和不理智的冒险，也表明你内心冲动的儿童自我状态已经占了上风。当你的成人自我状态被父母自我状态压倒时，你会产生大量不容置疑的偏见，而且你严格地遵循内心那些未经核实的信念。一些规则将会束缚你，而你不允许自己对这些规则进行评估，于是常常以一种攻击的、责备的方式与别人沟通。

当你处于健康的成人自我状态时，你知道儿童自我状态的需求，也知道父母自我状态的规则。健康的成人自我状态是可以独立运行的，它能帮助你进行有效沟通并且做决策，不会阻碍或者无视你对需求和规则的表达。

当你以健康的成人自我状态进行沟通时，你会直接而直白地描述事物、提出问题、估算各种概率、评估已知事物和未知事物、判断真假。此时的你会有自己的观点，而不是只有主观臆想。虽然你会有自己的认识，但这种认识不用背负情绪负担。

分析你的沟通

沟通分析的技巧是学会辨别你是以哪种自我状态来说话。当一个顾客在向你抱怨服务很差时，如果你带着受伤和愤怒的情绪与其说话，那么这可能意味着你内心已经处于儿童自我状态。如果你正发出严厉的威胁和警告，那么这也许意味着你内心的父母自我状态已被激活。在图书《我好，你好》（*I'm OK, You're OK*）中，作者托马斯·哈里斯（Thomas

Harris）建议用以下规则来分析你的沟通（2004）。

- 学会辨别自己在什么时候处于儿童自我状态，了解这种自我状态的弱点、它内含的负面情绪、表达这些情绪的主要方式。
- 学会辨别自己在什么时候处于父母自我状态，了解这种自我状态的规则、禁令、固有的理念以及表达这些规则的主要方式。

哈里斯的规则意味着你必须对说话者在父母自我状态和儿童自我状态中使用的语言有所了解。一旦你对这两种自我状态下的语言十分敏感，就能更容易地辨别其他人是否处在这些自我状态。当他们表现出惩罚型的父母自我状态，而你也处在这种自我状态时，他们就会使用与你类似的语言。当他们处在儿童自我状态时，也会生气、害怕和冲动。

下面的练习旨在帮助你训练如何辨别你是以哪种自我状态来与他人进行沟通的。出于练习的目的，我们关注的焦点是惩罚型的父母自我状态、不良的儿童自我状态，而不是支持型的父母自我状态、健康的儿童自我状态。

练习7.1

请辨别以下话语的说话者是处在父母自我状态、儿童自我状态，还是处在成人自我状态。

1. "我不会去的，算了吧！就这样，不必再谈，我决不会去。"
2. "你就是懒。我想不出其他的词来形容你。"
3. "快点儿，我们要迟到了。"
4. "你已经在这里待了三个小时，一件事也没做成。"
5. "你有空的时候，我需要你帮我打包。"
6. "为什么每次都得我去商店？"

7. "别闷闷不乐了，振作起来，继续生活。"

8. "求求你，让我们今晚出去吃饭。"

9. "你管这叫化妆？你看起来像一条死鲤鱼。"

10. "我们中的一个人可以在派对上玩得尽兴点。"

答案

1. 儿童自我状态。　　　2. 父母自我状态。

3. 父母自我状态。　　　4. 父母自我状态。

5. 成人自我状态。　　　6. 儿童自我状态。

7. 父母自我状态。　　　8. 儿童自我状态。

9. 父母自我状态。　　　10. 成人自我状态。

练习 7.2

请分别从儿童自我状态、成人自我状态、父母自我状态的视角出发，根据下述要求，写出说话者会说的话。

1. 约翰想告诉苏珊，她若要迟到，希望她打电话来告知自己。

　　父母自我状态：_____

　　成人自我状态：_____

　　儿童自我状态：_____

2. 西尔维娅想告诉罗蒙，当他晚上外出聚会时，她会感到孤独。

　　父母自我状态：_____

　　成人自我状态：_____

　　儿童自我状态：_____

3. 大卫想请他的老板给他涨薪。

　　父母自我状态：_____

　　成人自我状态：_____

儿童自我状态：_____

4. 山姆想告诉肉店老板那块肉太硬了。
　　父母自我状态：_____
　　成人自我状态：_____
　　儿童自我状态：_____

5. 罗恩想告诉伊妮德，当她冷漠地表达自己的愤怒时，他很害怕。
　　父母自我状态：_____
　　成人自我状态：_____
　　儿童自我状态：_____

参考答案

（请将你的答案与如下例子进行对比。）

1. 父母自我状态："如果你不能准时到，那么你至少要礼貌地打个电话。"
　　成人自我状态："苏珊，当你无法准时赶到时，如果你能打个电话给我，那么我会不胜感激。"
　　儿童自我状态："凭什么我总是要等你？你至少要打个电话告诉我。"

2. 父母自我状态："你晚上外出聚会，留我孤单一人，你真是轻率又冷漠。"
　　成人自我状态："你晚上外出参加集会的时候，我很孤独。"
　　儿童自我状态："你看不出我晚上有多孤单吗？"

3. 父母自我状态："您开出的工资低得可笑。我想涨工资。"
　　成人自我状态："我请求您涨工资。我期望的数目是……"
　　儿童自我状态："我希望自己能多赚点工资。您觉得可以吗？"

4. 父母自我状态:"你卖给我那样一块肉,真是太过分了。你这是敲竹杠。"

   成人自我状态:"我上次在你这里买的那块肉,真的很硬。"

   儿童自我状态:"我讨厌吃硬邦邦的肉。你卖给我的那块肉让我的那顿饭全毁了。"

5. 父母自我状态:"当你冷漠地表达愤怒时,你的行为真是愚蠢、令人厌恶。"

   成人自我状态:"伊妮德,你生气的时候似乎会变得冷漠。那样子吓到我了。"

   儿童自我状态:"你为什么要这么冷冰冰?你为什么要这样对我?"

练习 7.3

请将说话者在儿童自我状态下说的话(如下话语)改写为在成人自我状态下说的话。

1. "我想让你走远点儿。"
___

2. "你觉得我们能在 10 点赶到家吗?"
___

3. "我讨厌做饭!"
___

4. "凭什么我必须要做所有的事情?"
___

5. "为什么你先看头版新闻?"
___

参考答案

（请将你的答案与如下例子进行对比。）

1. "我现在想一个人静静。"
2. "我得在10点之前回家。"
3. "我不喜欢做饭。"
4. "我做太多事了，很累。"
5. "我想今天先看头版新闻。"

练习7.4

请将说话者在父母自我状态下说的话（如下话语）改写为在成人自我状态下说的话。

1. "你这样铺床太马虎了！"

_____

2. "你怎么了，竟会买下那套可笑的茶具？"

_____

3. "回去干活！"

_____

4. "你花钱可真吝啬！"

_____

5. "别坐在咖啡桌上！"

_____

参考答案

（请将你的答案与如下例子进行对比。）

1. "我希望你能把床铺得整整齐齐。"
2. "你为何买那套茶具？"

> 3. "是时候回去干活了。"
> 4. "我希望我们在钱的问题上有不同的看法。"
> 5. "咖啡桌承受不了你的重量。"

你将从上述练习中注意到,当人们以惩罚型的父母自我状态进行沟通时,常会命令、指责和攻击别人。人们很容易借助批判性的、评判性的语言识别出这种自我状态。当人们以怨恨型的儿童自我状态进行沟通时,常会抱怨、噘嘴,并且扮演受害者的角色。只有处在健康的成人自我状态之下,人们才能清晰地说出自己的感受和需求,不指责、不抱怨。

沟通的种类

在沟通过程中,你的自我状态与他人的自我状态相互作用,形成了三种常见的沟通方式。请注意,通过关注你和沟通对象的自我状态,实际上可以缓和现有的冲突或者避免引发新的冲突。

互补的沟通

在第一种互补的沟通过程中,每位参与者都以相同的自我状态发送或接收信息。如下图所示,A 发送信息时所处的自我状态,与 B 接收该信息时所处的自我状态相同,反之亦然。

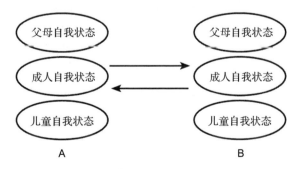

第一种互补的沟通常常可以无限期地进行下去，因为它们不会产生冲突。当人们相互之间都采用父母自我状态来沟通时，经常能取得一致的意见。

A：现在有些人会粗制滥造。
B：是的，他们做的东西很恶心。

当人们相互之间都采用儿童自我状态来沟通时，也能达成一致的意见。

A：我讨厌我们每周五晚上一下班就得马上回家。
B：是很讨厌！我们错过了所有的乐趣。

在第二种互补的沟通过程中，每个人都处于不同的自我状态，每个人发送或接收信息时的自我状态不变。如下图所示，当 A 与 B 相互沟通时，A 始终保持儿童自我状态，B 始终保持父母自我状态。

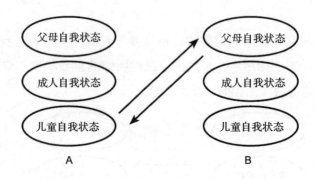

A：不管怎样，让我们买下这个沙发吧！
B：现在我们买不起这个沙发，我们只能勉强付得起房租。

交叉的沟通

当你向不具备（而你有）某种自我状态的人说话时，交叉的沟通便发生了。有的交叉的沟通会引发冲突，有的会化解冲突。

如下图所示，A 采用父母自我状态，像惩罚孩子那样问责 B，而 B 也反过来采用父母自我状态像惩罚孩子那样攻击 A。

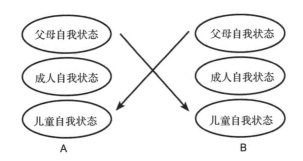

A：你为什么不能停止把吃的东西带进卧室呢？
B：你又为什么不能偶尔做一顿值得一吃的晚餐呢？这样我就不用整晚吃零食了。

A 和 B 同时采用惩罚型的父母自我状态，将对方当成脆弱的孩子来问责。其结果是，当他们升级这种敌意时，各自内心的儿童自我状态都受到了伤害。

如下图所示，A 采用儿童自我状态，像对待父母那样对 B 抱怨，而 B 也采用儿童自我状态，像对待父母那样对 A 抱怨。

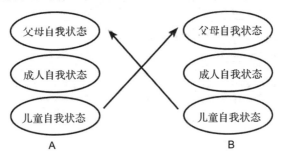

A：我讨厌法国电影。为什么我们总是要看法国电影呢？

B：如果你不喜欢，那么和你看电影也没什么意义。

如下图所示，A 采用惩罚型的父母自我状态，像对待孩子那样对待 B，而 B 采用成人自我状态来对待 A，这就消除了两人之间的冲突。

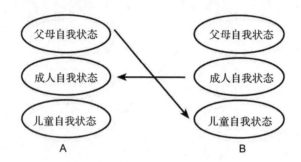

A：你为什么不能停止在那些没完没了的电视情景喜剧上浪费时间，转而去读一本好书呢？

B：今天晚上我更想看电视。

如下图所示，A 采用抱怨型的儿童自我状态，像对待父母那样和 B 沟通。不过，B 拒绝参与到冲突中来，而是采用了成人自我状态与 A 沟通。

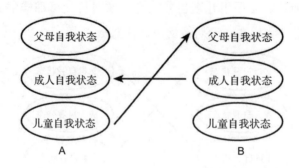

A：凭什么我要一直倒垃圾？你为什么不做呢？我讨厌倒垃圾。

B：我们每个人都有各自的事情。我希望你尽快把垃圾拿出去。

练习7.5

当人们用惩罚型的父母自我状态来和你沟通，或者用抱怨型的儿童自我状态来和你说话时，如果他们说出如下的话，你该如何回答，才能使你们都回到成人自我状态，以消除沟通冲突。

1."你下班后总是心情不好。"

你的回答：_____

2."为什么我们不能像其他夫妻那样去跳舞呢？"

你的回答：_____

3."你的书桌一团糟。怪不得你找不到自己的东西。"

你的回答：_____

4."你没有关注我，我恨你。"

你的回答：_____

5."你讲了一堆废话。"

你的回答：_____

参考答案

（请将你的答案与如下例子进行对比。）

1."下班后我确实很累。我不知道我让你生气了。"

2."虽然我不太会跳舞，但我们可以出去玩些别的。"

3."我对这样的书桌感到舒适。"

4."我不知道你现在就需要我关注你。"

5."这些对你来说也许是废话，但它们是我的观点。"

隐性沟通

伯恩认为，隐性沟通是游戏的基础。在这种沟通过程中，双方在接收或发送信息时都不止有一种自我状态。如下图所示，当沟通双方表面上都呈现成人自我状态时，实际上他们分别带有父母自我状态和儿童自我状态，这使他们接收或发送的信息显得有些"醉翁之意不在酒"。

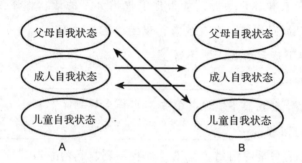

汽车销售员 A 说："这辆车更好，而你可能买不起。"买家 B 说："我买得起，那我就买这辆了。"他们的沟通是在成人自我状态下进行的，而销售员给买家设置了一个诱饵，其意图不是比较哪辆车好，而是"醉翁之意不在酒"，试图用父母自我状态引出买家的儿童自我状态，从而让买家"上钩"。销售员暗中"将了买家一军"，说"你可能买不起"。于是，处在儿童自我状态的买家辩道"我买得起"。

你可以通过问自己"我试图让这个人做什么"以及"我想表达什么隐秘的感觉"，来追踪观察这种隐性沟通。在常见的心理游戏"我逮到你了"中，人们将含蓄地表达敌意的需求变成隐性沟通。在一次关于 B 没有遵守协议的争论中，采用成人自我状态沟通的 A 说："你错了。"同样采用成人自我状态沟通的 B 说："我猜你是对的。"隐性沟通依然在隐含的父母自我状态与儿童自我状态之间进行。隐含着父母自我状态的 A 说："我一直盼望你犯错。"隐含着儿童自我状态的 B 说："我猜我现在就犯错了。"隐含着父母自我状态的 A 表示："我真的要抽你了。"隐性沟通还在继续酝酿矛盾，而成人自我状态下的沟通显然更注重解决两人之间的分歧。

沟通分析的基本规则

为了达到高效沟通，你可以遵循以下沟通分析的基本规则。

- 知晓你沟通时采用的自我状态。
- 知晓你沟通时对方采用的自我状态。
- 对别人的儿童自我状态保持敏感，保护那种自我状态，并且意识到一旦伤害它，你们的沟通会受到不良的影响。
- 保护你自己的儿童自我状态。当别人生气或攻击你时，保护好它。
- 不要采用惩罚型的父母自我状态来进行沟通。没有人想听那样的话。当你采用惩罚型的父母自我状态问责他人时，他们可能会用同样的方式攻击你的儿童自我状态。在合适时，你可以采用支持型的父母自我状态，或者依靠你的成人自我状态。
- 请采用成人自我状态来解决问题和冲突。你可以倾听自己父母自我状态下的规则和儿童自我状态下的需求，而在解决问题时，只采用成人自我状态来沟通。
- 请给你的成人自我状态一些时间来处理数据。如果有必要，可以10秒后再开始分析沟通的内容。你内心的父母自我状态或儿童自我状态可能在嚷嚷着要"上台讲话"。重要的是，你要从这两种自我状态要你说的冲动话语中找出你真正要说的话。

质疑各类语言模式

你不能直接体验这个世界。你体验的是你对这个世界的主观表征。你所看到的、听到的和感觉到的都被转化成一种思想，一种现实的世界观。

每个人都有着自己独特的世界观。如果你在低收入的农村长大，那么你的世界观可能会明显区别于在比弗利山庄（有名的富人区）长大的人的世界观。无论你是天生目光短浅还是具有极佳的远见，无论你是孤儿还是拉比之子，无论你是学霸（能在考试时轻松拿 A）还是必须为 C+ 而挣扎，你都会形成一种与你的经历相匹配的世界观。

世界观帮助你理解外界发生的事情，它告诉你什么是真正重要的，应该注意或忽略什么，为什么人们会做这些事情，哪些选择对你是最好的。它表明了你和他人之间的关系。例如，必须靠努力学习才能得 C 的人可能十分重视智商，往往认为别人更聪明、更自信。同样地，这类人还可能十分看重努力工作，认为大多数人都很懒，只是在"靠天赋吃饭"。

决定你认为哪些选择是开放的，哪些选择是限制你的，是你的世界观，而不是世界本身。你用世界观来指导自己做出最好的选择。无论一个人的行为在别人看来多么奇怪，只要将这些行为置于与其世界观相一致的情境中，那么他的行为就都是有意义的。

当你的观念中充满了关于"你能做什么和不能做什么"的严格规则时，你就会限制自己的选择，比如"我学不会数学。""我的岳母永远不会喜欢我。""人人都爱聚会。"

你可能简单地通过读心来限制自己的选择，比如"她认为我很笨。""他觉得我太安静了。""他们知道我工作效率低。"受限制的或者扭曲现实的世界观，会导致你的人生也受到限制。

此外，世界观还决定了你如何倾听和沟通。可以仔细留意以下对话。

萨拉：我等不及了，我们结婚吧！这样我们就可以共同建立一个家庭了。
吉姆：是的，那样的话，我们都将放心地做一些过去不能做的事情。
萨拉：但是，我们没有真正属于自己的房子。
吉姆：我们中的一个人可以回学校住，或者换一份工作。
萨拉：我们要有一间真正的客厅，在那里，人们可以舒服地坐着，聊聊天。我想请许多夫妻来我们家做客。
吉姆：我们可以一起到任何地方旅行，做任何事情。
萨拉：我还是想要一套房子，以便孩子们有足够的空间。
吉姆：是的，一定会有。等我们准备好了，我们会有孩子。不过，我们现在能做的事情太多了。

吉姆和萨拉对待婚姻的观念截然不同。萨拉认为，婚姻就是安定下来，建立一个家庭，结交其他夫妻，为生孩子做准备。吉姆则认为，婚姻就是让两个人有机会冒险做单身时不可能做的事情。因为莎拉和吉姆无法倾听彼此不同的观念，所以他们对对方所持的观念都大感意外。

许多人际关系的组成，就像吉姆和萨拉在这里的对话那样。尽管人们都用同样的词，但那些词意味着不同的事情。"婚姻""家庭""爱""自私""责任""公平""孤独"等词对每个人都有着特殊的含义。有人说："我累趴了。"你心想："'累趴了'表达了一种非常累的感觉，因为工作太多而疲惫不堪。"然而，说话者的"累趴了"可能代表着压抑的愤怒、困惑或无力感，这与你的理解并不相同。

班德勒和葛瑞德开发了一种澄清语言的方法，以便每个人都可以与别人交流自己的世界观（Bandle & Grinder, 2005）。在《神奇的结构》(*The Structure of Magic*) 一书中，两人将许多转换语法的概念改编成一套语言信息收集工具，你可以使用这些工具来探索和扩展个性化的模型。他们描述了某些普遍的语言模式，这些模式可能产生如下不良影响。

1. 妨碍人们了解你的世界观。
2. 使你的世界观受到限制。
3. 使你的世界观受到扭曲。

理解语言模式

大多数人说话的方式很难让别人完全理解他们的经历。别人的世界观并不会被完全暴露在你面前，而你很容易认为，你和别人看待事物的方式是相同的。事实上，不同的人有不同的经历，你说出来的话在别人听起来的意思与你自己想要表达的意思，很少是完全相同的。妨碍人们真正相互理解的四种重要的语言模式是删减、模糊代词、模糊动词、名词化结构。

删减

删减是指说话者的话语中缺少信息。当你不知道说话者确切的意思时,你可能会用自己的一套假设来填补对方未说的信息。处理删减的更好方法是请求对方明确表述话语中缺少的信息。例如,当说话者说"我很高兴"时,你可以问他"因为什么事情高兴"或者"因为谁而感到高兴"。

以下是一些被删减了内容的语句以及为弄清楚说话者意思的问题。

语句	问题
"我被搞糊涂了。"	"关于什么事情?涉及什么人?"
"我准备好了。"	"准备好了做什么?"
"我的心情好些了。"	"关于什么事情?比什么时候好些了?"
"我想要帮助。"	"哪种类型的帮助?"

练习 8.1

为弄清以下语句中的删减内容,请写下你会提出的问题。

语句	问题
"我伤心。"	
"帝国被摧毁了。"	
"詹姆斯太好了。"	
"我就是不知道做什么。"	

模糊代词

当说话者依赖模糊代词时,这通常会让听者产生混淆和误解。以下是一些包含模糊代词的语句以及为弄清说话者意思的问题。

语 句	问 题
"这难以置信。"	"什么难以置信?"
"这不公平。"	"什么不公平?"
"他们说人工甜味剂致癌。"	"谁的研究表明人工甜味剂致癌?"
"它是错的。"	"哪里出错了?"

练习 8.2

为明晰以下语句中的模糊代词,请写下你会提出的问题。

语 句	问 题
"他们不听我说话。"	
"这很容易。"	
"这真是耸人听闻。"	
"这么做不行。"	

模糊动词

一些动词比另一些动词更能指向特定的对象,前者比如"挠痒""打呵欠""眨眼"等,后者比如"移动""触碰""看见"等。如果有人对你说,"我去年成长了很多",那么你可能在心里怀疑:"他在哪方面'长'了?他是长高了,还是长胖了,或者是战胜了烦恼,内心成长了?"如果你问对方"你在哪方面'成长'了",你就可以通过对方的回答更清晰地了解其经历和世界观。以下是一些含有模糊动词的语句和为弄清说话者意思的问题。

语 句	问 题
"她太让我生气了。"	"她怎么让你生气了?"
"我父母逼着我当医生。"	"你父母是怎么逼你从医的?"
"他就这样离开了。"	"他是怎么离开的?他去了哪儿?"
"我必须继续下去。"	"什么迫使你继续下去?"

练习 8.3

为弄清以下带有模糊动词的语句含义，请写下你会提出的问题。

语　句	问　题
"你打击到我了！"	
"他们喜欢你的作品。"	
"她似乎很想念我们。"	
"我感到筋疲力尽。"	

名词化结构

名词化结构是指一些使人们对具体事物或事件产生错误印象的抽象名词。"这个问题""我们的关系""这次讨论""你的内疚感"等都属于名词化结构。制造名词化结构的方法有两种。

第一种方法是使用非常模糊的名词，不同的人对这些名词有不同的理解。如果别人谈论"你的内疚感"，那么他们可能很清楚自己所说的内疚感意指什么。同样地，你对内疚感也许有着截然不同的理解。

第二种方法是把动词变成名词。"让我们做个决定"就是这种名词化结构的一个例子。这个说法很抽象，不如"让我们来决定种多少棵遮阴的树"生动、易懂。当说话者把名词变成动词时，他需要向你提供更多具体的信息，例如要用"决定去做的具体事情"来替代上述模糊的"决定"一词。

名词化结构很容易与一般的名词区分开来。你可以想象自己旁边有一辆绿色的手推车，你把一棵小树、一个小女孩或者几袋水泥放进手推车里。树、女孩、水泥是一般的名词。现在，你再试试把"内疚感""问题""人际关系"放到手推车里。不难发现，名词化结构不是指人、地点或事物，而是抽象名词，它们抽象到令你无法形成视觉化体验。当说话者使用静态的名词化结构时，你可以采用以下两种方式来进一步明晰对方的意思。第一种方式是要求说话者给出名词化结构的明确定义。例如，如果某人说自己想获得更多的关注，那么你可以问他："具体来讲，你需要什么样的关注？"第二种方式是把名词化结构转变为动词而向说话者提问。例如，如果有人对你说"我感到你有许多的反对意见"，那么你可以把这个名词化结构（"反对意见"）转变成动词（"反对"），反过来询问他："我怎么反对你了？"以下是一些带有名词化结构的语句以及为弄清说话者意思的问题。

语　句	问　题
"我们的关系似乎很紧张。"	"我该如何理解你所说的'紧张'呢？"
"工作中都是问题。"	"到底是哪种问题困扰着你？"
"那天，人人都在拒绝我。"	"那天别人是怎么拒绝你的？"
"兴奋感已经消失了。"	"你为之感到兴奋，而现在是什么令你的兴奋感消失了呢？"

练习8.4

为弄清以下带有名词化结构的语句含义，请写下你会提出的问题。

语　句	问　题
"他是成功的典范。"	
"我希望得到指引。"	
"这全是误会。"	
"我感受到许多的愤怒。"	

质疑受限的语言模式

有三种重要的语言模式会人为地限制你对语句的理解：绝对意味、强加的限制和强加的价值观。

绝对意味

绝对意味由一些绝对词表露出来，例如"总是""从不""全部""一个也没有""所有人""没有人"等。一种质疑绝对意味的方法是加深对方的绝对语气来质疑对方。例如，当说话者说"我的妈妈总是迟到"，你可以回答："她一直迟到吗？"另一种质疑绝对意味的方法是询问对方是否有过与绝对意味相矛盾的经历，比如"你的妈妈是否有过准时的时候？"以下是一些包含绝对意味的语句和质疑它们的问题。

语 句	问 题
"我总是身陷痛苦之中。"	"你是一直生活在痛苦之中吗？"
"没有人关心我。"	"地球上难道没有一个人关心你吗？一个都没有吗？"
"我从未赢过。"	"你真的举不出你赢过的例子吗？哪怕一个？"
"她总是对我无礼。"	"她一直对你无礼吗？你能不能回忆起她亲切的一面？"

练习 8.5

请写下你质疑下列语句（含绝对意味）时会提出的问题。

语 句	问 题
"我永远无法跟心仪的人约会。"	
"我总是最后一个享受服务。"	
"人人都说她是对的。"	
"所有的好人都结婚了。"	

强加的限制

强加的限制是那些暗示你别无选择的词语或短语，例如"不能""必须""不得不""应该""应当""不可能"。

强加的限制分为两类。一类是完全排除某些选项，例如"不能"和"不可能"等。另一类是承载了某种道德使命，例如"必须""应该""必须"等。"应该做什么"的语句具有高度的限制意味，因为它暗示着如果你违反了强加的规则，你就是一个坏人。

许多人对自己强加限制。你可能无意中听到一个人说："我完全不能在众人面前讲话。"他的世界观告诉他，"在众人面前讲话"是不可能的，完全超出他的能力范围。你可以质疑他对自己强加限制，向他提出以下问题："如果你对一大群人讲话，那么会发生什么？""是什么阻止你在众人面前讲话？"第一个问题促使说话者展望未来，想象他的行为可能产生的后果。第二个问题迫使说话者回望过去，去探索他在众人面前讲话的恐惧的根源。

你可以采用同样的方式来质疑人们所说的"应该做什么"和道德使命。假如有位朋友说"我必须完成工作才能放松"，那么你可以这样质疑他："如果你在放松之前没有完成工作会发生什么事？"以下是一些带有强加的限制的语句以及质疑它们的问题。

语　句	问　题
"我想去，却不能去。"	"是什么阻止你去？"
"你决不能说那样的话。"	"如果我对你说了那样的话会发生什么？"
"我必须按老板说的做。"	"如果你没有按老板说的做，那么会发生什么？"
"我不能做饭。"	"为什么做饭对你来说那么难？"

练习 8.6

请写下你质疑下列语句（含强加的限制）时会提出的问题。

语　句	问　题
"我不可能把家庭作业做得很好。"	
"我不能再等她了。"	
"你必须在态度上更加成熟一点。"	
"你必须考虑他们的感受。"	

强加的价值观

人们看待这个世界的方式将在很大程度上由他们的价值观决定。从本质上来说，人们会坚信那些适合自己的价值观，并将这些价值观应用到他人身上。当你听到说话者使用"愚蠢""贪财""腐败""胆小""丑陋"等词时，你就能感觉出来自己遇到了强加的价值观。依赖这种语言模式的人通常不知道，除了自己的价值观，世界上还存在其他价值观。质疑这种语言模式将迫使说话者审视自己的个人观点，同时承认世界上的其他人也有自己的价值观。当有人说"所有的现代艺术都是浪费颜料"时，你可以问："谁认为所有的现代艺术都是对颜料的浪费？"以下是一些带有强加的价值观的语句以及质疑它们的问题。

语　句	问　题
"那就是一文不值的垃圾。"	"它对谁来说一文不值？"
"外出散步是错误的。"	"谁认为外出散步是错误的？"
"性治疗是无效的。"	"对谁来说性治疗是无效的？"

练习 8.7

请写下你质疑下列语句（含强加的价值观）时会提出的问题。

语 句	问 题
"现代流行音乐就是一种噪声。"	
"慢跑是最佳的锻炼方式。"	
"狂热是危险的。"	
"愤怒是一种不必要的情绪。"	

质疑扭曲现实的语言模式

当你的世界观被扭曲时,你就无法考虑其他的选择,你的体验也会变得极其贫乏。扭曲现实的语言模式包括因果错误、读心、预设。

因果错误

因果错误源于这样一种信念:一个人可以使另一个人经历某种情感或内心状态,而另一个人对此只有一种回应方式。当你质疑这种信念时,你想了解的是,这种因果关系是否真的存在,对方是否有其他的回应方式。如果你的母亲说"因为你要离开,所以我感到焦虑",那么你可以问:"我的离开是如何让你感到焦虑的?"关键是你要温柔地提醒她,她要说出自己真实的感受,并且要正面回应这件事。以下是一些包含因果错误的语句以及质疑它们的问题。

语 句	问 题
"你让我生气。"	"我怎么让你生气了?我做了什么让你生气的事情吗?"
"你家宝宝让我头疼。"	"让你头疼?我家宝宝真的让你感到头痛吗?"
"你的沉默让我气愤。"	"我不说话,怎么让你感到气愤了?是我的沉默激怒了你吗?"
"这份工作让我感到无聊。"	"你觉得这份工作无聊的地方在哪里?"

练习 8.8

请写下你质疑下列语句（含因果错误）时会提出的问题。

语 句	问 题
"不论你什么时候靠近我，我都感到紧张。"	
"他激怒了我。"	
"你的拖延让我深感沮丧。"	
"你那种评判的态度使我心神不宁。"	

读心

读心是指人们相信自己可以知道另一个人在想什么或者有什么感觉，而不需要与那个人直接沟通。读心会扭曲你对世界的认知，因为它总会让你形成一些根本不真实的观念。读心依赖于投射（projection），即读心者预期，人们会以与自己相同的方式感受和反应。读心者没有充分仔细地观察或倾听，以至于未能注意到别人实际上正以不同的方式体验世界。为了质疑读心者的语言模式，你会问："你怎么知道……以及……"这样一来，说话者就有机会了解并质疑他们以前想当然的想法。以下是一些包含读心成分的语句以及质疑它们的问题。

语句	问题
"我的同事认为我懒。"	"你怎么知道你的同事认为你懒？"
"我老公知道我想要什么。"	"你怎么知道你老公清楚你想要的东西？"
"他和她结婚，只是为了她的钱。"	"是什么让你感觉他只是为了她的钱而跟她结婚？"
"请不要生我的气。"	"是什么让你以为我在生你的气？"

练习 8.9

请写下你质疑下列语句（含读心成分）时会提出的问题。

语 句	问 题
"托尼不喜欢我。"	
"你认为我不关心孩子。"	
"我觉得你十分焦虑。"	
"你对我期望太高了。"	

预设

预设是一个句子的组成部分，为了让整个句子有效，预设就必须是真实的："上次我们去跳舞的时候，你很忌妒，所以我们以后别再去了。"这句话的结论是"我们以后别再去了"，而它只有在"你很忌妒"这一预设是正确的情况下才有效。为了质疑这种说法，你可以问："在你看来，我是怎么嫉妒你的呢？"以下是一些包含预设的语句以及质疑它们的问题。

语 句	问 题
"如果汤姆只听我说，我会告诉他我的真实感受。"	"汤姆是怎么表现得没有听你说话的？"
"如果你真的爱我，就会花更多的时间陪我。"	"我在哪些方面不是真的爱你？"
"我真的惹上大麻烦了，因此我需要立即预约问询。"	"你在什么事情上惹了大麻烦？"
"你的狗吓到我的孩子了，你要么把它锁起来，要么让它睡觉。"	"我的狗怎么吓到你的孩子了？"

练习 8.10

请写下你质疑下列语句（含预设）时会提出的问题。

语 句	问 题
"如果你贪心，我们就别打牌了。"	

（续）

语　句	问　题
"既然他这么小气，我就不向他借钱了。"	
"如果他们不是真的需要我，那么我是不会加班的。"	
"如果斯特拉不这么懒，她就可以获得更高的分数。"	

　　本章提出的各类语言模式和举例列表改编自班德勒和葛瑞德的元模型，他们在《神奇的结构》一书中进行了相关讨论（Bandle & Grinder, 2005）。我们改变了其中一些术语，以求简化和易于记忆。我们还增添了一些内容。

　　请不要过度使用本章中的质疑技巧。不断地要求别人澄清自己的随口之言是令人生厌的。不过，当某人说的话没有意义、含糊不清或者遗漏了一些重要信息时，就应当使用这些技巧。如果说话者坚持使用绝对意味、读心等语言模式，让你觉得他的价值观受到了限制或扭曲，那么你应该明智地质疑其语言模式。请注意，要用感兴趣的态度而不是敌对态度去了解或质疑对方的观点。

PART 3
第三部分

化解冲突的技能

自信训练

自信训练教人们表达感受、想法和需求,并且在不侵犯他人权利的情况下保障自己的正当权利。自信是一种可以习得的技能,不是一种"某些人天生就有,另一些人天生却没有"的人格特质。和"攻击别人""被动地接受别人的想法"一样,"对自己或别人有信心"是一种可以习得的社会行为。

在沟通风格上,没有人始终如一地有信心。在有的情况下你可能对你的孩子充满信心,在其他情况下你可能对他们咄咄逼人,或者被动地接受他们的想法和要求。虽然你能在家人面前表现得很自信,但你几乎不可能对陌生人表现出。自信训练能够使你在更多的场合自信地回应别人,不攻击别人,也不被动地接受别人的想法。

学会自信,并不意味着你必须总要表现得很自信。当你的生命、幸福或财产受到威胁时,你完全有理由出击。当法官在训诫一个人时,他也应该诚挚地接受法官的意见。学会自信,有助于你视情况来调整自己的沟通风格。

你的正当权利

你在人生的早期学到的一系列信念帮助指导着你的社会行为。这些信念基本上是一些关于"好"与"坏"的行为准则,最初由你的父母向你传授,后来由你的榜样向你示范。虽然这些准则帮助你在长大的过程中与身边的人融洽相处,但它们并不是一成不变的,如果你决定不按照它们行事,也不会招致"天打雷劈"。

下面这个清单的左边列举了一些传统假设,改编自《放松之书》(*The Relaxation and Stress Reduction Workbook*)(Davis, Eshelman, & McKay 2008),请仔细阅读。这些传统假设是不是让你想起你在孩提时代学到的准则?你是否依然认为,你长大后它们同样适用?每一条传统假设旁边对应着你作为成人的正当权利。这些权利在提醒你,你对自己认定的事情是有选择权的——你不再是一个对传统假设深信不疑的孩子,而是一个拥有各种选择的成人。

传统假设	你的正当权利
先满足自己,再考虑别人,是自私的行为	有时候,你有权优先考虑自己
犯错是可耻的;不管在什么场合,你都应该得体地应对	你有权犯错
如果你认为自己的感受合情合理,却无法说服别人认同你,那么一定是你错了	你有权对自己的感受做出最终的判断,并且认为它们是合理的、可接受的
你应当尊重别人(尤其是权威人士)的观点;不要把你的不同意见告诉别人;倾听别人的观点并从中学习	你有权坚持自己的主张和观念
你应该努力使自己的想法和行为合情合理且始终如一	你有权改变主意或者决定采取不同的行动
你应当灵活处事并且能够调整好自己的心态;别人的行为一定有很好的理由,质疑别人是不礼貌的	你有权抗议那些不公的待遇或者不当的批评

（续）

传统假设	你的正当权利
绝不能打断别人；提问相当于在别人面前暴露了你的愚蠢	为了问个明白，你有权打断别人
为了防止事情变得更加糟糕，别去自找麻烦	你有权要求改变
决不能用你的问题去占用别人的宝贵时间	你有权寻求帮助或情感支持
当你感到难过，而别人不想听你诉苦时，你要把难过深埋心底	你有权感知和表达痛苦
当有人花时间为你提建议时，你应该十分认真地对待，因为他们总是对的	你有权不理会别人的建议
当别人知道你取得了一些成就时，成就本身就是一种奖赏，你不用在意是否受到夸赞；人们不喜欢爱炫耀的人；人们会偷偷地讨厌和忌妒成功者；你在受到夸奖的时候要谦虚	若是你的工作干得好，取得了一些成就，就有权获得表扬
你应该总是设法迎合别人，如果你不这样做，他们就不会在你需要的时候出现	你有权拒绝别人
不要抗拒社交；如果你说你宁愿独处，也不愿跟人们交往，人们就会认为你不喜欢他们。	你有权独处，即使人们喜欢与你为伴

三种沟通风格

自信训练的第一步是学会区分三种沟通风格，即被动风格、攻击风格以及自信的风格。

被动风格

当你被动地与人们沟通时，你不会直接表达你的感受、想法和需求。你可能通过轻皱眉头、暗自抽泣或者在内心自言自语的方式间接表达。你也可能完全将自己的感受和需求深埋心底。

当你采用被动风格与他人沟通时，你往往只是微微一笑，先满足别人,再考虑自己。你也许做的比你应该做的要多。你会直接表达一些免责声明,比如"我在……方面不是专家""我真的不太确定……""我真的不该说这些,可是……"此时,你发现自己难以对别人提出要求。当有人请你做某件你不想做的事情时,你往往要么还是做了,要么找个借口婉拒而不是直接拒绝对方。

当你被动地与他人沟通时,你的声音可能会显得柔和、软弱甚至有些颤抖。你会频繁地停顿和犹豫,可能不知道说什么好。你也许会顾左右而言他,闪烁其词,并常常使用"我的意思是……"和"你知道……"之类的语句。你经常不把自己的意思说清楚,这致使别人要揣度你的心思。你在与别人沟通时,也许会摆出一副无精打采的样子,并且可能倚靠在某个支撑物上。你的手容易变冷、出汗,你不知道把它放在哪里才好。你难以和他人进行眼神交流,常常要么看着地面,要么眼神飘忽不定。因为你经常不说自己的真实想法,所以在别人的印象中,你无法说到做到。

攻击风格

采用攻击风格来沟通的你常会强势地表达自己的感受、想法和需求,而这通常是以牺牲别人的权利为代价(不让别人表达他们的感受)。你倾向于使用讽刺或幽默的贬低来羞辱别人。当别人不按你的方式行事时,你可能会继续攻击他们,并且通过指责的方式激起他们的内疚和怨恨。你经常一开口就用一些攻击性的词语来指责对方,或者给别人贴上负面标签。你会使用含有绝对意味的词语(比如"总是""从不"),并且在描述事情时暗示自己十分正确或高人一等。

当你采用攻击风格与他人沟通时,你的言谈举止往往透出一股优越感。你的表现可能反差极大——时而冷漠且死寂,时而轻率且讽刺,时而高声且尖刻。你会把双眼眯起来,脸上毫无表情。你像一块坚硬的石头般站着,双脚岔开,双手叉腰,下巴抬高。你的手势僵硬,举止唐突。

你可能会伸出手指指着别人,或将手指攥成拳头;你也许会突然抬高说话的音量,或猛拍桌子来强调你说的话。你过于执着地认为自己是对的,以至于听不到别人在说什么(尽管你是直接地问他们)。

自信的风格

当你自信地与别人沟通时,你会直接表达你的感受、想法和需求。你既能保护自己的正当权利,也考虑他人的权利与感受。你专注地倾听别人的声音,让别人知道你在听他们说话。尽管你愿意进行谈判和做出妥协,但不会以牺牲自己的正当权利和尊严为代价。你能够直接地向他人提出请求,也可以直接地拒绝他们。你可以赞扬别人,也能够坦然地接受别人的赞美。你可以自在地向别人发起谈话,也能够自然地结束正在进行的交谈。你可以坦率地应对别人的批评,既不对批评者充满敌意,也不为自己辩解。

当你表现得自信并且信任沟通对象时,你会传递出一种自信的力量和同理心。你的声音很放松、抑扬顿挫、坚定有力。你能够轻松地和别人进行直接的眼神交流,同时又不会紧盯着别人不放。你的双眼散发着开放与坦诚的光芒。你的站姿端正挺拔。

练习 9.1

要想区分沟通中的被动风格和攻击风格,一个好办法是进行角色扮演。你在进行角色扮演前,可以与其他人分享本书的内容,熟悉相应的原则,从而更好地设定和进入情境。你可以扮演或想象自己在扮演以下角色。

1. 被动风格

你可以扮演一位非常依赖他人的伴侣。你将一只脚向后撤一步,并且把重心放在这只脚上。你张开双臂,掌心朝上,稍微弯一下腰,使得自己无法获得足够的空气来发出饱满的、中气十足的声音,并且使得你的身体稍稍失衡。此时,你抬起头,轻柔地说道:"你说什么我都同意。我在这里就是为了让你高兴的。我自己没有任何的权利。我全都依你,我需要你来照顾我。没有你,我太脆弱了,所以不论你说什么,都行。如果我在某些方面给你带来不便,那么对不起。我会说出我的意见,不过它无关紧要。"

你继续摆出这种姿势,并且用这种轻柔的声音重复这些话,一直持续3分钟。请留意你的声音听起来是怎样的。你感觉如何?你的呼吸顺畅吗?你的肌肉又是什么感觉?

许多人在扮演这个角色时发现自己筋疲力尽。他们说,他们感到失衡、紧张、悲伤、脆弱、怨恨、不诚实、焦虑不安、卑微和幼稚。

在沟通时采用被动风格的主要优势是,你不必对你的感觉和需求负责。你依赖别人来做决定,也依靠别人来保护自己。这种行为的劣势是,你失去了自己的独立性,抑制了自身的需求,压抑了内心的感觉。有的时候,你很难喜欢这样的自己,因为你似乎改变不了任何事情,或者无法表达出你的真实感受。

人们通常为了避免冲突而表现得被动。讽刺的是,这种被动反而制造了冲突。你隐藏起来的需求和感觉使你深受挫败、深感愤怒。你不得不操纵别人,才能得到你想要的。当别人察觉到你的不满时,会觉得你在攻击他们,或者对你的不满感到压力重重。他们常常对你在暗中的操纵行为感到愤恨。

2. 攻击风格

你可以扮演一位对员工大吼大叫的主管。你站着,重心在一只脚上,身体微微前倾,把一只手放在臀部,另一只手的食指指向你想象中的员工,用一种责备的口吻大声说道:"你从来没有做对过任何事。你总是迟到。你总是在做些愚不可及的事。你就是个懒惰的混蛋。你就是个摆设。我是这里唯一有所作为的人。我厌倦了做所有的决策。你从不主动做事。"

你要以这种方式持续3分钟,使用大量以"你"开头的句子、负面标签和讽刺的话语。别人怎么想无关紧要。你提问时永远不要期待对方回答。你唯一感兴趣的就是居高临下。你有什么感受?你的呼吸怎样?你的肌肉感觉怎样?你的声音听起来像什么?

相比于扮演被动风格的角色,大多数人更喜欢扮演攻击风格的角色。用攻击风格与别人沟通的你觉得自己强大而坚硬。没有什么能击败你。你所有的能量都是向外的。你注意到自己的肌肉紧张,特别是喉咙、脖子和肩膀等部位的肌肉。在你喉咙紧绷的时候,你的声音会变得尖锐,呼吸也会变得急促。

攻击的主要目的是取胜,让自己凌驾于他人之上。虽然你经常实现你的短期目标,但最终人们会抵制和怨恨你,使你感到沮丧和孤独。尽管你可以发泄你的愤怒,但必须时刻保持警惕。你不能有温柔或犹疑的表现。

设立学习目标

学习自信这一门技能是一回事,将其运用于与他人的沟通中又是另一回事。在你努力学习自信这一门技能之前,你可以问问自己是否真的值得去改变自己。除此之外,你还可以思考如下问题。

- 采用被动风格沟通,你会得到什么?

- 采用自信的风格而不是被动风格沟通，你必须放弃什么？
- 采用攻击风格沟通，你会得到什么？
- 采用自信的风格而不是攻击的风格沟通，你必须放弃什么？
- 采用自信的风格沟通，你会得到什么？

练习 9.2

请列出至少 5 个你希望在社交场合中更加自信的目标，具体写下你想要如何表现得与众不同，而不是你想怎样感受或成为怎样的人。例如，你可以这样写："我想在与老板和同事的商务会议中介绍我对新产品的想法。"

_____
_____
_____
_____
_____

自信地表达

大多数人往往会间接地表达自己的感受和需求。你还小的时候，大人是不是就告诉你，过多地谈论自己或者过度使用代词"我"，就是以自我为中心？你也许会担心，如果你更直接的话，别人会有什么反应。

当你间接地分享你的想法时，通常会借助别人的观点："他们说经济越来越糟了。当然，有些人也说情况正在好转。不过，你永远不知道你可以相信谁。"当你间接地表达你的感受时，你可能会这样讲："他们刚刚把我们整个部门都裁掉了。这让我感觉有点……你知道的。你工作了这么多年，然后一下子什么都没了。这令人沮丧，但你能做什么呢？就回家等着吧！"当你无法直接说出你的愿望时，你不得不暗示："今天看起来是个郊游的好日子……你觉得呢？"

一个自信的陈述包含三个部分：你的想法、你的感受、你的需求。以下是一些以"我"字开头的陈述句。

- 我认为：你要客观地描述自己对形势的看法，不对他人做出负面的评判。
- 我感觉：你要对任何的情绪（无论是正面情绪还是负面情绪）负责。在这种情况下，你可以表达你的情绪，但不能有责备之意，也不能做出严苛的评判。要使用以"我"开头的句子，比如"我感到孤独"或者"我对我的新工作感到很紧张"。请避免使用以"你"开头的句子。例如，"我觉得你太以自我为中心了"表面上是一个以"我"开头的句子，实际上是一个以"你"开头的句子。
- 我想要：你要尽可能清楚和直接地表达自己的需求（越具体越好）。你越是回避，对方就越容易忽视或误解你的信息。

以下是一些包含上述三个部分的自信的陈述示例。

- "我一想到演讲，就会紧张。自从昨天我告诉你，我要在下次董事会上讲话以后，我就一直忐忑不安。我意识到，我不想在会上讲话了。还是让别人来吧！"
- "我想我们有许多共同点。今晚我和你在一起很开心。我想更好地了解你，希望下周五晚上能再和你一同出来。"
- "我们花了很长时间谈论你的工作情况。当你回到家只讨论职场斗争时，我感到恼火，还有点无聊。我很想告诉你我的一天是怎样度过的，也想谈谈我们在一起的感觉。"

练习 9.3

针对你在练习 9.2 中列出的每个目标，分别写出 3 个以"我"开头的句子来表达你的感受、想法和需求。

1. "我认为_____。"
   "我感觉_____。"
   "我想要_____。"

2. "我认为_____。"
   "我感觉_____。"
   "我想要_____。"

3. "我认为_____。"
   "我感觉_____。"
   "我想要_____。"

4. "我认为_____。"
   "我感觉_____。"
   "我想要_____。"

5. "我认为_____。"
   "我感觉_____。"
   "我想要_____。"

自信地倾听

当你自信地倾听对方说话时，你会把注意力完全集中在对方身上，不打断对方，这样你就能听清楚对方的感受、想法和需求。要做到自信地倾听对方说话，你需要完成三个步骤：准备、倾听、确认。

- 准备：你要调整好自己的情绪，做好认真倾听的准备，确认对方也做好了说话的准备。
- 倾听：你要将全部注意力放在对方身上，试着倾听对方的感受和需求。如果你不确定对方的感受或需求，可以请对方提供更多的信息，例如："我不确定你对此有何感觉……你能和我多说一些吗？你想要什么？"
- 确认：让对方知道你听到了其感受和需求。例如，"我知道你因一天的劳累而疲惫不堪，想在晚饭前睡一个小时。"你也可以通过分享你对所讲内容的感受来承认对方的感受。例如，"你今天要做这么多额外的工作，我很气愤。"

自信地表达并倾听

当你和某人发生冲突时，你们两人都有着强烈的情绪，可以轮流进行自信的沟通（倾听和表达）。简单地陈述你们自己的想法、感受和需求，能解决很多问题，比如，常常能够消除误解或者很快找到问题的解决方案。保罗和玛丽就是这样做的。

保罗：家里真乱！在结束白天漫长的工作后，回到如此混乱的家中，真让我抓狂。

玛丽：我不能理解。是什么让你这么生气？

保罗：回到凌乱而嘈杂的家里，我真的很恼火，无法平静下来。我想回我的书房，不想被客厅的玩具绊倒，我想独自待着！

玛丽：我知道了，你之所以气恼，是因为你刚回家的时候，家里又吵又乱，你需要一些安静的时间独处，你希望能有人来收拾这个地方。

保罗： 是的，没错。

玛丽： 我对这个问题有自己的看法。自从做了那份兼职的工作以后，我一直没时间把家里打扫得一尘不染。我尝试着一边工作，一边照顾孩子，做所有的家务，而这让我感到疲惫和沮丧。我想要你帮我分担一些家务。

保罗： 我不知道你已经累得筋疲力尽了。你想让我做什么？

最后，保罗和玛丽达成了一致：如果玛丽在保罗回家前把客厅收拾干净，并且在保罗回来后，给他一小时独处的时间来减压，那么保罗接下来将打扫卫生、整理衣物。

你可以与朋友或家人一同练习如何自信地倾听并表达。你可以先在一个小问题上练习，比如下周末你们做什么。当你能够自信地倾听别人说话，并表达自身观点时，可以试着与别人练习讨论情感问题。

回应批评

人们难以自信地表达自己的一个主要原因是"把批评当作否定"。在童年时期，当你受到他人的批评时，你会否定和贬低自己。每当你犯错的时候，挑剔的父母或老师会批评你。你错了，因此你是"坏人"。随着时间的推移，你学会了在每次被批评时都感到难过。你甚至学会了用自我批评来鞭策自己，直到你感到内疚。

批评令你如此痛苦，你也许已经采用了特殊的方法来减少伤害。你可能会用激烈的言辞来回应批评，或者你也可以以牙还牙，用以前的过错来指责对方。夫妻之间尤其习惯相互指责："你说我是个挥金如土的人？你去年给自己买了一柜子的新衣服，然后又胖了30磅⊖，结果连一件

⊖ 磅 = 0.453 592 37 千克。

也穿不上!"有些人用讽刺的口吻回应批评:"看看这个完美先生,他知道的可真多!"

当你被动地回应批评时,你可能会沉默、脸红、哭泣,或者试图尽快摆脱批评者。你可以假装没听到他们的话,或者为了避免冲突,马上同意批评者所说的一切。当你被动地回应批评时,就会控制住自己的愤怒和伤感。如果任由这些负面情绪发展下去,你会变得沮丧,或者出现身体不适,例如头疼和胃痛。

怨恨和伤痛的积累会驱使你进入"报复"的状态。不管你是有意识的还是无意识的,你开始"忘记"重要的约会、拖延、迟到、走路太慢或太快、沉默、不停地发牢骚——不管以什么方式,只要能激怒批评者就行。这种方法的好处是可以减轻你的沟通负担。当受到质疑时,你可以装得很无辜:"你是说我吗?你在开玩笑吧?你太敏感了。"或者,你可能说:"对不起,我不是那个意思。"这种方法的主要缺点是,在你为自己找理由和辩解的过程中,你往往难以真切地表达自己的感受和需求。即使你只是稍稍地"报复"对方,他们也会疏远你,从而你会招致更多的批评。

对批评最好的回应是自信地回应,它建立在这样一种假设之上:你最有资格决定什么对你来说是最有利的。作为感受、想法、需求和行为的最终裁判,你要对它们的后果负责。因为你有独特的基因和生活史,有自己的期望、喜好和价值观。因为你的规则可能与他人的规则不同,所以你不一定总是同意他人的观点。

当受到批评时,你可以从下面介绍的几个自信的回应方式中选择适合自己的那个。

承认

当你受到了自己也认同的批评时,不管这些批评是否有建设性、有必要,都要承认对方的批评是对的:"老板,你批评得对,我应该经常检查我的工作。""是的,我没有提交上周就该交的报告。""我今天上班的确迟到了半个小时。"

不要忙着为自己的行为找借口。当你不小心把牛奶洒了,把衣服弄脏了,或者回家晚了 15 分钟,你的父母问:"你为什么这么做?"他们希望得到一个合理的答案,而不是一堆借口。作为成年人,你虽然可以选择对你的行为做出解释,但不是非得解释不可。请停下来问问自己,你是真的想这样做,还是出于固有的习惯才这样做。例如,你可以说"是的,杰克,我还没有提交上周应该交的报告",并且不用向杰克做出任何解释,因为他是你的同事,没有责任和权力管控你的工作进程。

然而,当你回应老板时,你不仅会承认自己"今天上班迟到了半个小时",还会及时解释道:"我的汽车蓄电池没电了,我不得不请邻居帮忙充电。"

练习 9.4

请写出当你承认以下批评时会说的话。
"如果你像个疯子一样开车,那么我们会出事。你开得太快了。"

大概同意

在应对你并不认同的操纵性的、非建设性的批评时,大概同意是一种有用的技巧。它使你能够迅速地忽略那些"尽管有一点道理,但大多刻意贬低"的批评。当你使用这种大概同意的方法来回应批评者时,你会发现,尽管你赞同对方的部分意见,但在内心深处仍然坚持你自己的观点。大概同意批评者,可以让对方平静下来,使他们走出"非赢即输"的游戏,以便围绕更重要的事情来沟通或者结束对话。你可以采用以下三种方法去大概同意批评者。

部分同意

当人们批评你时，你发现自己认同该批评的某个部分，承认对方在那个部分上正确，并且忽略该批评的其他部分。你对那些你基本同意的说法进行改述，并且不扭曲批评者的原意。然而，对于批评者的某些夸张措辞（比如"总是""从不"），你可以进行一定的修改。

批评者：你总在工作。你觉得你请一天假，天都会塌下来吧！

你：是的，我是干了很多工作。

批评者：你从来都没有时间和朋友在一起。你沉迷于工作，受工作驱使。

你：对，我现在的确没有太多时间陪朋友。

在概率上同意

当你的批评者有可能是对的时候，你在概率上表示同意。即使概率是1‰，你也可以说，"可能是……"或"你或许是对的"。根据上述情境，你可以这样回应批评者："也许是我工作太多了。"或者，你也可以说："可能是因为工作让我没有时间陪朋友了。"

原则上同意

有时你可以同意批评者的逻辑，而不同意其前提假设。尽管你可以同意"如果 X，那么 Y""如果 X，就 Y"，但你不必承认对方说的 X 是正确的。

批评者：如果你不更加努力地学习，就会挂科。

你：对，如果我不学习，就会挂科。

> **练习 9.5**
>
> 请写出当你大概同意以下批评时会说的话。
> "你花了很多时间在盆栽上,很少有其他事情能吸引你的注意力。"
> _____

探究

当你无法分辨别人的批评是建设性的还是操纵性的,或者不理解这些批评,或者没有了解全部情况时,一个好方法是自信地探究这类批评。批评通常会削弱对重要感受或需求的表达。如果你被对方的批评弄糊涂了,请尝试探究其背后的意图。

为了练习探究技能,你可以探究批评者情绪最强烈的、影响其自身利益的那部分批评。你先问对方"是什么让你烦恼……",然后补充你的看法。如有必要,请批评者举一个具体的例子。请仔细倾听批评者的反应,以明确对方的感受、想法和需求。接下来,你继续探究对方烦恼的原因,直到你满意地发现自己理解了批评者的意图为止。不要使用"这次是什么事""我做错了什么""你怎么了"这样的提问,它们听上去显得你戒备心很强,也会阻止批评者表达真实的感受和需求。以下是一个有效探究的例子。

批评者:你在这里没有尽职尽责。你的工作总是完不成。
你:我的工作在哪些方面让你不满意?
批评者:是这样的,别人都在加班加点地工作,而你每天下午5点钟就下班去跳华尔兹了。
你:别人都在加班,而我却准时下班,这有什么让你不高兴的?
批评者:虽然我讨厌自己经常加班,但是我要负责把工作干完。当我看到你准点下班时，我很气愤。

你：我准点上下班时，是什么在困扰你呢？

批评者：你一下班，别人就必须完成你的工作。我想让你坚持一下，直到把工作干完。

你：我懂了。感谢你向我解释这一情况。

在这种情况下，探究能让你清晰地理解批评者的意图，明白对方在要求你做些什么。如果你的批评者继续含糊地批评你，你可以运用大概同意的方法来应对他。

练习 9.6

请写出当你探究以下批评时会说出的话。

"你从未用心地与别人交往、交谈。你一发现有麻烦的迹象，就放弃一段人际关系。只要别人对你说一个难听的字，你就离开了。"

特别的自信沟通方法

你可以用这里介绍的一些方法来拒绝对方或者在某种情况下坚持自己的需求。

反复讲同样的话

当你想对不理解你的人说"不"时，反复讲同样的话是个有用的技巧。你可以用这种方法对你家 5 岁孩子说"不"，在电话里告诉来电者"我对这事不感兴趣"，或者告诉热情的女主人"我真的不想喝茶"。当你的某个解释促使对方发起毫无意义的争论时，最适合采用这种反复讲同样的话的方法。这一方法有五个步骤。

1. 请在脑海中明确自己想要什么或不想要什么。请注意你的感受、想法、权利、需求。
2. 关于你想要什么，请构思一句简短的、具体的、易于理解的话。不找借口，不解释，不说"我做不到"（这是最糟糕的借口）。当你说"我做不到"时，对方可能会说"你当然做得到"，然后继续告诉你怎么做。更简单、更直接、更诚实的表述是"我不想……"，然后在脑海中回忆你的陈述。你要尽量避免出现漏洞，以防对方用它来推进自己的论点。
3. 你可以用肢体语言来支持自己的观点。你可以站直或坐直，直视对方的眼睛，双手放在身体两侧。
4. 请尽可能冷静而坚定地多次重复你的话，让对方明白你的意思并意识到你不会改变主意。对方可能提出几个不同意你的愿望的理由，但大多数人到最后都无法拒绝你，并且再也找不到借口了。不要改变你要重复的话，除非别人发现其中有严重的漏洞。
5. 你可以简短地承认对方的想法、感受、需求，然后再继续反复地说同样的话："虽然我知道你很生气，但我不想再加班了。""尽管我明白你想要我做什么，但我不想再推迟下班了。"不要让你自己被对方的话引到别的话题上。

下面这段对话例证了怎样反复说同样的话。

  顾客：我几周前在这里买了这件衬衫，我想把它退了，麻烦退钱。
销售员：您有收据吗？
  顾客：有的（向销售员出示收据）。

销售员：收据显示，您是一个多月前买的这件衬衫。时间太长了。您怎么能要求我们为您很久以前买的东西退货呢？

顾客：我知道我是一个多月前买的，我想把它退了，麻烦退钱。

销售员：您的退货时间超期了。我们商店的规定是所有商品在购买后1周内可退货。

顾客：我明白，我想退掉这件衬衫，麻烦退钱。

销售员：鉴于我们商店的规定，我如果办理您的退货，我会感到很为难。

顾客：我理解你，但我想把这件衬衫退了，麻烦退钱。

销售员：我这样做，可能会被老板炒鱿鱼。

顾客：我知道你的担心，但我还是想把这件衬衫退了，麻烦退钱。

销售员：我不想冒任何风险。您为什么不明天来呢？明天经理会到这里。

顾客：我知道你的意思，我想与其明天再来，不如现在就把这件衬衫退了，麻烦退钱。

销售员：您一直在反复说同样的话。

顾客：我知道，我想把这件衬衫退了，现在麻烦退钱。

销售员：好了，好了，好了。把衬衫给我吧。

经验告诉我们，同样的话我们至少要讲四次。刚开始练习这项技能时，你会觉得很尴尬，尤其是当别人告诉你，你像一张被卡住了的破唱片那样反复发出同样的声音时。然而，你从这项简单而强大的技能中得到的结果会使你相信，最初的尴尬是值得的。

"从内容到过程"的转换

当你认为谈话的焦点偏离了你想要谈论的话题时，请使用"从内容到过程"的转换技巧——把谈话的焦点从讨论的实际主题（内容）转换为你和对方之间正在发生的事情（过程）。例如，你可以说："我们已经偏离了我们一致同意讨论的话题，转而讨论往事了。""我一直在谈论这个主题，而你却一言不发。"

"从内容到过程"的转换通常涉及在沟通的那一刻你的内心感受与想法。你可以试着中断你们的对话："我不敢再谈这个了。你都脸红了，并且看起来很愤怒。""我觉得在公共场合探讨这个问题很不舒服，我们都在窃窃私语。"你可以使用"从内容到过程"的转换来提供积极的反馈："能解决这个问题，我觉得很好。我们是在真正地沟通！现在我对你很有信心。"

在谈话双方提高了嗓门，都很生气的时候，"从内容到过程"的转换技巧尤其有用。你可以说："我发现我们都很生气。这是一个敏感的话题。""我们说话的声音大了很多，好比摆好了阵势准备打一架。"关键是你要以一种中立的、冷静的方式来评论你们之间正在发生的事情，这样对方才不会认为你在攻击他。

短暂地推迟沟通

你可能觉得必须立即对你面临的各种情况做出反应。如果人们问你一个问题，你觉得你必须马上回答。这样，你可能经常做一些让你后悔的事或说一些让你后悔的话。如果你不花时间审视自己的感受和需求，那么你将会让别人帮你做决定。

短暂地推迟沟通一般包含四个步骤。

1. 确定你理解了对方的意思。
2. 分析你们说过的话。
3. 深入自己内心，意识到你当下的感受、想法和需求。
4. 有意识地改变现状，以便得到你想要的结果。

短暂地推迟沟通能给你时间去思考和准备你要说的话。以下是一些可以帮助你短暂地推迟沟通的陈述示例。

- "慢一点！这件事太重要了，不能操之过急。"
- "这很有趣。让我想一下。"
- "我不是十分理解。你能换种方式说吗？"
- "这听起来很重要。你可以重复一遍吗？"
- "我是不是听懂了你说的意思？"（在你花时间去消化和反思时，重复你认为你听到的内容。）
- "我一定是累了。让我们再来一遍吧，麻烦你慢点说。"
- "我不想仓促地回答你，麻烦等一下。"
- "你说的也许有些道理……让我想想。"

暂停

当你知道你们讨论的主题十分重要，而讨论陷入僵局时，请暂停这次的谈话，推迟到下次再谈。当你和别人的交谈太被动或太激烈时，暂停是有价值的。你们中的某个人可能沉默不语，泪流满面，或者对别人说的每句话都不假思索地表示赞同。你们中的某个人可能做出了伤人的举动，指名道姓骂人，并且重提旧怨。

当你只是想要一些思考的空间时，也可以暂停当下的对话。你可以在如下情况中使用暂停技巧：你很难决定买哪辆车，而汽车销售人员不断给你施加压力；你的女朋友刚刚告诉你她爱你，想知道你对她的感觉，而你一时不知如何回应她；公婆邀请你去他们的海滨别墅过周末，而你有些顾虑。以下是一些使用暂停技巧的典型例子。

- 当你的同事执拗地责备你时，你可以说："我认为，我们正在讨论的事情很重要，我想明天和你讨论一下。"
- 你要哭了，要发怒了，或者感到非常焦虑。进一步的讨论要么徒劳，要么太痛苦。因此你说："暂停！我现在很烦。明天我才能更有效地处理这个问题。"
- 当你因为要做一些你不确定自己是否想做的事情而感到有压力时，可以说："我想再考虑一下。""我下周再给你答复。""我想在决定之前和我的伴侣（律师、会计师、朋友）谈谈这件事。""这很重要，下周你什么时候方便讨论这个问题？"

不要反复地使用暂停来避免探讨某个难题。这是滥用此法。你要在不久的将来安排一个具体的时间来继续你们的讨论。

练习使用自信技能

你在刚开始使用本章的自信技能时，会感到很尴尬。理想的情况下，在你将它们应用到日常生活之前，应该和一个有同理心的朋友一起练习。以下的"空椅子练习"有助于你自学这些技能。

1. 想象一下，你坐在一把椅子上，而你对面的椅子上坐着你的沟通对象。你要从脑海中"看到"那个人的脸。对方是怎么坐的？穿着什么衣服？请尽量"看"得清楚些。
2. 现在，就像那个人真的在椅子上听你说话一样，开始自信地讲话。
3. 你在讲完之后，坐到那把空椅子上，假装你就是那个人，并且按照你认为对方会怎样回答你的方式来回应你自己。
4. 你回到自己的椅子上，留意并说出你的感受和你对他人的反应的看法。

5. 你需要继续这个过程，在两把椅子之间来回移动，直到完成沟通。

如果你觉得在现实生活中使用这种练习方法太难为情，试着在你的想象中完成上述步骤，或者将你说的话和你想象中对方的回答写下来。许多人发现，在镜子前自信地说话，有助于确保他们的肢体语言与口头语言保持一致。记录一段想象中的对话也将大有裨益。上述方法都有助于你逐渐将自信技能融入日常生活的沟通。

CHAPTER 10
第 10 章

验证策略

　　验证是个强大的工具,适用于存在真实冲突或潜在冲突的情境。大多数冲突之所以爆发,是因为人们感到别人在攻击、误解或者不认可自己。在很多情况下,我们在冲突中的第一反应是告诉对方应该如何行动、感受或思考,并且否定对方的立场,这样我们才会觉得自己是正确的(有时,这也是引发冲突的原因)。在开始验证之前,先阻断"压倒性的情绪 – 防御 – 攻击 – 反击"的循环,验证才能发挥它的作用。当你认同对方的时候,紧张的局势会立即得到缓和,对话才能有助于解决问题,避免一味地发泄和防御。本章的验证策略是由玛莎·莱恩汉(Marsha Linehan)设计的(1993)。

什么是验证

　　验证是向与你有冲突的人表明,你理解对方在冲突发生那一刻的体验。这并不意味着你必须同意这个人的观点，而是意味着你认识到这个人是如何看待事物的，以及他为什么会有这种感觉。

验证可以很简单，比如看着说话者的眼睛，并点头说"嗯嗯"或者"是的"，以表明"你在听，你理解他"。通过提问、澄清和鼓励对话而非戒备的方式，你可以更深入地探究对方的问题。

即使你无法立即理解别人的体验，也可以温和地向对方提出问题并验证你的假设。询问对方"事情发生后你有什么感觉"或者"我刚才说的哪些话困扰了你"，有助于对方向你敞开心扉，分享其感受和体验。

验证的好处

当人们身处冲突中时，所有冲突方都有着戒备心理。他们感觉自己受到了攻击，忙着"筑起围墙"，准备用言语武器回击对手。要使验证发挥作用，人们先要停止争斗。当人们感到你听到了他的话，理解了他的感受时，也就觉得没必要去争斗了。通过消除沟通中的戒备心理，验证让对方放下了"武器"，并且为相互理解打开了一扇门，而这扇门通常因为争论、说服、建议或问题解决而被紧闭。

例如，约翰想要加薪，做好了和老板争吵一番的准备。他研究了竞争公司的工资，并将自己为公司成功做完的项目一一列举出来，整理了一份全面的清单。他甚至把要对老板讲的话给妻子演练了一遍，他在对话中威胁老板，如果不给他加薪，他就辞职。发生冲突的那天早上，约翰在开车上班的路上感到焦虑不安，等他走进老板的办公室时，精神已经崩溃了。老板看到他来了，注意到他看上去很紧张。等约翰刚一坐下，老板就用关切的语气问道："约翰，你看起来压力很大。出什么事了吗？"从她的肢体语言中，约翰感受到她是真心想知道自己发生了什么事情。于是，他没有讲出那些强硬的话，而是坦诚地告诉老板，他需要更多的钱，并且认为自己应该获得加薪。他和老板一同制订了一个计划，为他进行小幅度加薪，并且让他有机会获得更频繁的升职机会。约翰的老板用验证来开启一场对话，缓和了潜在的紧张局势。

验证为沟通铺平道路

验证让冲突各方能够真正地沟通"问题的根源"，而不去一味地攻击对方或心存戒备。

每到假期临近，海伦和丹总是为给丹的母亲买什么礼物而争吵。丹一般送母亲一本书或一张礼券，而海伦认为这些东西太便宜，缺少人情味。她要亲自去给自己的婆婆买一份漂亮、昂贵、有品位的礼物，而每年丹都不同她一起挑选礼物，她为此感到不满。有一年圣诞节，丹参加了一个关于沟通技巧的研讨会，之后当海伦问他要给他母亲买什么礼物时，他决定采用验证的方法与海伦沟通。他没有摆出一副戒备的姿态，而是对妻子说："海伦，我知道给我妈妈买礼物对你来说很重要。我看得出来，你和她十分亲近。如果我不如你所愿参与挑选礼物，你会不高兴的。我很好奇，是什么在困扰着你？"丹并没有说海伦不该不高兴，而海伦感到丹理解她的感受，愿意了解她的想法。夫妻二人在深入交谈后发现，原来海伦认为，在她自己的母亲去世前，她没有尽她所能地关心母亲，所以觉得丹应当用一份特殊的礼物来感谢母亲，这十分重要。另外，当海伦催促丹去做一件"她认为重要而丹不认为重要"的事情时，丹也表达了自己的感受，原来他觉得自己被轻视了，因此像孩子那样发脾气。他解释说，他和母亲经常见面，母亲告诉他，她宁愿他多陪伴自己，而不是送她更多的礼物。经过这次沟通，海伦和丹都感觉比以前更亲密了。

验证缓和兴奋，建立信任

当人们戒备心很强时，他们通常处于消极的唤醒状态。在这种状态下，人们会脸红，心跳加速，呼吸急促，感到焦虑。人们的身体出现"战斗或逃跑反应"，以便及时逃离危险。当两个人都处于这种状态时，他们很难将精力集中在沟通上面，于是有可能说一些事后会后悔的话，或者做一些事后会后悔的事。验证策略可以让你摆脱消极的唤醒状态，帮助你平静下来，以便完全参与对话。这一过程可以在之前的例子中看到：约翰想要老板给他加薪。当他走进她的办公室时，已经完全处于消极的唤醒状态。他预料与老板的交谈会很艰难，正在为冲突做着各种准备。不过，当老板对他采用验证方法时，他开始从唤醒状态平静下来了，能够坦率地思考，并且全身心地参与谈话。

验证能建立信任。你在验证别人时，会让他们知道你真的懂他们，理解他们。你暂时放下了自己的顾虑，着重关注谈话对象的感受、想法和需求。你让对方感到，他的体验是可以被理解的，不是坏的、错误的或者疯狂的。当你把验证策略作为日常沟通的一部分时，你周围的人会相信，你有意愿并有能力让冲突各方冷静下来去共同解决问题。当冲突或紧张局势出现时，这种信任使得他人带着可能妨碍你们关系的问题来找你。

验证树立自尊

验证对验证者和被验证者都有好处。在任何冲突情境中，双方的负面情绪唤醒水平都会上升，都可能说一些气话或者做一些让自己后悔的事，而在愤怒情绪下说出的话通常会对人际关系造成难以置信的永久性损害。当你熟练掌握了验证的原则时，你的言行就不太可能有损人际关系。

验证并不意味着为了维持和平而同意某人的意见，它不要求你完全放弃自己的观点。验证也不意味着对别人重复一些毫无意义的话，试图让别人相信你懂他。如果你并没有真正理解对方的意思就点头说"哦，我明白了"，那么这对沟通的双方都没有好处。这种误解将会继续下去，导致你们今后产生更多冲突。

验证的原则

验证的原则包括①倾听对方说话；②承认对方的体验；③接受人们有不同的体验；④验证体验的正当性。

倾听对方说话

验证的首要原则是向他人表明你在倾听对方说话。在沟通时，你要停下手头的其他事情，将身子转向对方，微微向对方倾斜，并与其保持良好的眼神交流。如果你正在电话中与他人沟通，那就关掉身旁的电视或音乐，远离电脑及任何可能分散你注意力的东西。即使和你说话的人看不到你，对方也能听出你是不是分心了。高效倾听有如下四个步骤（具体可见第 1 章）。

- **积极地倾听**：通过转述他人刚刚说过的话，并且获得他的反馈，你可以确保自己理解了对方试图传达的信息。
- **带着同理心倾听**：要知道，那些和你交谈的人们在尽他们最大的努力，而且他们只是想让自己的需求得到满足，即使你觉得他们的方法并不是很有效，也可以对他们产生同理心。
- **敞开胸襟倾听**：当你倾听对方说话时，留意自己是否在评判他们，并且搁置这种评判。如有需要，你可以在倾听的时候深呼吸，尤其是当你感到自己即将产生负面情绪的时候。记住，和你交谈的人总在想方设法地获得你的理解。
- **有意识地倾听**：人们不仅仅用语言沟通，还在沟通时带有许多非语言信息，而有意识地倾听有助于你把对方说的话听进去，获得非语言信息，并观察对方是否言行一致。注意说话者的肢体语言将有助于你理解他所表达的信息。

承认对方的体验

验证在于承认对方的体验。这可以让别人知道你在倾听他们说话,并没有置身事外,也没有攻击他们,更没有判定他们的感受是错误的。

特丽听说男朋友达林接受了珍妮共进午餐的邀请而妒火中烧。要知道,珍妮和达林还有过一段风流韵事。她从内心深处怀疑他们之间是否还藕断丝连。起初,她假装不会因为达林要和前女友共进午餐的事而心烦,而达林还是看出了不对劲的地方。两人说话时,特丽不愿直视达林的眼睛,而且表现得十分冷淡,心不在焉。最后,达林直截了当地问她怎么了。特丽崩溃了,泪流满面地承认自己嫉妒,担心达琳会和珍妮重燃旧情。听到是这么回事,达林的第一反应是受伤和生气。他注意到自己内心这些愤怒的情绪,很想打断特丽,为自己的清白辩护,并且说说她往常有多喜欢嫉妒。不过,达林并没有进入这种防御模式,而是注意到特丽看上去有多么害怕——她泪流满面,双臂交叉在胸前,脑袋耷拉着,颓然地靠在厨房的柜台边上。他看着她的眼睛,温和地说:"我能看出,这真的伤害到你了。考虑到我和珍妮之前的事,我能理解你的嫉妒和害怕。我明白,我没有邀请你一同前去赴约,可能让你更担心我想和她旧情复燃。"达林承认了特丽的体验,这让两人都冷静了下来,得以以一种深思熟虑的、建设性的、富有同理心的方式来讨论这个问题。

接受人们有不同的体验

人们通常认为,别人和自己对外界事物的体验方式是一样的(Ross, Greene, & House,1977)。对于我们大多数人来说,要真正接受我们的体验是独特的这一点是十困难的。事实上,不同的人会有不同的反应模式、体验和感受。基因、脑化学、历史、个性和文化等因素都会影响人们对世界的体验方式。

验证的基石是接受人们有不同的体验。如果你的同事告诉你,你在某次员工会议上讲的一个笑话让她不高兴了，那么你不应该说"我不是那个意思，我不明白你为什么会受伤"（这意味着你不接受她的体验），而应该说："我很抱歉我说的话伤害了你。我当然不想冒犯你，现在我知道了你对我说的话很生气。"采用这种方式，你承认了她的体验，接受了她被冒犯的事实，同时也说出了你自己的体验，那就是你原本并不想伤害对方。

验证体验的正当性

大多数人在应对现状时都会受到过去的经历的影响。验证的一个重要方面是意识到，他人的反应看起来也许不合理、不恰当或者有害，而这种反应很可能基于其过去的经历。你可以在不支持他人行为的情况下验证这一点。丹是在和海伦讨论给母亲买礼物时发现这一点的。海伦和她母亲过去的经历，使得她担心丹的母亲感到儿子和儿媳不重视自己。听到海伦这么说，丹内心的不满渐渐消失了，同时他也让海伦知道，她的行为一直困扰着他。

验证策略可以成为消除潜在冲突的强大工具，它让别人知道，你愿意倾听他们说话，理解他们的感受，想要解决问题，并且及时将自己的想法反馈给对方。使用上述方法会让你乐享与家人、朋友、商业伙伴、同事和恋人之间更令人满意、更富成效的沟通。

谈 判

不只是外交官和商人要谈判，每个人都有要谈判的时候。当你要求加薪、求职面试、买车买房、起诉某人，或者要求房东粉刷公寓时，你都是在谈判。不管什么时候，当你想从可能有冲突利益的人那里得到些什么时，都可能处于谈判的状态。

谈判是一种技能，能帮助你在不疏远别人的情况下得到你想要的。它是为那些与你没有亲密关系的人准备的，你不能指望和他们在清晰的自我表达与尊重的倾听基础上交换意见。谈判也是一个过程，在此过程中，有着不同需求（甚至对立需求）的人们可以达成公平协议。尽管双方都想赢，但如果他们要实现最佳利益，就需要先提供一个双方都能接受的选项。

谈判的四个阶段

即使是最复杂的谈判，也可以分为四个阶段：①准备；②讨论；③提议–异议；④意见一致/意见不一致。

1. **准备**。在真正遇到谈判对手之前，你得弄清楚"自己最想要的结果是什么，不那么令自己满意但仍然可以接受的结果是什么，自己最不愿意接受的结果是什么"。在谈判暂停期间，你要做更多的准备工作，包括查找信息、谋划谈判策略、开展头脑风暴，以及提出可选的提议。
2. **讨论**。你和谈判对手描述当前的详细情况，并且说出你对当前情况的感想和思考。你要根据自己的利益和需求来解释自己对现状的看法。讨论是解决僵局的主要手段。在讨论过程中，你要求对方提供关于其自身利益的更多信息，并且阐述你自己的观点。
3. **提议–异议**。你提出提议或请求，谈判对手提出异议。双方重复数次这样的循环。在这一阶段，双方会进行深入的讨论，或者暂停下来思考问题。随着新的提议与异议不断发展演变，双方的要求在这场经典的"妥协芭蕾"之中越来越接近。
4. **意见一致/意见不一致**。如果你和谈判对手的意见不一致，那么你们需要重新回到讨论阶段，或者经双方同意后回到准备阶段。意见不一致是谈判过程中很自然的结果，是双方再谈一次的信号，而不是谈判的障碍。到最后，你们会达成一致的意见。

这里举一个例子，特里想买下阿尔弗雷德的车，于是两人展开谈判。这个例子展示了谈判的四个阶段到底是怎样展开的。

1. **准备**。特里想买一辆性能良好、质量可靠、舒适省油、价格不超过 7 000 美元的车。他研究了卖车广告，与车辆维修技师进行了交谈，并且向一位懂行的朋友咨询。他决定找一辆保养得很好、开了 5～10 年的中型轿车。如果车的外形特别好，行驶里程又短，那么车再旧他也能接受。他想要车内自带收音机，而且对昂贵的汽车立体声音响或者具有异国情调的车内配件不感兴趣。

2. **讨论**。阿尔弗雷德刊登了一则售车广告，打算以 7 500 美元的价格出售一台开了 8 年之久的福特汽车。特里看到广告后，便向阿尔弗雷德打了电话，告知对方自己正在寻找一辆性能良好、质量可靠、外形不错的汽车。通过与阿尔弗雷德的交流讨论，特里大致了解了这辆车的情况：里程数为 79 000 英里⊖；发动机最近运转正常；轮胎一般；右侧挡泥板上有个小凹痕；车漆已褪色。根据这次讨论的结果，特里和阿尔弗雷德约好进行一次试驾。在这个阶段，特里没有提到钱，因为他没有足够的信息来给出明确的报价。虽然阿尔弗雷德报出的汽车售价超出了他的接受范围，但他推测阿尔弗雷德可以降点价。

3. **提议－异议**。特里试驾了这辆车，觉得很满意。试驾结束时，他对阿尔弗雷德说："嗯，你说的对，车不错。我喜欢它，但价格贵了一点。6 500 美元怎么样？"特里之所以报出这个价格，是因为他认为，如果这辆车的价格比他心目中的价格高 500 美元，那么他最好报出比他心目中的价格低 500 美元的价格，这样一来，他就有谈判的余地了。

4. **意见不一致**。阿尔弗雷德对特里的报价不满意，拒绝特里的提议。他说这辆车至少要 7 200 美元。特里知道，阿尔弗雷德实际上是邀请他回到讨论阶段，进行讨价还价。

⊖ 1 英里 = 1 609.344 米。

5. **讨论**。特里请求阿尔弗雷德提供更多的信息。7 200 美元对于一辆已经开了 8 年的车来说似乎是一笔不小的数目。"这辆车有没有什么特别之处使得它值 7 200 美元？"特里问道。阿尔弗雷德指着车上新的立体声音响和铝合金轮胎，还出示了一张重装变速器的收据。他说，这辆车一直定期保养，平时只有两个人开它。

6. **提议－异议**。特里点头说，虽然保养事项很重要，但他并不在意额外的配件，比如迷人的立体声音响和铝合金轮胎。他报价 6 900 美元。阿尔弗雷德出价 7 100 美元，并表示这是他能开出的最低价。特里说道："你看，你多报的 200 美元，是为那套我根本不在乎的立体声音响而报的。你把音响拿出来怎么样？你可以留着它。"

7. **意见一致**。阿尔弗雷德笑道："那算了吧，这太麻烦了。让我们折中一下，7 000 美元吧！"于是，特里开着他的新车回家了，一路上把音响调到了最高音量。

应对冲突

你对待冲突的态度将决定谈判是否成功。与谈判对手发生冲突是不可避免的事。对待冲突的明智方式是将其视为积极的改变机会。通过运用娴熟的谈判技巧，你可以促使局面向对你有利的方向转变。

在处理冲突时，到底应该轻易让步，还是应该寸步不让？这两个做法似乎都无法让你取得最终的胜利。当你轻易让步时，你的目标是不惜一切代价达成协议。你做出让步，信任所有人，屈服于压力，在刚开始谈判时就透露了你的底线。如果特里采取了这种做法，那么他最终会为一辆自己并不真正满意的车子付出过高的价格。

当你寸步不让时，你的目标是不惜一切代价赢得胜利。你要求谈判对手让步，不信任所有人，给对手施加压力，向对手透露虚假的谈判底线。如果特里采取了这种做法，那到最后他可能买不到车。

轻易让步和寸步不让是两个极端做法，你可以采取更为折中的、更有原则的谈判方法。当你在谈判中讲求原则时，你的谈判目的是达成一个公平的、双方都同意的结果。个性和信任并不会影响谈判结果，你和谈判对手既可以保持朋友关系，也可以保持陌生人关系，并且双方仍能从结果中获益。你们要避免从不可更改的底线或者谨守自身立场的角度来谈。要和对手讲道理，并且在对手和你讲道理时保持开放的态度。你要屈服于原则，而不屈服于压力。你们根据客观标准来给出提议和异议，而非基于双方意志的较量。特里就是这样做了，才最终能以合理的价格买到了想买的车。

原则谈判法的原则

一旦谈判开始，你要记住原则谈判法的四条原则：①将人与问题分别对待；②了解谈判对手的需求；③从利益的角度陈述问题；④列出多个选项。

将人与问题区别对待

冲突不一定意味着敌对。当双方坚守各自的立场时，冲突就容易演变成敌对。你在谈判的事项上确定自己的立场，然后坚守这一立场，毫不退让。你十分强烈地认同自身立场，以至于你会将谈判对手对你的立场的攻击视为对你的人身攻击。

摆脱敌对关系的方法是双方不把目光紧盯在眼前的问题之上，不站在绝不更改的立场上进行谈判。你们应该抱着这样一种态度：自己有很多选项。你和谈判对手都是通情达理的人，都希望在你们谈判的问题上得到公平的解决方案，而且你们双方都能获得合情合理的好处。

假设你和其他三个租户正在与公寓大楼的房东商谈，讨论公共区的维护问题。你要求房东安排保洁人员多打扫几次大厅，并且及时更换楼梯平台上烧坏的灯泡，修理后面的栅栏。如果你在商谈的时候出示一份打印好的清单，上面列举种种不可协商的要求，然后将清单扔到房东面前说"贫民窟的业主，你有一周的时间来改善，否则我们就不付租金了"，那么你就犯了大错。

这种做法只会让房东想着马上把你赶走。正确的做法是你温和地对房东说："我们是来讨论如何改善这栋大楼的公共区域的卫生的。当你听完我们提出的要求后，也会认同我们合理的要求，也许你还会提出一些自己的建议。"

了解谈判对手的需求

同理心、积极的倾听和坦诚的自我表达对于人际交往和日常谈判都十分重要。在谈判过程中，你要设身处地为谈判对手着想，想象他对现状的感受和想法。请不要把你自己的恐惧和臆想投射到谈判对手身上。不要仅仅因为你担心别人会在老板那里获得晋升机会，就想当然地以为老板确实把晋升机会给了别人。

积极的倾听有助于你了解谈判对手的感受、想法和需求："你的意思是，你担心那个岗位上的年轻人可能不会有什么作为。你认为在这个部门，经验很重要，需要一位工作努力的、应变能力强的员工。"反馈信息将使得谈判对手感到你在听他说话，这表明你很重视他。这样一来，你就显得很睿智、体贴、公正。

坦诚地分享你自己的感受、想法和需求。让谈判对手了解你，就像你试图了解谈判对手那样。比如，你可以告诉谈判对手："人们常说，你需要有经验才能找到好的工作，但只有好的工作才能提供合适的经验。我对这条古老的悖论感到沮丧。我认为，我既有眼光，又有活力，还具有奉献精神。我需要的只是一个展示自我的机会。请试用我三个月怎么样?"

从利益的角度陈述问题

相互冲突的立场背后既有共同的利益，也有对立的利益。共同的利益是人们不断谈判的推动力。你永远不会听到电视新闻播音员说:"今天医院和护士之间的谈判永远中断了。医院董事会辞职了，决定进入特许经营食品行业；护士们也辞职了，开始从事园艺工作。"你永远不会听到这样的话，因为共同的利益会驱使双方一次又一次地回到谈判桌前，直到达成新的协议。

当谈判对手陈述某个立场或要求时，你要询问对方"为什么想要……为什么不想要……"，从而发现其立场或要求背后的利益。

例如，你想租一套房子，你问房东:"你为什么要收 1 000 美元的保洁押金?"答案可能是，上一位租客养了一匹马，这让房东打扫房子时正好花了 1 000 美元，或者房东想买一辆车，而他正好缺 1 000 美元。通过发现房东在这件事情上的利益，你可以找到处理押金的稳妥办法：在租约上写上禁止租客养宠物的条款，在三个月内支付押金，在租客退房后的六个月内房东检查完房屋后部分退还押金。

你在寻找立场背后的利益时，要敏锐地察觉人们对安全、信任、亲密和自尊的基本需求。它们对你和谈判对手来说可能比金钱更重要。例如，越来越多的美国公司正在进行重组，以表现出对员工情感需求的一贯关注。这些公司通常具有较高的生产率和利润，员工的流失率较低，士气高昂，因为员工们觉得公司更加看重他们的价值，认为他们本人比利润更重要。

通常，你的谈判对手会坚守某个立场，其原因不是他需要额外的 300 美元，而是因为放弃 300 美元意味着失去自尊。你可以通过将妥协重新定义为慷慨而不是屈服，来帮助谈判对手保住面子。将妥协的行为贴上积极美德的标签有利于你们的谈判顺利进行。

探索人们的利益需要时间。在你和谈判对手都有机会表达各自的想法之前，应当避免不经考虑就说出你预想的解决方案。随着讨论的深入，你可能发现自己的解决方案存在一些缺陷，或者难以找到改进的方法。

从利益的角度陈述问题会让你关注未来，因为那几乎总是你的利益所在。聚焦未来的渴望是有益之举，因为它能阻止以前熟悉的敌人翻旧账。假设你想在你的房子上扩建一个房间。你有2.5万美元来做这件事，而承包商的最低报价（2.75万美元）仍超出了你的预算。你可以向承包商阐明你的利益："我们想扩建一间卧室，因为我姐姐明年1月份要来和我们同住。我们刚好存了2.5万美元来做这件事。我觉得我给你提供的扩建房间的规格是尽可能简单实惠的。我不想把房间建得更小，或者使用更便宜的材料，或者与房子的整体风格不搭。你能想到什么办法只花2.5万美元就做这个扩建项目吗？"

承包商这样表述他的利益："我对建筑材料以及劳动力价格做了仔细的估算，发现没有太多的富余。如果用2.5万美元来做这件事，我就要赔钱。现在是旺季，我有许多高利润的工作要做。对我来说，赔本去承包这样一个工程，是没有意义的。"

你察觉到他的利益所在，于是问道："那么我们把大部分的施工放到淡季呢？你现在可以全速地打地基、做框架、砌外墙、盖屋顶。然后，到了淡季，当你有空闲的时候，你可以回来，用更便宜的价格来做室内装修。"

通过探索你们的共同利益，你找到了一个经典的折中方案：金钱与时间相折中。这样一来，你就能以公平的价格得到你想要的东西，也不会得罪承包商。

列出多个选项

请记住，也许双方都能接受的解决方案有好几个。不要认为只有一种最好的方法来分这个"蛋糕"，也不要以为"蛋糕"只有这么大，而你一定要得到最大的那一块。这些都是弄巧成拙的想法。实际上，分切"蛋糕"的好方法有很多。你甚至可以找到一种方法把整个"蛋糕"做得更大。最终拿到最大的那一块，并不见得总是最理想的结果，特别是当你与谈判对手对着干的时候。

你在提出备选方案前，要做好准备工作，搜集各类信息，从而提出真正合理的方案。根据各类问题，你需要相应地了解常见的做法、其他人的收入、类似物品的售价、镇上可比较的房屋的租金、其他公司提供的医疗福利、其他部门的销售数据或者缺勤率等。以前的例子以及普遍的规则有助于你提出合理的意见。

头脑风暴

你可以和其他利益相关方进行头脑风暴，从而产生不同的创意。你可以将5～8人聚集在一个特殊的地方。从集体中挑选一个人来主持头脑风暴会议，执行基本的规则，并且鼓励大家参与。人们可以并排坐着或者围成一圈。如果在谈判桌前摆好架势，每个人正襟危坐，人们会觉得非常正式，而这可能会抑制创造力。会议主持人需要说明如下基本规则：禁止批评；商议的结果不记录在案；不将最终提出的观点与其真正的建议人一一对应。

你们可以从各个角度想出一长串创意，越多且越疯狂越好。你们可以把所有创意都写在黑板上或一张大纸上，这样每个人都能看到。当没有新的创意出现时，会议主持人宣布头脑风暴的自由探讨部分结束。

接下来，你要发挥至关重要的作用——强调最有可能实现的创意，尝试综合和优化那些好的创意。你应当列出优秀创意清单，其中的任何一个创意都可以成为下次谈判时可以接受的提议。

如果你是一个人，身边没有任何头脑风暴的合作伙伴，那么你可以试着想象其他人尤其是专家会如何看待这个问题。设想一下，你的母亲、你的父亲、法官、警察、工程师、律师、心理学家、推销员、政治家或者其他类型的专家会怎样解决这个问题？这样可以暂时让你从个人的盲目性中解放出来。

你可以把一些经过时间检验的折中方法纳入备选方案。即使是很小的孩子也能理解"我来分蛋糕，你先挑一块"中蕴含的公平性。公平分割争议财产或商品的一种经典方法是"将其一分为二"。

如果你认为谈判对手无法一下子接受你的方案，那么你可以把该方案分解成多个方案加以实施。质变源于量变的积累。长久的改变可以转化为多个暂时的改变。你们可以一步步地实施综合的计划，最终协议也可以变更为大体同意谈判对手。你提出的要求可以视情况而定，规则也非一成不变。

塞尔玛为加薪提出了多个选项供人选择就是一个例子。塞尔玛在一家经营不善的广告公司工作，准备接受年度薪资评估，她希望加薪20%。然而，一直以来，她的同事每年只能获得5%的加薪，因此她加薪20%的希望并不大。她决定，尽管之前的先例使得她加薪20%并不乐观，但她会采取这样的态度来对待这件事情：从公司获得自己想要的加薪，可能有好几种方式。

塞尔玛和亲朋好友以及另一个部门的同事一起开展了头脑风暴，试图从不同的角度提出方案。她不得不放弃某些方案，比如不加薪就辞职（不现实）、行贿和敲诈（涉嫌违法）。塞尔玛意识到，增加福利也许和加薪是一样的。她可以要求开公司的车，配备更好的办公室和办公设备，获得助理的帮助，工作时间灵活，有时间休假。公司可能也愿意，除了给予她每个人都能得到的5%的加薪，还为她提供上述福利。

塞尔玛意识到，她之前一直在考虑如何在目前的工作岗位上获得更高的报酬。头脑风暴讨后，她意识到升职就意味着加薪，而且这也符合公司规定（因为她没有直接向公司提加薪20%的需求）。

然后，塞尔玛尝试着用老板和人事部主管的角度来看待这种情况。她认识到，老板和人事部主管认可的加薪理由一般是社会生活成本上升、业绩上升、责任增大。如果她着重强调个人在财务上的需求，无助于说服老板和人事部主管。

塞尔玛面对的事实是，她可能不得不妥协。她要在 20% 的加薪（希望）和 5% 的加薪（现实）之间折中考虑，不排除 5% 的加薪和额外福利。她也接受随着工作年限的增长而逐步加薪，或者通过提高业绩来加薪的准备。

她发现自己最初的想法（因为自身的需求而要求大幅加薪）现在扩展成了一系列的策略和选项。她决定按如下步骤与老板和人事部主管谈判。

- 指出她目前的工作岗位增大了生活成本，并且自己的业绩有所提升。
- 表明当她有公司车辆使用权，有助理协助时，她可以进一步为公司创造效益。
- 请求承担更多的责任，比如在蕾切尔退休后接手质量管控的工作。
- 自愿领导一个大家都认为应该完成的市场调查项目，主动提出加班来启动该项目。
- 要求增加 20% 的工资，配备助理，有公司车辆使用权，弹性工作时间。
- 现在先加薪 15%，六个月后若她业绩出色则再加薪 5%。

现在，塞尔玛已经准备好了去老板的办公室进行有效的谈判。

将选项转换为提议

你和谈判对手建立了良好的工作关系。你们已经从利益的角度阐述并讨论了这个问题。你已经私下准备好了你可以接受的选项。现在，你做好了提议的准备。

你要慢慢地说出你的提议，详细描述你偏爱的选项，列出多个选项，询问谈判对手的意见。通过提供选项和共同讨论，你可以避免用下"最后通牒"的方式来与谈判对手对抗。一旦你向谈判对手下达了"最后通牒"，他们便会进入戒备的心理状态。有时，谈判对手甚至会和你进行头脑风暴，尝试联手解决问题。

如果你在描述你的选项时发现谈判对手心情愉快，你就可以向他们提出一个"可同意的提议"——你可接受的选项之一，可以将其表述为一个能够简单地用"是"来回答的问题。例如，如果你想加薪20%，你应当这样提问："如果我能解决生产瓶颈，提高生产率，那么你愿意给我加薪20%吗？"这个提议比"我真的需要20%的加薪。为什么不呢"要好多了。前面的提议基于老板想要的结果，暗含了"提高生产率是受欢迎的，或者在工作中表现卓越应当得到奖励"的意味，因此老板很难拒绝。后面这个提议很糟糕，因为它只基于你的需求，并且好像在试图邀请老板向你列出不这么做的理由。

以下是一些可以拒绝的提议和经修改后可以同意的提议。

可拒绝的提议	可同意的提议
"我想把这套公寓粉刷一下，并且希望在我度假回来的时候你就刷完了。"	"你愿意现在就粉刷我们的公寓，还是等下个月我们去度假的时候再粉刷？"
"15号给我初步报告，30号前给我最终数据。"	"如果我让你在月底之前拿到最终的数据，你能在15号之前提供初步报告吗？"
"不管你怎么说，这栋房子的价格超过25万美元，我就不会买了。你觉得怎么样？"	"假设我们能就其他条款达成一致，我准备出25万美元买这栋房子。这个提议合理吗？"

请注意，当你的谈判对手是多个人时，你要向有决策权的对手提出"可同意的提议"。

当事情变得棘手时

有时谈判会变得艰难。也许你面对的谈判对手拥有全部的决策权，或者不打算跟你合作，又或者玩一些卑鄙的花招，试图把你"带到沟里去"。

当谈判对手拥有全部的决策权时

当你的谈判对手拥有全部决策权时，你必须现实一点：你有可能输掉谈判。在谈判前，你应该找出双方协商之外的最佳选项。如果对方彻底拒绝了你，那么你该怎么办？在开始谈判之前先想好这一点，会让你安心一些。

当你的最佳选项是强硬地威胁谈判对手时，你可以这样说："假如你不给我升职，我就打算辞职，与我的姐夫合开干洗店。"此时，你一定要确保自己的威胁可信，并且你真的做好了这方面的准备。如果你没法做到这两点，就不要采用威胁手段。假如你只有两个备选，一是升职，二是继续做当前这份工作，你就没有资格向老板发出威胁。

不管你的选择是什么，要确保你已经做足了功课，完整而准确地了解所有相关的事实和数据，严格遵守客观标准。利用对手的公平意识，心怀最好的希望。

当你的谈判对手的态度十分强硬，你始终处于劣势，而很多人与你境况一样时，你们可以联合起来，批判谈判对手处事不公，剥夺其决策权。

当谈判对手不合作时

有时候，谈判对手会极力站稳某个立场，拒绝让步。当这种情况发生时，你要抑制自己对对手的立场发起全面攻击的冲动。重要的是，你要从该立场背后寻找其潜在利益。如果管理层完全拒绝考虑资助员工看牙医的计划，你就需要根据其潜在利益找出他们拒绝的理由：支出太大；可能会为新员工长期存在的牙齿问题支付巨额费用；员工将挑选昂贵的美容产品来做；难以实施和管理这项计划；这项计划与现有医疗福利相冲突……

当你认为你了解谈判对手的潜在利益时，可以问对方一个问题："为什么你拒绝考虑资助员工看牙医计划？"接下来，你可以保持沉默直到对方回答这个问题。如果你得到的回答是"这违反公司政策"，那么你可以接着提他"为什么违反公司政策"，然后试着问一个更具体的问题，比如"支出有多大？""你担心员工会投机取巧吗？"不要忘记在礼貌地提出问题之后保持长时间的沉默。你的目标是让强硬的谈判对手来谈论这个问题，而不是自己侃侃而谈。

有时候，谈判对手滔滔不绝，整个反应都是在攻击你的立场。当这种情况发生时，你要抑制住为自身立场辩护的冲动，而采用"柔道战术"来转移对方的关注点。你可以先接受对方的批评，然后转移话题，比如"你的说法非常有趣。你对我的计划有什么别的想法吗？我们如何改进它？"这样你就可以让谈判对手帮你创造更多的选项。

有时候，强硬的谈判对手会对你进行人身攻击。转移人身攻击的方法是将其重新定义为在某个问题上的攻击。例如，当管理层发言人指责你"不负责任地用这个荒谬的计划来煽动其他员工"时，你必须抑制自己的冲动，不要把发言人说成是管理层的虚伪傀儡。相反，你应当这样来重新定义针对你的攻击："你说的对，大家非常推崇这项计划。这是一个严肃的问题，值得公司所有负责任的领导者注意。"重新定义人身攻击在于巧妙地（善意地）运用奉承的手法。这有助于化解对方的敌意，让强硬的谈判对手能够下得来台，以优雅的方式与你展开合作。

有时候，陷入争执的双方都不愿妥协。此时，最好的解决办法是使用单文本程序（one-text procedure）：由第三方为双方草拟协议（第三方可持续为谈判双方草拟协议，直到双方都接受最终版协议），双方只是简单地接受或拒绝该文本，而他们之间没有产生直接的对抗或争论。

当谈判对手耍花招时

肮脏的谈判策略有很多，包括说谎、心理战、贿赂、敲诈等。对于谈判对手让你坐在阳光直射眼睛的地方或者试图贿赂你的情况，有些图书撰写了许多应对秘诀。虽然这些书读起来很有趣，但实际上，你只用一种方法就可以对付这些卑鄙的花招：要求按程序办事。

要求按程序办事，意味着你先不探讨此次谈判的主题，而是谈论基本的程序规范："在我们开始讨论加息之前，我想说，这把椅子太矮了，阳光直接照进我的眼睛里。在这样一场严肃的谈判中，我们肯定不会玩这种先在座位上就让对方低人一等的把戏吧？"

接下来，你运用原则谈判法进行谈判，对于对方很想利用一切可能的优势表示理解，不会把这当成针对你个人的行为。如果你们双方都本着坦诚的、愿意讲道理的态度来进行谈判，那么双方的利益都能得到更好的满足。你要向谈判对手解释，你来这里是为了找到一些"既符合双方共同利益，又能调和双方利益冲突"的选项。你可以邀请谈判对手采用客观的标准与你一起寻找对双方都有利的选项。"如果我们一致认为应该以文明的方式进行谈判，那就让我们另外找一把椅子，然后继续谈下去。"这类说法大多数时候是有效的。如果对方不听，那么你也许是时候找一位中立的调停人了。

你可能与谈判对手发生了无法协商的冲突。当你的谈判对手更希望引起冲突，而不是解决问题时，就会发生这种情况。例如，工会发起罢工，想要管理层实现其诉求，而管理层很想拖延谈判，直到工会的罢工资金耗尽。除非你能发现并处理这些隐秘意图，否则谈判不可能取得成功。

PART 4
第四部分

社交技能

第 12 章

形成准确的第一印象

你会对陌生人进行预先判断,从而形成对他的第一印象。你根据自己过去的经历、需求与愿望以及你所处的环境来接收和解读关于这个人的信息。预先判断的过程几乎是自动地、无意识地发生的。

预先判断是一种非常有用的技能,可以帮助你对陌生人进行分类。有时候,你只了解到某人极少的信息,容易形成对其草率而失真的第一印象,进而影响了与此人的进一步交流。

例如,一个年轻人在派对上看到一个又高又瘦的女人尴尬地独自站着,皱着眉头。他推断她是一个"壁花"⊖,于是把脸朝向与她所在的位置相反的方向,从而避开她。后来,当这个女人找他聊天时,他惊得差点把饮料洒了,她竟然知晓他的职业!她询问了这个年轻人的工作情况,他愣了一下,避免与她有眼神交流,简短地回复之后,便喃喃地找了个

⊖ "壁花"是指社交聚会中因害羞或不受欢迎而独坐一旁的人,特别是因无人邀请跳舞而干坐一旁的人。——译者注

借口，退回到吧台去了。在那里，他看到了他最好的朋友，朋友告诉他，他试图避开的女人漂亮又迷人，根本不是壁花。年轻人觉得朋友疯了，说道："她看上去很无聊，让我想起了我的萨莉阿姨。"

不准确的第一印象往往得不到纠正。研究表明，你对一个人形成的第一印象很难被改变，即使你们进行了为期几周的定期交往（就算有改变，也只会进行一些稍稍的修正，大体上保持不变）。上面例子中的年轻人后来和他认为是"壁花"的女人成了同一个部门的同事。几个月后，他向朋友承认，虽然她确实很有魅力，但他不明白她为什么能在办公室里如此受欢迎。他依然觉得她和萨莉阿姨一样乏味。

预先判断的典型陷阱

既然第一印象如此重要，那么了解一些预先判断的典型陷阱也同样重要。

感知的局限

你永远不会从第一印象中获得完整的信息，因为感知的过程本身就简化和消除了某些信息。尽管你的眼睛、耳朵、皮肤不断受到各种刺激的"狂轰滥炸"，但其刺激强度不足以使神经系统的感受器兴奋起来。一旦信息进入你的神经系统，你就会简化信息，即消除与接收的主导信息不一致的信息。当你的朋友点头、微笑，并且对你说"好的"时，你不太可能注意到他的指关节因为抓着手臂而发白。这些非言语的暗示与主导信息不一致，因此被简化和消除了。

期望的泛化

在新的或不熟悉的情境中，你的大脑会根据过去的经历迅速得出结论，以填补任何缺失的部分。你往往感知了你习惯感知的东西。

练习 12.1

请用四条直线将以下九个点连接起来，不能在直线上折返画线，整个连线过程必须一步到位。请至少花 10 分钟来解答这道题。解题办法在本章末尾揭晓。

```
    •       •       •


    •       •       •


    •       •       •
```

鲜少有人能在 10 分钟内解出这道题。大多数人都会预先设定一条额外的假设：不能把四条直线画在黑点形成的正方形的外面。这一假设使得这道题无解。如果你做出了这个错误的假设，那么请再次尝试解答这道题，允许这些线延伸到正方形之外。

这个练习表明，检验你的感知背后的假设十分重要。当你对新的人和新的情境做出未经验证的假设时，你可能正面临着沟通失败的风险。例如，你以为聚会意味着邀请你认识的人，而你的男友认为聚会意味着只邀请亲密朋友。如果你们不核实对方的假设就组织聚会，到最后可能痛苦地发现第一次聚会不如人意。

感知重评

当你需要某样东西的时候，即使是一个很差的版本也可以。如果你感到孤独，即便是一次无聊的约会，也比没有约会强。当你的六个同事因为经济不景气而被解雇时，你的工作就突然变得更宝贵了。感知重评使你看到你期望的和想要看到的。你可能认为你喜欢的人比你不喜欢的人更有吸引力、更聪明。

> **练习 12.2**
>
> 请问问你自己，你现在最想从事以下哪项活动，最不想从事哪项活动？你可以用 1~8 分来给这些活动打分，其中 8 分代表你最想做的事情。可以在一天中的不同时间重复这个练习。比较你的得分情况。
>
> - _____闻一闻刚刚烹制好的牛排
> - _____闻一闻玫瑰的花香
> - _____闻一闻薄荷的气味
> - _____闻一闻雨后清新的空气
> - _____闻一闻壁炉里的火的味道
> - _____闻一闻刚烤出来的面包
> - _____闻一闻你最喜欢的香水或剃须后洗剂的气味
> - _____闻一闻正在烤制的馅饼
>
> 各项活动的得分情况取决于你目前的需求，不同的物品在不同的时间对你有着不同的吸引力。

刻板印象

你无须太费劲，就可以在几乎没有信息的情况下，简单地根据团队成员的分组情况来归纳出对他们的期望。刻板印象是我们形成对他人印象的捷径。

> **练习 12.3**
>
> 请阅读下列句子，并尽快填空。在作答之前不要思考。
> - 意大利男人在 _____ 上十分出色。
> - 政客经常 _____。
> - 大部分篮球运动员 _____。
> - 个子高的女人十分 _____。
> - 肥胖的人 _____。
> - 勤奋的、精力充沛的人常常 _____。
> - 富二代 _____。

仅仅根据一个特征或一种行为，你就可以把某个人归入你认为具有共同特征的一群人。例如，如果你认为某个人魅力十足，那么你可能会认为这个人比那些没什么魅力的人更加友好，拥有更好的品格，更有活力，职业地位更高，并且是更好的婚姻伴侣。

从积极的方面来说，刻板印象有助于你避免认知超载，因为它允许你将刺激因素分成一定数量的可控类别。尽管很多刻板印象并不准确，但它们至少有一定的真实性，例如女性在教职岗位上的比例很高，黑人擅长体育运动，犹太人热爱学术研究等。

当我们把消极的或不太好的特质贴到某个根据生物学特征而划分的群体之上时，刻板印象就变得危险了。性别歧视和年龄歧视等都是刻板印象的负面产物。当人们的大脑中容不下新的信息时，刻板印象最为危险。当人们习惯于根据刻板印象来判断他人时，不管有多少相反的数据出现，他们都会固执地坚持自己的观点。

刻板印象可能带来自我实现预言。自我实现预言最著名的例子是皮格马利翁效应。在一项研究中，研究人员告诉老师，某些学生属于"大器晚成者"，老师可以预期他们将会取得特别好的成绩。其实，这些学生的名字是研究人员随机挑选的，而研究结果却十分惊人：这些学生的成绩确实比其他学生的成绩要好，他们甚至在智商测试中也比其他学生的进步更大（Rosenthal & Jacobson，1992）。

自我实现预言是第一印象和持续关系的重要组成部分。如果你预期别人以某种方式行事，那么你可能会向他们暗示你的期望，从而增加他们按照你的期望来行事的可能性。如果你预期别人会拒绝你，那么你也许会避开与对方进行眼神交流，你可能会皱着眉头，直言直语，身体僵硬。对方看到了你的行为，也会满足你的期望，这使得你更相信自己的预言会实现。将来，当你遇到类似的情况时，你的期望会更加明确和僵化。

另外，我们可以积极地运用自我实现预言。比如，你可能期望伴侣对你非常有爱和慷慨。如果你的行为传递了你的期望，你的伴侣就很可能会按照你的期望行动。比如，当一位推销员通过自身言行向客户传达了他想做成一笔生意的信心时，他往往能推销成功。积极的自我实现预言可以在短短几句话中创造出来。比如，当主持人将某位演讲者介绍给现场观众，说他是所在领域的专家时，和没有获得主持人介绍的演讲者相比，观众会认为前者的演讲更有说服力。

练习 12.4

在一个至少有几位陌生人在场的社交场合，你可以在内心发表对每个人的感知和推断："我注意到……我想……"

这里有几个例子："我注意到这个人很胖。我想他应该不锻炼，没有意志力，而且懒惰。""我注意到那个女人穿得很整洁。我想她应该很有条理，是个完美主义者，对自己的要求很高。""我注意到那个人很高。我想他应该是一名篮球运动员。"

这个练习表明，你对人们的许多印象是由最小的感知线索推断而来的。正是这些微小的暗示让你对他人产生了刻板印象。

预先判断中的赞成和反对

和别人初次见面时，你倾向于用"聪明/愚蠢""强壮/虚弱""热情/冷漠""主动/被动"等词语来评价对方。你可以从这些关键的相反特质对中推断出对方的许多其他特质。这些词语有助于你对所遇之人的"好""坏"做出全面评估。下面这个练习将探索这一观点。

练习12.5

根据下面成对的相反特质来评价你喜欢的人和不喜欢的人。在每对特质之间的空白下划线上打一个勾，表示你对这个人的评价。两端的空白代表极端的评价，正中间的空白表示完全没有感觉，两端与正中间之间的空白表示适度的评价。

勤奋	___	___	___	___	懒惰
热情	___	___	___	___	冷漠
主动	___	___	___	___	被动
值得信任	___	___	___	___	不值得信任
博学	___	___	___	___	无知
强壮	___	___	___	___	虚弱
聪明	___	___	___	___	愚蠢

> 友好＿＿＿ ＿＿＿ ＿＿＿ ＿＿＿ ＿＿＿冷淡
>
> 漂亮＿＿＿ ＿＿＿ ＿＿＿ ＿＿＿ ＿＿＿丑陋
>
> 你可以添加自己经常用来评判他人的其他成对的特质，以便做出更全面的评估。综合对上述各对特质的评价结果，请对这个人做一个整体评价，评价方法同上。
>
> 好＿＿＿ ＿＿＿ ＿＿＿ ＿＿＿ ＿＿＿坏
>
> 可以对另外四组人重复这个量表。
>
> 在日常生活中，你很可能就是这样评判他人的。尽管这一评价过程非常直观，但在很大程度上决定了你如何解读来自他人的信息。

在上面的练习中，你是否发现某些特质是一起出现的？例如，某人性格整体良好，热情开朗，待人友好；某人性格差，被动高冷，软弱无能。在美国文化中，人们认为热情和友好是与善良紧密相联的特质，它们就像身体的活力和力量一样密不可分。你认为你在上述练习中评估的一系列特质真实地反映了你所评价的人吗？或者，你是不是更多地期望这些特质同时出现在某个人身上？

为了进一步探讨这个问题，你可以列出一份新的清单，列举你喜欢的五个人和不喜欢的五个人。这些人可以是公众人物、虚构人物、熟人和家人。请列出每个人的特质。你喜欢的五个人具有哪些特质，他们是不是有些共同之处？你不喜欢的五个人呢？你对喜欢的人和不喜欢的人使用的是同一个评价系统吗？在你的评价体系里，你喜欢的人与不喜欢的人在特质上是相反的吗？你会认为你喜欢的人是热情博学的，而你不喜欢的人是冷漠无知的吗？

你也许发现，你在反复使用某些特质量表来评价人们。如果你把你的特质量表和其他人填写的量表进行比较，就会发现一些你通常不会想到的特质。请记住，你怎样评价他人，在很大程度上取决于你习惯使用什么样的特质量表。

著名人格理论学家哈里·斯塔克·沙利文（Harry Stack Sullivan）解释了人们为什么总是重复使用某些特质而从不使用另一些特质来评价他人。沙利文认为，从很小的时候，我们就开始了解并适应那些受人认可的事物和不讨人喜欢的事物（Sullivan, 1968）。孩子只关注那些大人同意或不同意的行为。与透过显微镜观察东西一样，这种狭窄的视角限制了我们对世界其他事物的注意。孩子认同透过这个非常狭窄的视角意识到的东西，并称之为"自我"或"我"。

"自我"不会注意到性格的某些部分，只会注意到那些被重要他人认可或不认可的部分。一个人只能在别人身上找到自己的东西。沙利文特别喜欢说的一句话是："你怎样评价自己，就会怎样评价别人。"很多时候，当你对某个人的某件事做出强烈反应时，更多的是因为你自己，而不是因为那个人。你的"显微镜"重点关注的是你习惯性地认为重要的特质。要探索这一点，请做以下练习。

练习 12.6

请按如下格式在一张纸上，写出对 10 个人的关注点。

"当我想到＿＿＿＿＿＿（写下那个人的名字）时，我意识到我的一部分在关注＿＿＿＿＿＿（描述对方的一个行为或特质）。"

这里有一个例子："当我想到玛德琳时，我意识到我的一部分在关注身体健康。"

请注意，每个人都有很多特质，在此你注意到的只是这个人的某一个特质。你对每种特质的认识都基于它对你的重要程度。因为你重视自己和别人的身体状况，所以你会注意到玛德琳身体健康。

纠正人格失调性歪曲

当你走进一间全是陌生人的房间时，你是否会立马被某个特定的人吸引住？你瞬间喜欢上这个人，而且可能以为你已经认识对方很长时间了。也许这个人让你想起你曾认识的某个人，或者隐约让你有种熟悉的感觉。通常，你面前的这个人和过去的那个人之间的联系是微妙而浅显的：他们有着相同的发型、相同的名字、相同的职业或者相似的口音。

当你对初次见面的人产生了强烈的积极反应或消极反应时，你可能存在人格失调性歪曲的情况，即你面前的这个人让你想起了另一个人。此时你要谨慎对待你对这个人的评价，因为你可能会对他附加一套推论和假设，而这些推论和假设实际上属于你曾认识的那个人。你可能会混淆他们两个人，或者误解初次见面的这个人。

有时候，当一个人把你当作另一个人来看待时，你发现人格失调性歪曲更容易被发现。你注意到这个人从一开始就很亲近你或者疏远你。他对待你的方式与客观现实是不相符的。你可能觉得这个人根本不知道你是什么样的人。上文就介绍了一个关于人格失调性歪曲的很好例子：一个年轻人把他在派对上遇到的一个女人和他的萨莉阿姨联系在一起。

你可能以为，一旦你发现了眼前这个人和你过去认识的人之间的联系，你就不会混淆他们两个人，也不会误解眼前这个人。然而，如果你觉得你曾认识的那个人和现在这个人是相似的，那么即使你做再多的信息比对和现实测试，也难以改变你对现在这个人的感觉和态度。例如，你可能在聚会上遇到一个挂着"甜美笑容"的年轻女子。和她说话时，你发觉她让你想起了你时至今日依然十分在乎的前女友。后来，你最好的朋友告诉你，这名女子其实是个脚踏两条船的骗子，曾玩弄你们另外两位朋友。你难以置信地摇了摇头，半信半疑，而由于她的笑容实在是太甜美了，以至于你内心深处觉得她与你前女友一样好，于是你决定约她出来。

人格失调性歪曲并不总是在日常偏好（例如喜欢或不喜欢）方面发挥作用，有时它只影响特定的人际关系。一个男人一直认为女友的抑郁情绪源自对他的不满，其目的是要他做出改变。每当女友说自己感到伤心和失落时，他就推断她是在要求他快点和她结婚。他的反应是愤怒而不是认同，他的女友既伤心又困惑，变得更加沮丧。在不知不觉中，这个男人把他的母亲和女友弄混了。他的母亲常把自己的不幸当作棍棒来使用，她的悲伤总是一种含蓄的抱怨。由于人格失调性歪曲，这两个女人在男人的眼里合二为一了。

除非你能在脑海中把你曾认识的人和现在刚认识的人分开，否则就会继续把两人联系在一起，并对二者做出相似的反应。不过，人格失调性歪曲是可以被纠正的。例如，你在工作会议上看到一张新面孔，马上就不信任他。你觉得看他不顺眼，接下来你意识到，他有点像你讨厌的某个政客。你决定会后和他谈谈。结果，你发现他说话轻松自如、直截了当，这使得你抛开了与那个可恶政客的负面联系。他是公司的销售经理，你觉得和他在一起很舒服。

不论何时，当你感到深受某人的吸引，或者直接感受到对某人强烈的厌恶时，当你发现自己在做假设时，问问自己：我是否把眼前这个人与过去认识的某个人联系在了一起？你可以将你眼前的人和过去认识的人进行比较，对比一下他们在类似情况下的反应，留意眼前这个人的实际的需求和感受，而不是假设你知道对方有什么需求和感受。

如果你怀疑某人在你身上有人格失调性歪曲的情况，那么你可以直接问对方："我让你想起了其他人吗？也许是你过去认识的某个人？"如果对方说"是"，那就找出你和那个人之间的相似点和不同点。如果对方说"不是"，而你知道那个人可能是谁，那么你可以谨慎地提出建议："也许我让你想起你曾经认识的某个女孩，或许是你的小妹妹。你有时把我当成你小时候的伙伴。"有时候，人们回忆不起来这些人格失调性歪曲究竟是从哪里来的，再多的探索也无法使它浮出水面。这可能不利于维持长久的人际关系。

持续的幻想

第一印象是相互作用的。当你和别人第一次见面时，你们的言谈举止通常都很得体。然而，如果你试图保持一种不切实际的良好形象来赢得对方的认可或喜爱，就会建立一段不舒服的关系，而这段关系最终可能破裂。你不可能永远欺骗别人。他们迟早会注意到你与自己的好形象不符，即使你没有欺骗他们，他们也会感到失望。比如下面这段对话。

艾丽斯：你不想参加今晚的派对吗？我们结婚六个月以来，你只和我一起参加过两次派对。我们单身的时候，几乎每个周末都一起参加派对。

雅各布：我不太喜欢派对，我无法忍受那里的喧嚣。

艾丽斯：可我是在派对上认识你的，而你那时还是派对的主角！你说过你喜欢成为舞台的中心。

雅各布：噢，是的。我猜我那时的意思是说，我想成为你的舞台的中心。

艾丽斯：虽然听你这样说我很开心，但是我想念我们的朋友，怀念我们参加派对的日子。

雅各布：为什么我们不举办属于自己的小型派对呢？

艾丽斯：那不一样。你不一样了。你现在看起来不一样了。我想要你变回原来的样子。

在上述对话中，雅各布曾一度让艾丽斯相信他是性格外向的人。他只在一段时间内勉强维持了这样的形象，随后便无法继续维持下去了。

艾丽斯原本以为他们是一对喜欢派对的夫妇，结果却大失所望。她觉得自己被雅各布骗了，因为在她的印象中雅各布善于交际，而现在他承认自己不善社交。如果艾丽斯承认自己当初对雅各布的评价是错误的，那么她的自信心会受挫。她必须承认，她评价他人（尤其是未来伴侣）的能力并非万无一失。

澄清第一印象

错误的第一印象会导致后来的幻灭。通过尽快地核实和分享第一印象，用现实来代替幻想就会容易得多。你不必成为某人的好朋友或爱人，也能在一开始就清楚地表明你对他的感觉。假如你在和某人初次见面之后想要继续交往下去，完成下面这些步骤可以消除你们对彼此的大部分幻想。

1. 让对方知道你有兴趣进一步了解他，或者至少让对方知道你对他的感觉。
2. 从你的角度陈述你们见面交谈期间发生了什么。
3. 说出你对对方的期望和希望。
4. 让对方纠正你对他的错误观念。

如果雅各布在他们第一次见面时就这样做了，也许他就不会误导艾丽斯了。

雅各布：我今晚和你玩得非常开心，希望很快能再见到你，以便我们更好地了解彼此。

艾丽斯：我真的很喜欢你。你让我们都笑了，笑得我肋骨痛。下周我们一起参加派对吧？

雅各布：我想我今晚有点闹腾。当我喝多了，并且想给美女留下好印象的时候，就会变得这么多话。这不是我平常的风格。基本上，我是个宅男。

艾丽斯：哦，你可能把我骗了。你今晚看起来很自在。

雅各布：并不是这样的。我不希望你对我产生错误的印象。事实上，我想和你静静地待在一起。

艾丽斯：这很好了。

上述四个步骤将大大减少第一印象的错觉。随着关系的进一步发展，你有必要继续核实对方的假设，以保持沟通顺畅。永远不要假设你知道别人在想什么或者有什么感受，除非你已经用直白的语言和对方核实过。一旦你把假设当成事实，就很难改变自己的观点，也难以承认自己误解了别人。你可以合理怀疑你对某人的假设，既考虑与你的观点相矛盾的信息，又考虑支持你的观点的信息，持续测试这些假设的真实性。

练习 12.1 的答案：

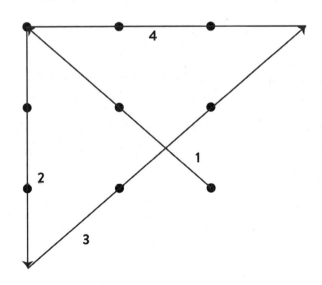

进行接触

这个世界充满了有趣的陌生人。每一天,你潜在的朋友和恋人都可能会在走廊、停车场等地方与你擦肩而过。他们也许就在你的身旁吃饭,在商店里等着和你偶遇。你们有时四目相对,然后害羞地转过头去。你可能害怕走出你自己的匿名角色,羞于和对方进行接触。他们会怎么想?如果你被对方拒绝了,那么你要怎么做?

本章旨在帮助你在人际交往中打破沉默,与吸引你的人发起谈话。通过学习开启沟通的艺术,遵循一些简单的规则,你可以大大减少在陌生人面前害羞的概率,几乎能在任何地方和任何人交谈。

害怕陌生人

人们害怕陌生人,有几个缘由。你也许相信过时的社会观点——将自己强行介绍给陌生人认识，是不礼貌的举动。或者，你可能担心，当你主动提出和陌生人聊天时，对方会拒绝你。到目前为止，对陌生人最常见的恐惧来源是你因自我贬低而产生的内心独白。

你可能对自己这样说："他们不想和我说话。""他们也许不喜欢我。""他们会搭理我吗？不可能！""我太笨、太丑、太矮、太愚蠢了。"你认为自己低人一等、没有价值、毫无魅力，总是把别人想象成英雄，而自己永远是笨蛋。你深信自己对陌生人而言没什么价值，这一信念会让你与他们待在一起时感到不自在，并且认为他们不喜欢你。下文将告诉你如何处理对陌生人的恐惧。

分析你的内心独白

试想，你在医生的候诊室里和一个很有魅力的人开始了一段对话。那个人听了一会儿，敷衍了几句，然后继续低头看杂志。现在，请注意你的内心独白。你在为被对方拒绝而自责吗？你发现自己有什么过错，导致别人对你不感兴趣吗？你是否在用负面词语（比如"愚蠢""差劲""荒谬"等）来描述自己？

练习 13.1

请不要习惯于为自己贴上负面标签。你可以向自己承诺，把关于自己的负面标签改写为描述性的话，从而改善你的内心独白。

对自己的负面标签	描述性的话
愚蠢	当我试着思考和别人对话时，大脑会时不时地一片空白
又矮又肥	我的实际身高和体重是 _____

诚然，当你第一次试图接近别人或者被别人拒绝之后，你很难不评判性地描述自己，此时你那些习惯性贬低自己的势头十分强劲。你太习

惯于对自己说那样的话了，以至于几乎没有注意到那是在自我贬损。这种现象的解决办法是将你较为显著的正面品质与负面品质都列出来，各列举5～6项。负面品质是不带偏见的描述。正面品质是那些你切实喜欢或者引以为傲的品质。每当你发现自己想接近某人时，可以回顾一下这份清单。你要给自己一个与陌生人交流的机会，而不要陷于自我贬损之中。

重新定义你接近他人的行为

你如何看待或定义你与某个有趣的陌生人之间的相遇，你就如何看待自己对被人拒绝的恐惧。以下内心独白会使你在与别人见面时感到压抑。

- "他们会认为我想从他们那里得到什么。"
- "我也许吸引不了他。"
- "他们虽然很好，但不想和我做朋友。"
- "她很美。她会看上我什么呢？"

请注意，所有这些说法只给你留下了一些希望——希望得到自己觉得不配得到的东西。是时候重新定义这种初次见面的体验了，这样你才会改变观念，觉得和别人见面交谈并没什么大不了的。不要将与有趣的陌生人见面交谈当成一种测试，去测试他们是否想成为你的朋友或伴侣，是否特别喜欢你。要知道，这只是一个开始了解你感兴趣的人的机会。你对接下来将要发生的事情虽然感到好奇，但并不用担心。你不想从别人那里得到任何东西，而只是在付出你的时间。一旦人们拒绝你的靠近，他们多多少少也失去了与你接触的机会。

重新定义人们的拒绝

当你接近陌生人时，好比伸出了橄榄枝，给了对方一个礼物——相互交流的礼物。当对方拒绝你时，你可以用多种方式来定义这种拒绝：你也许认为自己不够格，也许聚焦于自己的身体缺陷或性格缺陷，也许认为自己社交无能。这些定义的问题在于，它们关注的只是你自身的问题，而不是对方的想法。你是在读心。

任何特定的拒绝可能有成百上千个理由。让我们假设你邀请某位同事一同吃午餐，同事笑着说："今天不行，改天吧。"如果你以为自己的大鼻子又让别人反感了，那就大错特错了。这只是众多潜在原因中的一个。你的同事有可能正在节食，也许刚刚吃过东西，可能正在和别人见面，也许忙得吃不下饭，或者情绪有些波动等。

现在你可以做一个练习，列出至少 25 条理由，说明当一个相对陌生的人邀请你共进午餐时，你为什么会拒绝他。接下来，你要检查自己列出的理由，其中有多少条聚集于对方在情感上或身体上的特征？事实上，你对他不甚了解，还不足以因为他的某些特征而拒绝他。如果你不想和别人共进午餐，那很可能和你自己有更大的关系——你的日程安排、你结识新朋友的意愿、你当时的情绪。

读心几乎总会给你带来麻烦，因为它会让你对任何拒绝都做出消极的解释。假如你被别人拒绝了，最好的办法是假设你被拒绝是有个人原因的，但这些个人原因与你无关。如果你想了解更多的信息，那么你可以询问对方拒绝你的理由。假如有人拒绝和你共进午餐，那么你可以试着下次再约对方。

做好被拒绝的打算

即使是别人一次不经意的拒绝，也可能让你感到胸口堵得慌。为了应对被人拒绝的情感打击，你可以做几次深呼吸，调整自己的身体状态：

感觉到自己的脚踩在地板上，屁股紧贴椅子，注意胃里的感觉。把注意力集中在你的身体上，会让你在几分钟内停止进行消极的内心独白。深呼吸以及留心观察身体，可以阻止你左思右想，避免在心理上贬低自己。

你应当做好每周至少会被拒绝三次的打算。这意味着，当你发现自己对某个人感兴趣时，这个人也许因为几百种潜在原因中的一种而暂时拒绝你的邀请。试着发起对话，以体验和学习如何应对拒绝。下面再来做个练习，挑选一个你喜欢的人，而这个人可能不喜欢你。在接近这个人之前，先想清楚如下问题的答案。

- "他不喜欢我什么？"
- "当我与他交流时他可能会怎么做？"
- "如果我被他拒绝了，那么我要怎样才能挽回局面？"

你在回答完上述问题之后，再去接近这个人。在你们交流时，观察你们之间的互动，同时记录下你的想法和感受。稍后，你可以找一个安静的地方坐下来，回想一下，注意你之前关于个人的假设有多少是对的或错的。你开心吗？你在面对挑战时有成就感吗？

与人接触指南

成功的接触只有两条基本规则：第一，你希望别人怎样待你，你就要怎样待别人，即你想要对方关注、尊重、喜欢你，对你感兴趣，那你先要关注、尊重、喜欢对方，并且对他感兴趣。第二，你必须聚焦于你自身的外在的东西，而不是内心独白。你要倾听对方说话，而不是演练你的下一句话或者担心你的头发是不是乱了，或你的表现是否自然。

给予对方你想要的并且重点关注对方这一点，说起来容易，做起来难。对陌生人的恐惧可能使你感到尴尬和不自在。无论你多想向对方示好，你的注意力都集中在自己的外表和行为上。下文将告诉你如何接触他人，以使他人感受到你的真诚。

使用肢体语言

肢体语言使用不当会令别人生厌。害羞的人一般会避免和别人四目相对，同时面无表情，在身体上与他人保持距离。这些肢体语言传递的信息是"别烦我"。你和他人接触时需要恰当运用肢体语言。

- **走向对方**。这意味着进入某个圈子或群体，而不是站在圈子外面看。你在和别人交谈时不要站在 3 米开外。你必须找到一个可以舒服地与对方交谈和互动的合适距离。
- **身体前倾**。靠在椅背上表示疲劳或对别人不感兴趣，身体前倾则表明你已经做好了接触对方的准备。
- **不要交叉双臂和双腿**。交叉双臂和双腿属于防御性的姿势。不要交叉双臂和双腿，保持开放的姿势，才能让对方认为你愿意倾听他说话。
- **进行眼神交流**。大多数人很难直视对方的眼睛，同时又不知道该说些什么。对这些人而言，眼神交流会使自己焦虑并且容易走神。解决的办法是将目光集中在别人的脸上。例如，你可以把目光聚焦在对方的鼻子、嘴巴或左耳上。只要你盯着对方鼻子周围约 20 厘米的范围，对方就不会觉得你在回避眼神交流。
- **微笑**。在普遍意义上，微微一笑表明你向对方敞开了胸怀，并且对与他接触感兴趣。
- **将你的回应表现出来**。当你在倾听对方说话时，你可以点头、皱眉或者惊讶地扬起眉毛等。

这里有一个练习肢体语言技能的方法：想象你正参加一个电视脱口秀节目，主持人向你提问，而你在回答对方问题时会恰当地运用上述肢体语言（例如身体前倾、微笑等）。在日常对话中使用肢体语言可以帮助你表达感受和观点。

使用活跃气氛的话

发起交谈的唯一方法就是打破沉默，开口说话。我们可以这样假设：别人也和你一样，想和你接触。他们需要那种只有当两个人对彼此表现出真正的兴趣时才会涌现的兴奋感。你们都想要得到对方的关注、尊重、喜爱，你们可能都害怕：陷入尴尬，被对方拒绝，或者被迫做自己不想做的事情。

你说些什么话来打破沉默并不重要，重要的是说得足够多，并请求对方给予一定的回应。当你需要打破僵局时，静下心来，聚焦于你当前的体验：放松心情，对你的所见所感敞开心扉，等待一种你可以分享的意识从心底冒出来。什么东西不同寻常？你能从别人的外表或行为中推断出什么？请留意你们共处时的环境。你会怎样向对方描述你们周围的环境？现在的你有什么感受？当你随时准备着和他人接触，而又没有采取实际行动去接触，你有一种什么感觉？最后，当你产生分享的意识时，行动起来。

在火车上，一位女生旁边坐着一位男生，女生绞尽脑汁想找个开场白。后来她静下心来，聚集于自己当前的体验。她乘火车去一个陌生的城镇，准备找一份新的工作。她深知人际交往的困难，她觉得有必要打破僵局。她开口对旁边的男生说："我要搬到一个我一个人都不认识的地方去。我一直在想，我最好是多接触一些人。嗨，我的名字叫吉尔。"旁边的男生是大学生，看到这位和他年龄相仿的姑娘，微笑着说道："你是不是和我一样有些无聊，想找人聊天？"

如果你在思考过后仍无法打破僵局，那就试试下面这些标准的开场白吧！

- **请求提供信息**："你能告诉我菲尔伯特街在哪里吗？""请问大堂里有礼品店吗？""最近的酒吧怎么走？"
- **给予赞扬**："你的钱包是我见过的最精致的手工皮革制品。"
- **稍稍运用幽默**："你介意和一个迷路的人说会儿话吗？""在这家餐馆里等位子，会让你等到头发都白了。""虽然我在找经理，但我想先和你谈谈。"
- **提及当前的事**："这个城市有很多小偷。瞧那个家伙。他可能正在对我的手表进行估价。""我开始喜欢上不建高楼的点子了。在这条空旷的街道上吹吹风真舒适。"

某些仪式化的问题是屡试不爽的开场白："嗨，你叫什么名字？""你好吗？""最近怎么样？""你住在附近吗？""你在这栋楼里工作吗？""这是你的儿子吗？""你觉得这出戏怎么样？"人们无须太多思考就能问出这些仪式化的问题，也不需要费太大的劲来回答它们。不过，这恰好既是它们的优点，也是它们的缺点。我们很容易引出一句简短的话，但很显然，几乎是即刻之间，对方又会把球踢到你这里，你不得不接着提出具体的问题或发表具体的评论，才能产生真正的对话。

交谈中颇具挑战性和颇有价值的打破沉默的方式是直接告诉对方你的感受和需求："我被你吸引住了，想花几分钟和你聊聊，我想了解你。""尽管我羞于和陌生人交谈，但我觉得你是个有趣的人，我想和你聊天。""我看到你在看盖曼的新书。你觉得他的写作风格是什么？"

在寻找打破僵局的开场白时，你需要注意两点：你与对方的相似性和差异性。你可以通过谈论你们的共同点来开启对话。比如，你注意到你们都喜欢同一本书，都认可同一种观点，都瘫坐在椅子上，或者都贴着创可贴等，这些都是你开启对话的契机。注意你们之间的鲜明对比和差异性则有助于你进行自我表露，比如"我从不敢独自一人来这里。""我一向对印象派画家比较感兴趣，但看得出你喜欢写实派爱德华·霍普的画。"

交谈的艺术

一旦你打破了沉默，问题就变成如何与他人进行令人满意的交谈。为了进行良好的沟通，你只需做好如下三件事：提问、积极倾听、自我表露。

提问

提问的问题基本上有两种，包括仪式化的问题、信息性的问题。仪式化的问题着眼于了解对方的名字、工作，以及对方来自哪里。仪式化的问题最常用于谈话的开场白，而谈话的持久性源于信息性的问题。相比于仪式化的问题，信息性的问题涉及更加具体的信息，是关于他人的经历、信念和感受等重要事实的问题。仪式化的问题（比如"你好吗"）也许只能收获一句简单的回答（比如"我很好，你呢"），而信息性的问题（比如"和孩子一起工作是什么感觉"）能促进更亲密的联系。

当你向对方提出一个信息性的问题时，你可能发现他的回答往往比你问的要多一点。这多出来的信息则是自由信息。如果你在公共汽车上向坐在你旁边的女士询问她是否住在城里，而她回答"是的"，那么你得不到任何自由信息。不过，在大多数的情况下，她会给你一个更具体的回答，比如"我刚搬到双峰镇，因为我真的喜欢这里的风景"。这样一来，你就得到了两条自由信息：①她刚来双峰镇；②她喜欢双峰镇的景致。通过一系列的提问，你可能获悉一些类似的自由信息，比如她的婚姻状况、孩子数量、艺术品位、假期往事等。

信息性的问题有助于你开始勾勒对方的形象。令人兴奋的谈话秘诀是追随你的好奇心，问你真正想要对方回答的问题。你也许想知道那位女士是如何在狂风肆虐的双峰镇生存下来的。去问吧！你可能想了解她付了多少房租，也许还想问问她是不是一个人住。谈话的基本规则是探听。人们喜欢谈论自己喜欢的话题。他们会因你的关注而高兴。每个问题都能加深你们对彼此的了解，增进你们的关系让你们感到兴奋和愉悦。

在现代社会中，一些社会规则要求我们"关注自身，别管闲事"。你可以通过积极倾听和自我表露的技巧来绕过这些社会规则，自然地提出那些你真正想问的问题。

积极倾听

优秀的谈话者要能够倾听对方说话，而且让对方感到他真的在倾听。要想成为积极的倾听者，你得用自己的话来回应别人。你这样做有三个原因：①确保你准确理解了对方说的话；②向说话者保证你在倾听他说话；③促使说话者更多地进行自我表露。

当一位女士详细地向你述说她的某次艰难的登山之旅时，你可以通过在声音中加入一点点惊讶的感觉来表示你在积极倾听她说话："你竟然睡过只用两颗岩钉固定的吊床！"她可能会说："不，为了安全起见，我们用了三颗岩钉来固定吊床。"然后，在你的惊叹声中，她可能会继续描述"睡在一块尼龙布上面，使自己不至于从 2 000 英尺[①]高的地方掉下去"是一种怎样的感觉。

很明显，倾听不仅仅是闭上你的嘴，还得仔细听别人说，记住他们说的话，然后再给予反馈。做不到积极倾听是导致沟通无法顺利进行的常见原因。有的人无法做到积极倾听，是因为他们将精力集中在如何应对尴尬局面上，有的人则忙着准备等到自己说话时该说些什么，有的人

[①] 1 英尺 = 0.304 8 米。

则忙于给对方提建议或者忙于争论。如果你无法积极倾听别人说话，就不能给予别人关注和尊重，也无法从别人那里得到关注和尊重。人们会对你感到厌烦，然后溜走。要详细了解倾听障碍以及如何克服它们的内容，请阅读本书第 1 章。

自我表露

表露使亲密成为可能。试图在不表露自己的情况下与对方产生亲密感，就好比试图用牙签打本垒打一样。

如果你很难谈论自己，试试这个练习：回想那些在你生命中帮助你成长的重要事件，重点关注如下能让别人更好地理解你的信息，写下 4～5 页长的自我描述。

- 童年时期的重要事件或者改变人生轨迹的事件。
- 你的学校。
- 你最喜欢的老师。
- 你感兴趣的几个工作。
- 你喜欢的人和你在乎的人。
- 你最大的损失。
- 你最美好的时光。
- 你目前最大的成就。
- 你的爱好。
- 你最愉快的一次假期。
- 发生在你身上的最有趣的事情。

在自我描述的过程中，你可以写下任何你认为重要的或合适的内容。无论是在哪个社交场合，当你不知道如何进行自我表露时，你都可以读一遍这份自我描述。它会为你的谈话提供丰富的信息。

自我表露并不意味着你必须揭示内心深处的需求和秘密。自我表露有三个层次。

第一层的自我表露在于表露纯粹的信息，例如描述你的工作、上一次假期、某次有趣的经历。当你还没有准备好向别人表达你的感受时，你将持续几分钟进行第一层的自我表露。

接下来，为了加深接触，你可以进行第二层的自我表露。这一层的自我表露有助于增加双方的亲密感，包括表露你对过去或未来的想法、感受、需求。第二层的自我表露涉及如下几个典型内容。

- 一种你一贯坚持的主张。
- 一件你做过的蠢事。
- 一个发生在你童年时期的情感事件。
- 一种你曾经有过的对未来的恐惧或担忧。
- 你对未来的一些希望。
- 你的喜好。
- 你曾遭遇的人际关系问题。

你表露的每件事情都会加深你与对方的关系。对方因为能进入你的世界而感到欢喜，你们俩都享受着这种深入接触而带来的兴奋感。当你谈论你的希望、恐惧、偏好时，你就在对他人产生影响，你就成了一个独特的个体，而不是一个纸片人。

有些人害怕表露自己的喜好和感受，因为他们觉得，这样做可能会暴露自己和别人之间的差异，不利于增进彼此间的关系。其实恰恰相反，与别人形成反差是令人兴奋的，喜好和观点的差异可以使人际关系变得颇有活力。尽管在与对方的沟通中压抑你的感受可能会使你少一些焦虑，但最终这会阻碍你和对方的关系的发展。

许多交谈从未跨越第二层的自我表露阶段，你和对方局限于谈论过去的事和对未来的设想。要想和别人建立更深层次的关系，你得进行第三层的自我表露，表达出你当前对谈话对象有什么感觉。这意味着你要做以下事情。

- 说一说是对方的哪一点吸引了你。
- 说一说在那一刻对方的行为是怎样影响你的。
- 谈一谈你不喜欢对方的某些事情以及疑虑。
- 说一说你希望从这次交谈中收获些什么。
- 讲一讲你对对方的回应有什么感受。

第三层的自我表露能够使你与对方产生深层次的亲密感，其关键是说出你现在的感受。这是有风险的，你可能也会有点焦虑。然而，你同时也会感到兴奋。随着你冒着这种风险说出自己当下的感受，尤其是表露你的负面感受，你便与对方建立了牢固的联系。就像士兵们在战斗中能感受到一种特殊的亲密感那样，甘冒风险去分享秘密的人们可以很快变得亲密无间。

通过练习倾听和表达负面的感受和意见，你可提高第三层的自我表露技能，增进你与别人之间的亲密感。你可以找一位比较亲近的朋友，告诉对方："我想让你谈谈我有哪些缺点。我不会为自己辩护，而我也想在最后和你分享我的感受。"你可以向这位朋友解释，你在努力练习倾听和表达一些负面的感受。

富有成效的交谈

交谈是一门将提问、积极倾听和自我表露结合在一起的艺术。善用交谈的艺术能让别人乐于和你交谈。请记住，交谈的基本规则是探听。你的试探性的问题必须与自我表露相协调，这样人们才会觉得他们获得了公平的对待，在你了解他们的同时，他们也在了解你。你可以这样向对方提问："我很难对女儿说'不'。你是怎样在孩子面前保持良好戒律的？""我一直想去滑雪。你常去斯阔谷（冬季运动场所）吗？"

为避免惹人讨厌，你可以将信息性的问题与积极倾听结合起来："所以，当你最终为自己说话时，你的一系列人际关系似乎都走到了尽头。你是不是倾向于等到你再也无法忍受时才去维护你的权利呢？""你17岁时就一个人去欧洲旅行了5个月。这真是令人难以置信！是你父亲的突然逝世才促使你中止旅行回家的吗？"

探听是有趣的，它能满足你的好奇心，也能使你获得更多的信息，以便对话继续下去。当你不再有足够的好奇心去探听时，你应该设法优雅地结束交谈。

你会从以下对话中看到，如果对话双方都充分利用提问、积极倾听和自我表露的交谈艺术，其交谈会朝着怎样的方向进行下去。

沃伦：我觉得西姆斯教授很喜欢你对民粹主义的精彩分析。（打破僵局的话）

贝丝：谢谢。你是沃伦吗？（仪式化的问题）

沃伦：是的。你总能分辨出西姆斯教授什么时候喜欢什么东西。他非常兴奋，并开始擦拭他的眼镜。你喜欢这次的研讨会吗？（仪式化的问题）

贝丝：不太喜欢。事实上，这学期没有一节课是我真正喜欢的。我有点沮丧。你是不是担心找不到西姆斯教授想要的第一手资料、旧报纸等？（自我表露/信息性的问题）

沃伦：不，网上应该都有这些资料。坦白地说，我有时只会把这些资料拼凑起来，不会系统地思考。（自我表露）

贝丝：（笑）今年圣诞节你回家吗？（信息性的问题）

沃伦：我打算留在这里。去年我的继母喝醉了酒，受伤了，我过了

一段可怕的生活。她比我父亲年轻得多，永不知足，满腹牢骚。我还是离她远一点好。（自我表露）

贝丝：你是说，你觉得家里没有家的感觉，家人之间总是争吵？（积极倾听）

沃伦：是的。我估计我的父亲和继母快离婚了。你家的圣诞节过得更好吧？（自我表露/信息性的问题）

贝丝：我们不在家里过节，都去山上越野滑雪。每年我们都租一间小屋来度假。我有三个姐妹。我们一家人非常亲密。（自我表露）

沃伦：要是我也有你这样的家庭，我愿意付出许多努力。每到圣诞节我都会这样想。有时我想知道我自己将来能否拥有体面的婚姻。婚姻很可怕。我想，即使我现在找到了一个很棒的对象，5年后也可能是场噩梦，就像我的父母一样。（自我表露）

贝丝：人们无法对婚姻做出承诺，因为害怕婚姻变成可怕的陷阱。我担心时间会不可思议地改变人们。我的妹妹以前很爱某个男人，现在她对他恨之入骨。我担心自己的感情会突然改变，就像我担心别人那样。（积极倾听/自我表露）

沃伦：对，你担心会有什么东西打破魔咒，因此突然间你们就不再相爱了。（积极倾听）

贝丝：就是这样。顺便问一句，你是怎么请求西姆斯允许你写一篇关于达希尔·哈米特（Dashiell Hammett）的文章的？现在，有一件事做起来会很有趣。（自我表露/信息性的问题）

沃伦：我喜欢硬汉派侦探小说，有抽雪茄的警察和斯派德那样的硬汉侦探。我对这类人物设定很着迷。我甚至专门去过旧金山的某个地方，据说那里是电影《马耳他之鹰》（The Maltese Falcon）中侦探阿切尔被杀的地方。你也喜欢哈米特吗？（自我表露/信息性的问题）

贝丝：相比于哈米特，我更喜欢雷蒙德·钱德勒（Raymond Chandler.）。

我仔细研读了钱德勒写的每本书。事实上，我曾模仿他的风格写过一些短篇小说。（自我表露）

沃伦：你写的？你是怎么挤出时间的啊？（信息性的问题）

贝丝：嗯，我不是在写作就是在学习，没有时间做别的事情。

沃伦：我希望你不要为我接下来要说的话感到不适。我一直认为你有点孤僻，只专注于书本，对和人们交往不感兴趣。我有点被你吸引，总想和你说话，而你看起来很……矜持。（自我表露）

贝丝：我觉得你的这种感觉在某种程度上是对的。不过，现在我很享受我们之间的谈话。唯一的问题是我上课迟到了五分钟。

沃伦：我怀着忐忑的心情想邀请你今晚同我一起看电影。《瘦子》（*The Thin Man*）正在上映。（自我表露）

对沃伦来说幸运的是，贝丝放下了对哈米特的偏见，陪他去看了《瘦子》这部电影。他们最初的谈话很容易从一个观点跳到另一个观点。交谈一开始就出现了打破僵局的话和仪式化的问题。信息性的问题是保持联系的润滑剂，而积极倾听和自我表露加深了这种联系。两个人都不害怕突然改变话题，表露自己的其他兴趣。贝丝在几分钟内就对沃伦有了许多了解。贝丝让沃伦觉得，她正在倾听他说的话，贝丝会用自己的话回应沃伦。贝丝向沃伦提供了有关自己的信息，她在自我表露的同时向沃伦提出问题。沃伦允许贝丝了解他糟糕的家庭关系。他表露了自己的一些恐惧，甚至还承认之前对她有所保留。每一次表露都增进了两人之间的关系，使得贝丝更有可能愿意与沃伦约会（一同看电影）。

CHAPTER 14
第 14 章

数字化沟通

许多信息都是通过电子邮件、短信、语音信箱、社交媒体等数字化渠道传递的。每种渠道都有各自的优缺点。对于每种渠道,高效的沟通者知道如何最大限度地扬长避短。在本章中,你将学习如何为信息选择最合适的数字化渠道,以及如何使数字化沟通高效、清晰、直接和恰当。

电子邮件

电子邮件已将每一位电脑或智能手机的使用者都变成潜在的埃莉诺·罗斯福(Eleanor Roosevelt)、欧内斯特·海明威(Ernest Hemingway)、亚伯拉罕·林肯(Abraham Lincoln)。这些著名的书信写作者都没能享受到现代电子邮件的强大力量和极大便利。然而,大多数时候,我们写的电子邮件会使别人感到困惑。我们可能常使用电子邮件与别人对抗或想方设法控制别人,却很少用它来激励和影响别人。

优点与缺点

电子邮件有许多优点,这使之取代了几乎所有的实体邮件。它的传输速度极快,在网络条件允许的情况下,你几乎可以立马给别人发邮件。与此同时,它还保存了一份书面记录,内容包括邮件的内容、发送日期、发件人、收件人以及其他抄送者。你可以只给一个亲密的人发邮件,也可以同时向全世界成千上万的收件人发邮件。你发送的信息可以包括文字、彩色图片和以链接或附件为形式的各种附加材料。使用线程化软件,你还可以组织和追踪多个参与方之间的一系列复杂通信。值得一提的是,上述操作都很便宜。

不过,电子邮件确实有一些缺点。也许最严重的是,人们太熟悉电子邮件,以至于误以为,通过电子邮件来沟通,就等同于面对面沟通。然而,事实并非如此。在电子邮件中,你看不到对方的肢体语言,听不到对方的语调,而这些非言语信息在面对面沟通中占到很大的比例。由于这一局限,电子邮件的沟通效果和影响只有面对面沟通的7%(Mehrabian,1980)。

此外,电子邮件有时太快、太简单了,其中的错别字比比皆是,尽管有些错误无伤大雅,但有些错误可能是悲剧性的。你很容易就发出一封愤怒的、不准确的、不完整的电子邮件,等到以后,你会为自己发出的邮件而后悔。例如,卡洛琳与她的姐姐和闺蜜总是用电子邮件进行沟通。在卡洛琳即将结婚时,她围绕"该让谁做伴娘,穿些什么礼服,婚礼的后勤该怎么做"等问题收发了很多电子邮件。卡洛琳的姐姐和闺蜜说了一些讥讽别人的话——她胖乎乎的表妹珍妮穿着伴娘服该有多么难看。一天深夜,卡洛琳喝了几杯酒之后,把这些讥讽的话误发给了表妹珍妮。卡洛琳刚一点击"发送键",就意识到大事不好,这条信息的下面还放着她们的往来邮件，其中有对珍妮的尖刻评价。珍妮大为不快，最后不但没有参加卡洛琳的婚礼，还长达两年没和卡洛琳说话。

如何高效使用电子邮件

下次你处理电子邮件时，可以放慢些速度，试着采用如下方法来促成高效的沟通。

校对。键盘按键之间拥挤的距离、我们不灵活的手指、打字时出现的各种分心事物，还有那些古怪的自动纠错功能，造成了大量的打字错误。在点击"发送键"之前，你一定要检查邮件的拼写是否准确、内容是否有误、语气是否恰当、表述是否完整。每一次这样的检查，你几乎都会想修改或添加些东西。尽管校对会使你慢一点，但你将从中获益。

最大限度突出标题。标题是电子邮件中最重要的部分。它是收件人在看到发件人姓名之后第一眼看到的东西。它能帮助别人初步了解你的信息，激励别人打开你的邮件。别人参考它来对你的邮件进行分类标记，以便日后查找。电子邮件的标题应该清晰而简短地概括邮件内容，包括行动的日期、时间和内容等关键细节。例如，"明天下午 3 点公证处下班前把驾照带来"的标题就比"明天见"更好。

采用适当的风格。你的电子邮件是正式的还是非正式的？你是在向权威人士寻求帮助，还是在安抚下属？你是耐心回答了你姐姐没完没了的问题，还是问了一个你自己急求答案的紧急问题？意识到这些，有助于你在书写电子邮件时采用恰当的风格和语言，并且最终获得你想要的结果。不要使用太多的俚语或者太过僵硬的表述，也不要过度赞美或过度批评。

冷静下来。你可能在生气或激动的时候写电子邮件，请不要在情绪激动的时候马上发送。你可以先去喝杯茶，遛遛狗，冷静下来之后再发送电子邮件。记住，电子邮件一经发出，将永远留存于网络空间。

简洁。请快速切入正题，不要闲聊。

友好。在面对面的谈话中，要尊重和照顾别人的感受。事实上，在写电子邮件时，你应当比见面聊天更谨慎，因为你无法立即看到收件人的反应并据此调整你的语气。

富有同理心。请试着预测你在电子邮件中说的话会如何影响收件人。根据收件人最可能接受的方式来选择措辞和语调。换句话讲，设身处地为别人着想。

明确。复杂的或微妙的电子邮件经常被人们错误解读，导致伤害感情。如果收件人没有理解或者错误地理解了你的电子邮件，你就需要直接和对方面对面交谈。

表达你的感受。在适当的时候，在邮件内容中表达你对对方或者这种情境的感受。如果这是你的一贯风格，而且没什么不当之处，那就运用表情符号、键盘符号等数字化的方式传递情绪。

谨慎。当你独自使用电脑时，你以为电子邮件是一种非常私密的交流方式。事实上，电子邮件可以被转发到任何地方，甚至遭到恶意攻击。因此你要假定自己的电子邮件至少有可能被公开，不在邮件中泄露你所有的秘密，也不使用你不会在公共场合使用的语言。

倾听。在电子邮件的世界里，好的回应者就等于好的"倾听者"。请经常检查你的电子邮件，及时回复邮件。

尽可能不用附件。收件人在收到邮件时，可能没有足够的流量下载附件，没有当前可打开附件的软件，没有经验来处理各种格式的附件。只要有可能，请将原本附件的内容粘贴到电子邮件的正文中，这样邮件就会自动显示你的信息内容，收件人也就不必费力下载和打开附件了。

尊重隐私。当你同时向很多人发送电子邮件时，不要认为那一组收件人中的每个人都希望其他人知道他们的邮箱地址。此时你可以选择"密件抄送"，从而不会侵犯到任何人的隐私。只有在你知道他们已经知悉彼此的邮箱地址并且乐于一同联系时，才可以同时抄送给每个人。

短 信

在 21 世纪初，短信成为手机用户交换信息的一种流行方式。刚开始时，你只能用手机直接发短信给别人，发展到现在，你可以用许多不同的软件发送图片和链接，而且一次发给多个人。短信的流行催生了一些网站，其中最著名的是（Twitter）。在商业上，短信也被用于提醒、通知和促销。

优点与缺点

短信是一种方便快捷、价格低廉的沟通方式。人们可以向那些正在忙碌或者无法接电话的人们发送简短的信息。它是一种非正式的媒介，我们已经开始接受它的简洁、缩写、俚语、表情符号以及随意的语气等。在没有人为删除的情况下，短信的内容会一直存在。短信在世界各地都很流行，在许多国家，短信已被用来作为应急服务系统的一部分，在社会动荡时期成为一种强有力的工具。

短信能够极其有效地将一小群亲密无间的人联系在一起。大多数人有超过一半的短信是发给 3～5 个亲朋好友的。发短信可以使你和亲朋好友保持联系，向他们发送你的午餐照片，和所爱之人在一天中的零碎的时间里进行对话，这些即时交谈可以帮你打发原本无聊的碎片时间。

另外，发短信可能浪费大量时间。有时候，使用短信进行沟通的时间可能比打电话沟通的时间要长。有些人认为，短信正在破坏学生撰写标准英语作文的能力。在一些学校，针对同学的霸凌短信已成为一个问题。有的人把语言的全球化归咎于短信，例如 lol（laughing out loud，意为"大声笑出来"）、brb（be right back，意为"很快回来"）和 gr8（great，意为"很棒"）等英语中的缩略词，在 11 种不同的语言中都变得很常见了。尽管我们都知道走路或开车时发短信的危险，但很多人还是这样做。

如何高效使用短信

在发送短信之前，考虑一下你是否遵循了以下准则。

明确。不要使用太多的简写词和首字母缩写词，特别是当你发给一个可能不理解这些词的人时。

在发送之前校正。请确保短信文本没有出现拼写错误或者被手机的自动更正功能篡改。若是检查了短信确实包含所有相关的信息，你就可以省下再发三条短信的麻烦。

考虑打电话。在你与对方来回发了两三条短信之后，打个电话或者实时聊天可能更有助于推进沟通。

考虑对方的感受。尽管人们希望短信简明扼要，但如果过于唐突地发短信，就可能冒犯他人或伤害感情。请多花几秒钟考虑一下对方的感受。

表达自己的感受。和电子邮件一样，短信也缺少所有的肢体语言和语音语调，而这些是我们解读沟通中的情绪内容的重要渠道。你可以添加一些包含感受的词汇或者使用表情符号来增加短信内容的情绪色彩。

限于非正式对话。短信只用于交流非正式的、不太沉重的话题。用短信来传达严肃的信息是不合适的，比如分手、拒绝求职者或宣布怀孕。

不用全部大写。这相当于粗鲁地大喊大叫。

语音信箱

语音信箱比很多电子媒介存在的时间要长，而我们仍然没有熟练掌握它。有多少次，你连续收到两条语音留言，而对方两次都在录音设备的时间限制内说些别的东西，却忘记告诉你关键的信息？相信这样的情况并不少见。

优点与缺点

当电话接听者不在现场，导致电话无人接听时，语音信箱是一种留下简短信息的便捷媒介。它或多或少地为信息创造了永久的记录，你的一些情绪会在语音留言中传递出来，因为接收者可以听出你的语气，从中判断你的情绪。

不过，有的人讨厌"和机器说话"。当他们知道自己的声音会被录音，知道自己说话的时间有限时，有可能愣在那里，即使开口留言了，也会感到紧张和匆忙，忘记讲重点。

如何高效使用语音信箱

在拨打对方电话时，请做好对方不在而转为机器接听的准备，并遵循以下简单的准则。

假装你真的在和那个人说话。不要想着你说的话正在被一台机器录音，而是想象有一个活生生的人在电话的另一头听你说话。你会表达出自己个性和感受，你表达的信息也会更加口语化。

何人，何事，何地，何时。你在发送语音邮件之前，先在脑海中反复思考一下重要的信息，以便理清你要联系的人、最想说的内容、约会的时间和地点等。

留下姓名、留言时间和电话号码等信息。即使语音留言的对象熟悉你的声音和电话号码，你也要向对方表明你的身份，告知对方你的留言时间和电话号码。

等待最后的提示音。你打电话过去的那个人可能就在电话机旁边，但无暇接听，或者听到电话铃响后从院子里疯狂冲进屋里，在你挂断电话之前试图接电话。即使你的留言信息很短，也要等到最后的提示音响起再挂断电话，说不定能及时收到对方的回电。

社交媒体

2004 年，在哈佛大学校园，大二学生马克·扎克伯格（Mark Zuckerberg）推出了 Facebook 的早期版本，这是一个使用者众多的社交网站。2005 年，视频网站 YouTube 问世，它为人们在网上制作和分享短视频剪辑提供了一种创新的方式。在接下来的 10 年里，社交媒体网站出现了爆炸式增长，Pinterest、Instagram、Twitter、Tumblr、Google+、LinkedIn 等用于照片分享、博客推送、职业社交的网站应运而生。2015 年，美国估计有 84% 的青少年拥有 Facebook 账户。今天，随着一些新网站陆续上线，老网站在不断变化和整合，社交媒体的增长仍在继续。

优点与缺点

单是 Facebook 在全球就拥有近 20 亿用户，社交媒体的流行是不可否认的。它已成为人与人联系的重要工具，是你和家人、朋友以及各种在线社群保持联系的方式。企业、非营利性组织等也广泛使用社交媒体来推销商品、筹集资金和传播信息。

不过，社交媒体也有缺点。一些研究已将青少年抑郁与大量使用 Facebook 和其他社交媒体联系起来（Selfhout et al., 2009）。许多年轻人是网络暴力（霸凌、骚扰、恶意挑衅）的受害者。一个常见的问题是社交媒体可能会消耗使用者大量的时间。试图获得更多人的"点赞"和积极回应，可能使人上瘾。你也许很容易每天花数小时在 Facebook 上和家人、朋友等保持联系，并且寻求关注和认可。

此外，在社交媒体上透露个人信息可能会导致过度暴露自己。你本想对权威人士、老板或陌生人保密的信息容易通过社交媒体泄露给对方。例如，杰拉德的租房申请遭到一位潜在房东的拒绝。这位潜在房东在多年前成功申请成为杰拉德的 Facebook 好友。杰拉德怀疑这位潜在房东在

Facebook 上查看了他的信息，正是因为潜在房东发现两人观念不同才拒绝了他的租房申请。

如何高效使用社交媒体

这里有一些方法可以调整你对社交媒体的使用情况，使你最大限度地利用这种沟通工具，避开陷阱。以下行动原则主要针对 Facebook，也适用于其他社交媒体。

不要将你并不真正了解的人加为好友。 世界上任何人都可以在谷歌网站上搜索你的名字，并向你发送好友请求。不要在你的朋友圈子里去争夺"拥有最多 Facebook 好友"的称号。就像杰拉德和那位潜在房东一样，原本你和对方是陌生人，尽管你们可能有共同的朋友，但这并不能保证这个陌生人会成为你的好朋友。

注意哪些是公开的信息，哪些是私密的信息。 除非你特别屏蔽了一些人，否则人们都可以访问你的 Facebook 页面，看到你公开发布的内容。无论你什么时候在 Facebook 上发布什么信息，都要考虑"它是公开的信息，还是仅对已确认好友开放的私密的信息"，并确保为该帖子选择了合适的可见范围。

将好友和粉丝分组。 如果你在社交媒体上非常活跃，就需要考虑将人们分成直系亲属、亲密朋友、普通朋友、熟人、业务联系人等群组。你可以使用 Facebook 上的默认分类，也可以自己设置。在此你需要清楚如何进行恰当的自我表露（参见第 2 章）。

管理访问权限。 你可以随时禁止别人关注你的公众账号。同样地，你也可以删除好友或者阻止一些人再次访问你的个人信息。你还可以根据具体情况对特定的人隐藏一些帖子。你可以对所有人隐藏你的好友名单，只允许你自己看到，也可以对你的部分或所有朋友隐藏关系状态的变更情况。

看看你自己的个人资料。 通过使用"查看为"功能，你可以通过好友和粉丝的视角查看自己的个人资料。这是检查你向谁展示了这些信息以及它是如何进行展示的好方法。

编辑以前的帖子或评论。如果你的 Facebook 上有一些过时的内容，你现在发现它有些不合时宜了，你可以随时删除或重新编辑它。

视频聊天

可视电话的概念几乎和电视本身一样古老。直到 20 世纪 90 年代，点对点视频聊天才变得实用、经济和广泛。如今的视频聊天应用软件包括 Skype、FaceTime 等，它们能够帮助你实现视听一体的沟通。此外，各种各样的设备可以让你轻松地录制视频，把视频上传到网站，以便全世界都可以看到和听到你的信息。

优点与缺点

视频聊天的一大优点是它能够传递 93% 的信息，而这些信息是光靠文字无法传达的（Mehrabian，2007）。通过视频聊天，你和对方可以听到彼此的语调，看到彼此的面部表情和其他肢体语言，这些都是人类用来放大和阐明意思的线索。

视频聊天的缺陷在于有时候会遇到技术上的困难，阻碍了交流。人们忙于应付摄像头的角度，忙于和别人保持数字化的联系，以至于忽略了面对面交流的重要性。例如，当沙琳用 Skype 软件与她的母亲通话时，常常感到沮丧，因为她的母亲花了太多时间在感叹视频体验上，或者走到摄像头以外的范围去，而沙琳有时候因为说话太大声，导致她传送到母亲那边的声音失真。

如何高效进行视频聊天

准备。要考虑视频聊天的时间，对方是否在睡觉、洗澡，或者是否在不同的时区。你要提前测试设备，确保自己知道如何操作硬件和软件。请提前安排一个不被打扰的时间，关掉闹钟以及任何可能产生不必要背景噪声的东西。确保你的穿着打扮得体。如果你想给别人看什么东西，就先把它放到你的身边。

知道你的目的。很多视频聊天都是非正式的，是一个看着爱人的脸并进行言语沟通的方式。然而，如果你的视频聊天有一个商业目的或者重要的个人目的，那么请先确定视频沟通的议程，知道"你为什么要运用视频聊天，想说些什么"。你可以事先把重要的信息或想法记下来，弄清楚你究竟想让对方做些什么，或者准确地知晓自己要表达什么样的想法、感受、需求。

布置好场景。请布置好你身后的背景，避免在杂乱昏暗的环境中进行视频聊天。请清除让你分心的东西和可能使你尴尬的私人物品，调整好自己的位置，不要离镜头太近或太远，确保视频的亮度适中、画面清晰。

动作自然，注意力集中。你可以自然地运用肢体语言和面部表情，就好像在房间里和别人聊天时那样，充分感受视频交流的好处。请时刻注意对方，好比你真的和对方在同一个房间交谈。你不仅是在看别人的视频，还是在现场直播。

倾听。视频聊天是一种实时的、持续的互动，你需要练习良好的倾听技能。要再次强调的是：集中注意力听对方说话，承认对方说的内容，必要时再复述一遍。

跟进。如果你和对方在视频聊天时已经形成了重要的观点，或者达成了一致的意见，那么你们最好以短信或电子邮件的形式跟进交流，这样就有了能够记录对话内容的书面记录。

本章的上述原则将帮助你选择最合适的数字化媒介来传递你的信息，并且使你在数字化沟通中表现得更加高效、清晰、直接、恰当。

PART 5
第五部分

家庭沟通技能

夫妻沟通技能

　　成功的婚姻不是偶然的,是靠夫妻双方共同培养出来的。牢固的婚姻基于夫妻双方都关注这段关系的发展方向,并根据保持健康关系的需求来调整彼此的沟通模式。一段感情就像任何一种有生命的东西:如果它得不到足够滋养,就会死亡;如果你给予它成长所需要的一切,它就会茁壮成长。

　　怎样才能建立良好的婚姻关系?研究人员约翰·戈特曼(John Gottman)和他的团队研究了数千对夫妻,发现夫妻之间使用积极互动和消极互动的比例通常保持在 5:1。这意味着进行 5 次积极互动,比如身体接触、微笑、自发的亲吻、互相赞美等,才能抵消 1 次消极互动带来的影响(Gottman & Levenson, 1992)。戈特曼等人发现:一方面,婚姻关系健康的夫妻往往以积极的方式解释中性事件,他称之为"正面情绪覆盖";另一方面,婚姻关系处于危险中的夫妻更加倾向于将中性事件解释为负面事件,因为他们是"负面情绪覆盖"的受害者(Gottman, 1999)。

建立一段健康、牢固、持久的婚姻关系的最好方法是真正喜欢和尊重对方，在大多数时候表现得积极和体贴，并且有意培养良好的夫妻沟通技巧。

这一章将向你传授"辨别和改变可能影响你和伴侣关系的消极沟通模式"的技能，同时为一些常见的不健康沟通方式提供有效的替代方法。

图　式

图式是你根据别人的行为给他贴上的标签。一旦你形成了关于某个人的图式，你就可以用寥寥数语来描述他是一个什么样的人。图式建立在你的所有体验和与他人的互动的基础之上，它能帮助大脑将你的体验分类。你的大脑有一种做出快速判断的倾向，虽然在某些情况下这是有帮助的，但在亲密关系中，这或许是个问题。负面的图式（比如你认为你的伴侣懒惰、固执、自私或者对你漠不关心）不利于亲密关系的持续发展。

图式包括给一个人的性格贴上标签（比如认为对方疯狂、无聊、虚荣或自私），并且在亲密关系中假设他人有特殊的动机或意图（比如假设你的伴侣试图让你嫉妒或者只在乎性）。图式还包括你对你的伴侣对你的看法和感受的假设，比如"她认为我无能"或"他认为我愚笨"。负面图式会因为你认为该图式是正确的而得到强化。

例如，苏姗娜很喜欢独处，不想参加派对。苏姗娜的丈夫马龙的性格则比较外向，他有时会对苏姗娜的内向性格感到沮丧。他对她形成了一些负面图式，认为她"冷漠""孤僻"。苏姗娜不理解为什么马龙难以给她独处的时间，也对他形成了一些负面图式，认为他"自私""不成熟"。他喜欢参加喧闹的派对，并且经常试图把她也拉进去，而她宁愿在家里看书。

马龙选择性地忘记了"苏姗娜曾和他一起参加派对甚至玩得很开心"的时候,而苏姗娜同样没有想起"马龙有一次为她在家里举办了生日烛光晚餐,给了她一个惊喜,还有几次马克原本想出去,但最后还是陪她在家看了电影"。他们对彼此形成的负面图式往往是争吵的源头,尤其是在周末,两人不同的个性风格很容易产生冲突。

辨别负面图式

辨别负面图式的第一步是用日志把内心的想法记录下来。请在仅仅两周的时间里记录下你和你的伴侣的每次互动,你会发现,你经常对伴侣做出的假设和结论,通常离谱到你甚至都不知道你在做什么。

这样的日志应当包括"情境""想法""结果"这三列内容。在"情境"这一列,请写下你与伴侣发生过的任何冲突,尤其要写下你在什么情况下对伴侣产生了强烈的负面情绪,即使你们最终没有公开地争吵或打斗。在"想法"这一列,请写下你当时对自己或伴侣的想法,或者你当时是怎样解读伴侣的行为的。你是不是痛苦地对自己说:"在这段感情中,我的感受不重要!""她太自私了!""他又这样!他只关心和朋友们出去玩。"你也许对你的伴侣对你的感觉做了一些假设,比如"她显然认为我很笨""我在他面前已经没有吸引力了"。在"结果"这一列,请写下你的想法或假设导致的结果,比如你或你的伴侣的反应。马里把他和蒂娜的互动记录为如下日志。

情　况	想　法	结　果
今天是周六,我想做点不同的事,但蒂娜不想做我建议的任何事情	她从来不想做任何有趣的事;她是个墨守成规的人,从来不想冒任何风险	我冷酷地把早餐丢掉了,我对她的评论没有给出回应
蒂娜打算来我家吃晚餐;她5点打电话来,说她正准备离开家,直到7点她才到我家	她总是迟到,没有一次早到;在她说好的时间上再往后推2个小时,才是她到达的时间	我虽然很沮丧,但在吃饭时尽量装出一副愉快的样子;之后我飞快地吻了她一下;当她开始把我拉近时,我挣脱了,说我累了,只想睡觉

(续)

情　况	想　法	结　果
蒂娜指责了我的父亲，并假装自己在开玩笑	我真想揍她；她竟敢评判我的家人；她通过取笑我来寻找更好的自我感觉	我对她厉声呵斥，也讽刺了她自己那些疯狂的家人；她很受伤，而且十分生气

受图式驱动的反应

马里继续记录这本日志，他逐渐意识到，蒂娜的行为表明蒂娜不是十分重视他。马里倾向于觉得蒂娜在评判他，甚至将蒂娜迟到或者周六不想出去之类的事情，也理解为蒂娜在评判他。马里假设蒂娜对他不感兴趣，不值得为他付出太多努力。马里还发现，自己倾向于疏远蒂娜，并且会因为她违背自己的想法而惩罚她。即使马里试图忘记他和蒂娜之间的某件事，他也很难做到。马里经常表现得很消极，假装一切都很好，然后刻意疏远蒂娜，说自己"太累了"，不能和蒂娜在一起，而实际上他是在生蒂娜的气。虽然蒂娜的一些行为确实有问题，但马里的反应对问题的解决并没有帮助。在通常情况下，他们最后都会变得紧张和愤怒，这致使什么事也解决不了。

你在分析自己的这种日志时，要着眼于寻找自己的反应模式以及它们是如何导致冲突的。你对伴侣的行为有哪些核心的假设？当这些图式正在发挥作用时，你会是什么反应？你的反应会怎样强化伴侣的行为？在冲突中，你的图式是促进还是阻碍了你与伴侣的亲密关系？请列出你从日志中注意到的五种核心的图式。你可以用一个词或一两句话来描述它们。马里是这样写的：

1. "蒂娜不负责任。"
2. "蒂娜觉得我很无聊。"
3. "蒂娜既无趣又无聊。"

4. "蒂娜根本不在乎我。"
5. "蒂娜很自私。"

图式的代价

当你对伴侣形成的图式印证了他的行为时,你会有什么反应?你会说些什么?你会有怎样的感觉?每当蒂娜没有按照马里希望的方式回应时,他就会感觉蒂娜冷落了他。于是,马里变得冷漠,疏远蒂娜,或者对蒂娜发脾气。马里的反应拉大了两人之间的距离,实际上在那个时候,他真正想要的是更加亲近蒂娜和更被蒂娜接纳。

试想,如果你不通过图式的棱镜来解读伴侣的行为,那么你会怎样应对冲突呢?如果马龙并没有因为苏姗娜经常不想和他一起参加派对而形成对苏姗娜不友好的图式,那么当苏姗娜拒绝他的派对邀请时,他可能不会生气,两个人也不会经常吵架。同样地,如果苏姗娜并没有对马龙怀有负面图式,不会因马龙太爱参加派对而觉得他不成熟,那么她会更开放地提出两人可能都会喜欢的其他休闲方式。

请列出当你的图式被伴侣触发时你通常的五种反应,以及这些反应对你们关系的影响。下面是马龙在日志中写下的内容。

反 应	影 响
我对苏姗娜很生气,说了些讽刺她的话,比如"哦,我猜你又想坐在家里看书了。"	她生气了;她进了房间;她离开了家;她把我关在门外
我准备走的时候,会大声唱歌或吹口哨,我知道这会惹恼她;我们至少需要一天的时间来消气	我离开家的时候,我们气得连"再见"都不说一声

假设你和伴侣之间发生的是中性事件,那么你会做何反应,结果会如何?以下是马龙写的日志。

反　应	影　响
如果苏姗娜说她不想出去，那么我可以吻她一下，然后说："好吧，亲爱的。虽然我很想和你在一起，但我要先出去一趟，等我回来。"	那个周末我们不会吵架，我们可以在第二天花点时间做些我们都喜欢的事情

核实你的图式

　　停止使用图式的最佳方法是客观地核实它们。你的大脑趋向于只看到"支持你的假设"的证据，而忽视或轻视相反的证据，借此你的图式得到了强化。然而，图式很少经得起仔细的核实，因为过于简单的假设无法解释人类行为的复杂性。

　　一种反驳图式的方法是，你可以寻找证据来证明你的假设并不真实有效。对于你对伴侣的每种图式，写下对方说过或做过的三件事来反驳。例如，马里认为"蒂娜不关心我"的图式，可以通过这样一件事情来反驳：有一次，马里进了医院急救室，蒂娜听到消息后，立即从一个重要工作会议的会场离开，冲进急救室，守了马里两天。

　　另一种反驳图式的方法是，你和伴侣一同核实你们的图式。这可能很可怕，但它能开启对话，消除隔阂，极大地提高你们的互动质量。请将你面对的一些核心图式形成一个列表，从中选择最不具威胁性、看起来最容易面对的一种图式。你可以编写一个脚本，以便与伴侣核实该图式的有效性。你可以这样开始写你的脚本："我一直在想，是不是……""有时候，我觉得好像……"在脚本的结尾，你可以用一种非攻击的、不指责的方式来描述图式。

　　例如，保罗有一种图式，他觉得妻子多丽丝认为他不是很聪明。她在谈话中经常纠正他，使他常常觉得她在教训他。有时候，他还听到她和亲友一起拿他开玩笑，说虽然他"看起来很好"，但她才是真正的"一家之主"。保罗的脚本是这样写的："多丽丝，我最近一直在想一件事。我有时觉得，你可能认为我不是很聪明。我听过你和你的家人开我的玩笑，说我是在'装门面'，我还注意到，我们谈话时你经常纠正我。你真的认为我不聪明吗？"

当保罗鼓起勇气去核实他的图式时，他发现多丽丝其实并不认为他很笨，而是对她自己的智商感到很焦虑，因为她在别人面前时常感到自己很迟钝和愚蠢。她矫枉过正地纠正保罗，夸大自己操持家务的能力。两人经过一番谈话后，多丽丝意识到她这样做是在伤害保罗，于是他们彼此安慰说："他们没有哪个人真的蠢。"这次对话永久地改变了他们之间的关系，而且使得他们围绕其他图式展开了几次激烈的、坦诚的交谈，最终他们恍然大悟。

夫妻系统

我们可以从夫妻系统的角度来观察和理解夫妻互动的方式。这里所谓的系统是一种夫妻不断重复的消极行为模式。尽管有时候你们发现这种行为模式（比如争吵）是破坏性的，但似乎无人能够改变这样的行为模式。

消极的夫妻系统是行为与反应的循环模式。夫妻一方对另一方做过的事情做出反应，然后另一方也会做出反应，依此类推。反应可以包括任何事情，从身体动作、口头评论到情绪爆发。到最后，夫妻争斗的起源被湮没在历史的迷雾中，而且看不到结束的迹象。

例如，希拉和奥克塔维奥的夫妻系统看起来像是这样的：过去几个月，奥克塔维奥经常在工作日加班到晚上 9 点或 10 点，并且很多个周六都上班 4～5 个小时。他担心钱的问题，想还清信用卡债务。奥克塔维奥的妻子希拉则过着朝九晚五的生活，每当下午 6 点回到家而奥克塔维奥不在时，希拉开始感到焦虑。她经常等他回家，等他一进门就告诉他，他们需要就他们之间的关系谈一谈。在家里忧心忡忡过了几个小时后，希拉似乎变得焦虑不已，并且表现得特别需要奥克塔维奥。当他回家看到希拉对自己的这种需求时，他觉得不知所措，经常直接回卧室休息，并且告诉她，自己太累了，不想谈，以后再谈吧。希拉开始整晚都想着他们之间的问题，她感到十分紧张，觉得奥克塔维奥的这种态度是不关心她的一个信号。她变得越来越激动和疯狂，一定要奥克塔维奥出来和她说话。奥克塔维奥终于出来吃东西了，他边吃边抱怨说，他在家的时候从来没有安生过，哪怕片刻的平静和安宁都难求。随着夜幕降临，他们常常时而冷嘲热讽，时而回避对方，两人都感到不愉快和身心俱疲。第二天，奥克塔维奥为了讨好希拉，会对她格外温柔，有时还会在上班前给她留一张爱意满满的纸条，或者在午餐时分给她打个电话问候。希拉经常会有意疏远奥克塔维奥，在电话里说一些单音节的词，声音悲伤而安静。奥克塔维奥有时觉得自己不得不再次温言相劝，不过最后总是能赢得她的心。然而，通常的情况是，他的注意力只会持续一两天集中在妻子身上，然后就重新放到了工作上，延续过去"熬夜工作，周末加班"的模式。几天后，希拉又开始担心这段关系，于是这个循环还在继续。

在这个系统中，你可以看到希拉和奥克塔维奥正在对彼此做出循环的行为与反应。当奥克塔维奥工作繁忙的时候，希拉感到孤独，所以她要求他们有更多的接触。他感到应付不来，责怪她试图接近他，所以他刻意逃避。这使得她感到焦虑，担心他不爱她了。奥克塔维奥长时间工作的习惯，至少在一定程度上可能是为了让自己远离这种不舒服的环境。对他们来讲，错都是对方的。奥克塔维奥心想："如果妻子能给我一点时间放松一下，我就会更喜欢和她在一起。"希拉心想："如果丈夫多花点时间和我在一起，我就不用一直逼他和我说话了。"然而在现实中，他们都陷入了一种不健康的夫妻系统，使得他们对这段关系都不满意。

三种常见的夫妻系统

尽管每段关系都是独特的,但研究人员和夫妻关系治疗师经常接触的夫妻系统有三种:追求者-疏远者、责备者-讨好者、功能过度者-功能不足者。

追求者-疏远者

希拉和奥克塔维奥之间的夫妻系统属于"追求者-疏远者"这一类型。希拉要求奥克塔维奥敞开心扉地谈论他们的关系,而奥克塔维奥则以逃避来回应希拉的要求。她追得越紧,两人之间距离就越远。他们都未能使自己的需求得到满足,而且都对彼此在系统中的角色感到不满。

责备者-讨好者

在"责备者-讨好者"这种夫妻系统中,一方扮演着责备者的角色,经常批评另一方的外表、行为、观点,或者责备后者是夫妻关系中的"问题"。另一方不惜一切代价避免冲突,同意对方的责备,努力在下次"做得更好"。由于讨好的一方承认了对方的抱怨,责备的一方则批评得更加猛烈了,而讨好的一方得到了自己想要的东西:批评暂停一会。

功能过度者-功能不足者

"功能过度者-功能不足者"的夫妻系统有多种类型。在这种系统中,一方扮演着成人或护理者的角色,另一方则扮演儿童、患者或不负责任者的角色。

这种夫妻系统有三个类型。第一类是"儿童-父母"的模式。一方扮演父母的角色,支付账单,与朋友保持联系,预约医生,购买衣服等。另一方扮演儿童的角色,大部分时间都被对方照顾着。

第二类是"酗酒者-使能者"的模式。一方酗酒,另一方要么与伴侣一同酗酒,要么照顾过度放纵的酗酒者,甚至还向朋友和家人谎报伴侣的酗酒情况，使得对方的酗酒问题持续下去。

第三类是"患者－护理者"的模式。在这种模式下，夫妻中有一方患有精神疾病或身体疾病，另一方实际上就是患者的护理者，负责照顾对方。尽管照顾伴侣本身并非不健康的行为，但长此以往，总会阻碍夫妻关系。

描绘你们的夫妻系统

你对上面的夫妻系统熟悉吗？大多数人发现，虽然他们在不同的时间扮演着不同的角色，但其中的某个角色难免会有些问题。当你有"又来了"的这种感觉时，你知道你们特殊的夫妻系统在起作用。你也许早就发现，甚至可能已经下定决心，这一次要改变你的反应。接下来，你看到你自己和伴侣又在重复原来的旧模式。这种保持系统稳定不变的现象被称为"内稳态"，它也是难以改变某个根深蒂固的系统的原因之一。

请试一试这个练习。上一次你心想"我受够了我们总是吵架的日子"是在什么时候？你可以在一张白纸上描述让你产生这种熟悉感的情境（尽可能详细地描述）。然后，你开始对这次吵架进行追根溯源，写下在争吵那一刻之前发生的事情——那时，你们刚开始变得紧张，或者刚出现冲突的苗头。接下来，你可以写下你们还没有出现冲突苗头时的情形——那时，你们彼此感觉良好，紧张情绪还没有出现。

请读一下你刚刚写下的描述，看看是否能把吵架归咎于你们中的哪个人。如果你觉得你们之间的吵架明显是由哪个人挑起的，那就继续追溯冲突源头，直到你不再把责任推给对方为止。如果你认为"吵架是从他开始的，我只是问他把擦碗布（茂德姑妈送给我们的结婚纪念日礼物）放在哪儿了，他就对我厉声呵斥，结果我们大吵了一架"，那么你再回到擦碗布的问题。你当时询问那块擦碗布的语气是怎样的？你问这个问题的时候在想什么？是不是你的负面图式当时正在起作用（比如，你心里是不是在想着："他从来不把东西放在该放的地方，什么事都得要我来做"）？那时你们之间发生了什么吗？在此之前你们之间还发生过什么事（比如吵过嘴或者感到难以交流）吗？你们是不是有一方在生气、焦虑、恼怒、疲惫、忙碌或者悲伤？这对你们的交流产生了什么影响？如果你愿意如实地审视冲突的各个方面，就会发现冲突背后往往隐藏着一个老问题。

随后，你应当能够画出一个圆，用箭头画出冲突从开始到结束的顺序和过程：最初是两人和平相处，同时萌生了冲突的种子，后来两人发生争吵，最后两人又和好如初。如下图所示，希拉和奥克塔维奥的夫妻系统就是这样被追踪观察的。

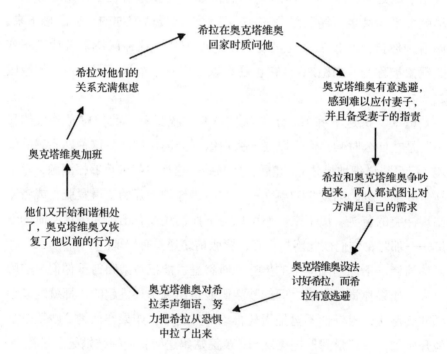

现在，你可以采用上述循环的模式，将你之前的描述重新描绘成类似的图。你的描绘内容要包含你和伴侣在每个阶段的情绪。让你的伴侣也帮着描绘你们的夫妻系统。这样做的目的是追踪观察你和伴侣之间的沟通模式：从一方对其自身行为的感受，到其伴侣的反应、感受和行为，为了沿着这个循环依此类推，要显示出冲突中的每个阶段都是对前一阶段的反应。例如，马龙这样描述他和苏姗娜之间的冲突。

马龙的行为	马龙的感受	在马龙眼中，苏姗娜的行为	在马龙心里，苏姗娜的感受
周二我收到关于朋友在周五举行派对的邮件，我转发给苏姗娜	很兴奋，朋友举办的派对历来很棒	她直接回复邮件道："我真的很期待明天待在家里，在火炉边看书。这周我压力太大了。对不起，亲爱的。"	她看上去还好
我不回应	我真傻，竟然以为她会跟我出去！她宁愿看书也不愿和我在一起	周五晚上，我下班回家时，苏姗娜从沙发上抬头看着我，微笑着说："很抱歉，我不去参加这个派对，我只是觉得太累了。"	她裹着毯子坐在沙发上，看上去很惬意，也很开心
我嘴里咕哝着"没关系"之类的话，直接走回卧室换衣服	我感到很孤独，也许我应该在派对上和其他女人调情，这样就可以引起苏姗娜的注意了	当我离开房间的时候，她虽然笑了，但还在那里看书	她看上去还好
我把卧室里的收音机调到很大音量，播放着舞曲，好让自己有参加派对的心情	我觉得我再也不要在乎苏姗娜了，我要欺负一下她	她在音乐声中大喊："谢谢你，马龙，这真让人放松。我很高兴你能体谅我。"	她好像生气了
我继续穿衣服，在房间里跳舞	我很高兴她生气了	—	—
马龙穿好衣服后，关掉音乐，告诉苏姗娜他会在路上吃点东西，然后砰的一声关上门，早早出发了；苏姗娜睡觉后他回家了	—	—	—
我躺在床上	我感觉孤独，觉得自己很愚蠢，好像我又搞砸了	第二天早上，她早早起床，然后开车出去，没有给我留下便条和任何东西	她可能昨晚喝多了

干预你的夫妻系统

当夫妻双方都积极干预时，不健康的夫妻系统会改善得更快。如果双方都无法积极干预，那么即使只有一方采取行动，这个人也能做出真正的改变。然而，要战胜夫妻系统的"内稳态"，需要花费更长的时间。不管怎样，改变都需要时间，所以要有耐心。

为干预你们的夫妻系统，你可以先查看你们描绘的图，找出其中的"薄弱环节"，发现你们在哪些时候更容易中断你们之前的沟通模式。

- 在双方都没有感到很生气的沟通初期。
- 在你足够冷静地抑制住你很想攻击伴侣的冲动之时。
- 当你的行为强化了伴侣那些存在问题的反应时，通常恰好是伴侣做出令你最悲伤的行为的时候。

在马龙和苏姗娜的例子中，"薄弱环节"就是当马龙把苏姗娜拒绝他的派对邀请解释为"她不想和他在一起"的证据时，那一刻他体验到一种熟悉的失落感。他需要选择"是攻击她，摆出防御姿态并且备感伤害，还是选择另一种更健康的反应方式"。

一旦你找到了"薄弱环节"，就可以按照以下五个步骤对夫妻系统进行干预。

1. **停止你一直以来的做法**。这说起来容易，做起来却很难。不过，这是打破固有模式的关键第一步。假如你原来经常批评伴侣或者为自己辩护，那么在这些情况下，哪怕你只是选择保持沉默，你也可以打破这种固有模式。
2. **使用完整的信息描述你的感受**。在这一步，你需要和伴侣直接谈论在此情形下的感受和需求，而不是用间接的言行（例如指桑骂槐）来强化你们之间不健康的夫妻系统。你已经发现了自己一贯的反应和行为，而现在你可以花点时间写个脚本，阐明你在这种熟悉情境中的需求，而不是批评或责备你的伴侣。

3. **强化新的行为**。你们的夫妻系统变得根深蒂固的原因是你的行为强化了伴侣的行为，反之亦同。创造新的、更健康的夫妻系统的唯一方法是强化新的、更健康的行为。你可以想一想自己希望发生什么而不是你们当前的夫妻系统中通常发生了些什么，然后考虑如何强化这种期望行为。

4. **描述你们的夫妻系统**。如果你正在和伴侣一同设法干预你们的夫妻系统，那就花点时间描述你在这个夫妻系统中看到的事情。如果你的伴侣没有参与这个过程，或者你觉得描述你们的夫妻系统会产生而不是解决更多的问题，那就将这一步变成可选的步骤（跳过这一步骤）。请小心谨慎地用中立的语言来描述你们的夫妻系统，不要因为发生的事情责怪你的伴侣或者你自己。你需要对伴侣明确表示，你们都被困在旧的行为模式中，对双方都没有好处，而你们要设法改变这个循环，使夫妻关系变得更好。

5. **围绕新的解决方案谈判**。如果你的伴侣不参与这个过程或者不愿意谈判，这一步也就没有必要了。谈判可以成为改变行为模式的强大工具。请记住，你和伴侣都有合理的需求，你们之间的谈判应该聚焦于满足两人的需求，而不是强迫伴侣改变来满足你一个人的需求（见第 11 章）。

最终，希拉意识到，如果她和奥克塔维奥不改变两人的关系模式，他们的夫妻关系会一直让他们感到沮丧和失望。她意识到自己一直在逼着奥克塔维奥，要他保证他爱她，而她却没有得到她真正想要的东西，所以她决定改变他们的夫妻系统。希拉的干预指南如下。

1. 她对自己发誓，以后只要奥克塔维奥一下班回家，她不会再对他纠缠不休，不再总是要求他和自己谈论两人之间的关系。她发现，她的逼问让奥克塔维奥觉得这在无端耗费他的更多精力，他对于这种不合理的需求选择回避。她决定把注意力更加集中到自己想要的生活上，而不是过分担心自己和奥克塔维奥之间的关系。

2. 经过一段时间的思考，她写了一个脚本，表达了她的需求，并且没有责怪奥克塔维奥。她的脚本是这样写的："奥克塔维奥，当你花那么多时间在工作上，即使周末也不例外时，我觉得我好像失去了你。我感到难过，好像你的工作比我更重要。我爱你，我想花时间和你在一起，只是简单地在一起。我也知道你的工作对你很重要，我不想让你放下工作来陪我。不过，我希望我们能制订一个计划，让我们能够共度周末和晚上的时光，而不是你在办公室加班，我孤孤单单地在家里窝着。"

3. 希拉决定强化奥克塔维奥在合理时间内回家的行为，比如拥抱和亲吻他，或者询问他当天的工作情况。如果她出去了，就会给奥克塔维奥留个便条，告诉他"她在哪里，什么时候回来"。当奥克塔维奥下班回家时，如果希拉在家里不开心或者感到焦虑，她会用平静的语气告诉他发生了什么，不说带有责备意味的话，不乱发脾气。她还决定让奥克塔维奥每个月留一个周末出来，以便他们共度高质量的二人时光，还让他根据自己的工作安排来选择是哪个周末。

4. 希拉挑了个时间和奥克塔维奥共度周日，他们都感到彼此很亲密。她不想让奥克塔维奥感到戒备或措手不及，所以首先吻了他，并且深情地拨弄他的头发（她知道奥克塔维奥喜欢这样），然后问他，她是否可以认真地和他说些事情。她告诉奥克塔维奥，她已经为他们的关系担心了一段时间，希望他也参与改变他们旧有的模式，以便两人不再经常吵架。接下来，希拉描述了她眼中他们的夫妻系统是什么样的，同时在她运用核实的方法，使用完整的信息来描述她的感受时，请奥克塔维奥提建议。
5. 因为奥克塔维奥一开始并没有参与到干预过程中，所以他们没有围绕任何解决方案进行谈判。

奥克塔维奥艰难地承认，他在他们的夫妻系统中角色多变。在他看来，他只需要在长时间工作之后能有一个平静和安宁的环境休息即可。他认为，希拉应该做出所有的改变。毕竟，问题的确出在她身上，不是吗？他听了她的挫折，但认为干预夫妻系统的想法是可笑的。他说道："别在我下班回家时对我唠唠叨叨，好吗？"他说完，就迅速结束了这次讨论。

希拉十分沮丧，因为奥克塔维奥无法从她的角度来看问题，而她确定，自己只能改变自身行为。如果她不做出改变，他们都将继续困在不健康的夫妻系统之中。为此，当奥克塔维奥又和从前一样加班到很晚回家时，希拉不再是端坐在家里问他为什么又加班，而是开始每周与朋友出去吃一两次饭或看一场电影，而且经常在奥克塔维奥之后回家。她重新下定决心学习西班牙语（这是她之前想做的事情），并且把她一直想读的书列了一份书单。采用这种新的行为模式两周后，她感到更加放松，心情更加愉快，也更接纳自己在夫妻关系中的位置。

现在，当奥克塔维奥回家过晚时，他有时发现希拉在家学习或读书，有时发现她给他留下一张便条，说她"和朋友出去了""去参观博物馆了""去看画展了"。一开始，奥克塔维奥感到很轻松，十分享受下班后没有压力的这种生活，而且不必为自己的加班辩护。后来有趣的事情发生了：他开始想念妻子。当她晚上不在家时，尽管他很高兴看到她能有这般丰富多彩的生活，他却不能告诉她自己一天下来的工作情况，也无法问她这一天过得怎么样。当他下班回家看到妻子正在家里读书或学习时，尽管她通常会微笑着迎接他，但很明显，无论他在不在身边，她都会觉得满足。所以，大约两个月后，奥克塔维奥开始询问希拉是否可以多留点时间给他。希拉告诉他，她最想做的就是多花点时间和他在一起，并且向他展示了她列出的清单，这份清单帮助她改变了自己的行为。她问奥克塔维奥是否也能列出一个类似的清单，以便双方制订一个计划来加深夫妻关系。奥克塔维奥的指导方针如下。

1. 他不仅决定每周和希拉共度两个晚上以及周末的美好时光，而且决定每天晚上给希拉打个电话，告诉她自己什么时候回家。他还决定，如果希拉在他回家时感到不安或焦虑，那么他再也不会一进门就躲到自己房间里，而是细心地问问她怎么了，并且关切地回应她。他决定，如果自己下班后需要有独处的空间，他会用不带评判的语言将自己的需求告诉希拉。

2. 奥克塔维奥的脚本是这样写的："希拉，以前当我工作了一整天回到家，发现你想立即和我探讨我们之间的关系时，我感到无法应对，有一股莫名的怒火。我希望在我们的夫妻关系中，我能有自己的空间来做我需要做的事（也就是加班，以便还清信用卡债务），花点时间独处，和别的朋友在一起，而且希望你不会觉得我在疏远你。我也爱你，想和你一起度过一些轻松的时光，而不是总谈论'我们的关系'。我希望我们能确定哪些时间是'我们的时间'，然后在其他时间做别的事情，比如加班到深夜，和朋友打篮球，或者就在客厅里看看书。"

3. 奥克塔维奥决定强化妻子的新行为，真诚地询问她一天的情况和感受，一旦他有时间放松，就会更加积极地运用倾听和验证技能来表示他对她的关心。他还决定在一般情况下也表现得更亲密些，并且在指定的日子里尽量多陪陪妻子。

4. 希拉和奥克塔维奥对他们的夫妻系统有着不同的看法，他们花了一些时间来比较各自的版本。尽管两人从未就他们之间发生的事情完全达成一致，但最终在夫妻系统的结构上基本达成了一致。他们更好地理解了彼此的感受，因为他们都花时间真诚地倾听对方说话。

5. 希拉和奥克塔维奥商定了他完全可以和她在一起的日子，并同意在一个月后重新审视他们这种相处的新模式，看看它是否适合他们中的每个人。

探索需求和解决方案

马龙和苏姗娜发现，把自己的需求和解决方案写下来是很有帮助的。后来，两人都带着最终的解决方案清单，提醒自己记得已经达成的协议。

1. 马龙承认，他对"苏姗娜不和他出去参加派对"这件事反应过度，所以他同意和苏姗娜一同探索被她拒绝后自己的反应。当他感受到那种熟悉的被拒绝的感觉时，决心试着做几次深呼吸，并且提醒自己，苏姗娜不一定不想和他在一起。当这还不起作用时，他答应探索不同的方法来减轻他被苏姗娜拒绝时内心的冲动反应。
2. 苏姗娜发现她往往立即拒绝马龙的邀请，因为她觉得这是对他的爱的考验。她同意下次一定仔细考虑马克的每次邀请，而不是直接拒绝他。如果她真的不想去，她会坦诚地、不加责备地告诉马龙。
3. 苏姗娜也知道马龙对于被自己拒绝很敏感，她答应今后留心观察拒绝马龙时马龙的反应，并且决定以后不断地向他表达自己的感受。
4. 苏姗娜也同意在马龙难过的时候抑制她自己的冲动，决定不用讽刺和刻薄的话来回应他受伤的感觉。她同意探索其他的反应方式，并且以坦率的、不责怪的方式表达她的感受。

5. 马龙和苏姗娜一致同意，每周至少共度一个周末和一个工作日的晚上，轮流做两人想做的事情。

健康的夫妻关系需要夫妻双方都愿意诚实地直面不可避免的问题。如果问题没有得到解决，那么夫妻中的一方或双方将开始怨恨、愤怒和失望，这会很容易扼杀两人最初对彼此的爱和积极的关注。本章向你传授了一系列的技能，让你诚实地看待不健康的沟通模式，采取措施改变夫妻双方在一起时的沟通模式，这将确保夫妻关系保持稳固、活力和健康。

和孩子沟通

高效的父母要意识到,你是一个带有各种问题的人,你的孩子同样如此。

作为一个人,你对食物、衣服、住所、温暖、情感、爱、安全、放松等都有着基本的需求。你以或多或少有效的方式来满足这些需求。有时你成功了,有时你犯错了,有时你还失败了。还有的时候,别人会阻挠你满足自己需求的努力,这样一来,你就遇到问题了。

同样地,孩子也是人,他们有着同样的需求,会设法让自己的需求得到满足,并且当需求受阻的时候也会遇到问题。

你和孩子沟通的效果将决定你们解决问题的效果。高效地养育孩子,需要三种关键的沟通技能:倾听、表达和共同解决问题。无论你的孩子是三岁还是十几岁,这些都适用。

倾 听

你可以重读第 1 章中关于倾听的内容,这一次要意识到,倾听不仅适用于成人,也适用于孩子。如果你和大多数人一样,就会以不同的方式来倾听孩子和成人。你可能是一名成人沙文主义者[注]。成人沙文主义者往往不会听孩子说话,因为觉得他们更小、更年轻、更弱、更无知、更加缺乏经验。当你奉行成年人沙文主义时,你不太会把孩子对你说的话当一回事。你会下意识地认为你了解他们的感受,毕竟你自己也曾经是个孩子,完全清楚他们的感受。

当你对孩子说话时,可能遇到第 1 章中提到的许多倾听障碍。

倾听障碍	你说的话
评判	"你就是错在这里。""你太情绪化了。"
建议	"你可以试着叫杰克到这边来玩。""为什么你不在自己清醒的时候先做数学题呢?"
讨好	"好的,好的,你明天会感觉好些的。""没错,这些事情发生了。"
顾左右而言他	"你以前没听过这个故事吗?""我们把他们的破俱乐部炸了吧!""为什么我们不能改一改晚餐时聊天的习惯,说些令人高兴的事情呢?"
读心	"他只是嫉妒他的妹妹。""你这样做是为了刁难我。"

你往往还有一些特定的倾听障碍,你很少会在与成年朋友的沟通中使用这些倾听障碍,它们实际上源于孩子和成人之间的角力。

倾听障碍	你说的话
命令	"现在就去你的房间,把它打扫一遍。""别用这种口气和我说话。"
威胁	"你会后悔的。""如果你今晚不表现好些,这个月的零花钱就没有了。"
说教	"好女孩不会这样说话。""你应当尊重大人。"
演讲	"让我们理性地分析这件事。""大学阶段是你一生中最美好的时光。"

注 沙文主义者过于对自己所在的国家、团体、民族感到骄傲,因此看不起其他的国家、民族和团体,他们时常带着偏见看问题。——译者注

（续）

倾听障碍	你说的话
无效的赞扬	"嗯，我觉得你看起来很好。""就你的年龄来说，你真的做得很好。"
同情	"可怜的娃娃。""你弄得一团糟，我感到很难过。"
羞辱	"你真令人恶心。""你做了一件多么糟糕和肮脏的事。"
审问	"那你的朋友是怎么花钱的呢？他们把钱花在什么上面？都花了多少钱？""如果你现在辍学，那么你能做些什么？"
否定	"你不会想念那个老街坊的。""你不恨奶奶。"

你的孩子需要表达重要的感受和需求。你不能否认、羞辱、审问或威胁孩子，也不能忽视他的感受与需求。如果你没有倾听孩子说话，孩子就可能将感受埋藏在心底，或者感到困惑或愤怒。总之，它们不会简单地消失。

在积极倾听孩子的时候，父母需要的最重要的能力是同理心。孩子有着强烈的情感，却缺乏有效表达感受的经验。有时候，你需要了解孩子的感受。为做到这一点，你必须把这些感受和说话的内容分开，并且给这些感受起个名字。

以下是一位父亲在回答他三岁儿子提出的问题时的对话。

儿子：幼儿园里有没有一些大孩子？
父亲：不，他们都和你差不多大。
儿子：哦。

在上述情况下，尽管这位父亲已经回答了儿子的问题，但他却没考虑儿子的感受和需求，而这个孩子在去幼儿园的第一天就耍起了性子，拒绝下车。下面这个例子，一个儿子还是问同样的问题，而其父亲的回答明显考虑了儿子的感受。

儿子：幼儿园里有没有一些大孩子？

父亲：你对上学前班感到有点紧张。

儿子：大孩子可能会打我。

父亲：你害怕被打。

儿子：是的，而且他们不和我玩。

父亲：如果他们不和你玩，那么你会觉得自己受冷落了。

父亲不必通过编造关于幼儿园完全公平和安全的谎言来让儿子安心，也不必因为儿子害怕受到大孩子的欺负和冷落而令他感到羞耻，只要回应儿子的感受即可。接下来，儿子就会开始克服自己设想的恐惧，不至于在去幼儿园的路上变得恐慌。

这位父亲使用的有效方法是，以陈述的形式回答问题，而不是反过来提问。乍一看，这种方法似乎有些造作，但它非常有用。孩子提出的问题常常带着一种纠缠不休、不断盘问的语气。简单地陈述而不是反过来提问题，是一种避免反复盘问孩子的方法。明智的父母采用引导对话的方式来回答孩子的问题。当你简单地说出一些既可以被孩子确认，又可以被孩子否认或者忽略的话时，你就能让孩子感到他对谈话有着更多的控制权。

练习 16.1

请阅读孩子传递的这些典型信息，以便练习如何辨别感受。你需要仔细倾听孩子的感受。请在右边那一列写下你听到的感受。不管你听到的内容是什么，只用两三个词来描述孩子的感受。有些陈述可能表达了多种感受。

孩子说的话	孩子的感受
示例："我不知道我做错了什么。我想不通。也许我不应再去尝试了。"	被难住、气馁、想要放弃

(续)

孩子说的话	孩子的感受
1. "哦,好的,离放假只有 10 天了。"	
2. "瞧,爸爸,我用新工具做了一个飞机模型!"	
3. "我们走进幼儿园时,你会握住我的手吗?"	
4. "哎,我一点也不开心。我想不出什么办法。"	
5. "我永远不会像吉姆那么棒。尽管我反复练习,他还是比我强。"	
6. "我的新老师给我们布置了太多的作业,我永远都做不完。我能做些什么呢?"	
7. "其他孩子都去了海滩。没有人和我玩。"	
8. "吉姆的父母让他骑自行车上学,我骑得比吉姆好。"	
9. "我不该对吉米那么刻薄。我猜我自己很坏。"	
10. "我想给我的嘴唇打孔。这是我的身体,不是吗?"	

可能的答案:1.高兴、快乐、松了口气。2.自豪、自信、高兴。3.害怕、恐慌、紧张、忧虑。4.无聊、焦躁不安、被难住。5.不自信、气馁、嫉妒。6.失败、气馁、不知所措。7.被抛弃、孤独、嫉妒。8.受歧视、有能力、自信。9.内疚、遗憾、抱歉、后悔。10.愤愤不平、目中无人、受威胁。

仅仅是积极倾听就能解决孩子的问题,而且孩子也不需要你的进一步帮助。例如,这位母亲的儿子(8岁)和老师发生了争执后,儿子与母亲进行了如下对话。

儿子:老师为什么要我放学后留校?我不是唯一说话的人。我讨厌她。

母亲:你真的很生老师的气。

儿子:是的。我恨的不是她把我留校,而是她让其他人逃脱了惩罚。

母亲:你觉得受伤了。她单单挑了你一个人来惩罚。

儿子：是的，她只挑了一个孩子来惩罚，这样其他人就都不敢说话了。

母亲：你不喜欢那样。

儿子：其实，我可以接受这个想法。我猜想我第一个被老师看到，太不走运了。下次我会小心些，那样她就可以挑别人留校了。

母亲：你会做好的。

儿子：是的。

当仅仅积极倾听并不能解决问题时，你就必须和孩子共同解决问题。不过，你会惊讶地发现，倾听会减少孩子的焦虑，以解决看似不可能解决的问题。

表　达

你可以再读一遍关于自我表露的第 3 章。请留意，你需要像对待成人那样小心地与孩子沟通，让孩子听明白你的意思。你可能认为，当一个孩子在烦你的时候，你为什么要小心谨慎呢？下文将阐述向孩子高效表达自己的五个基本原则。

具体

你应当尽可能具体地表达你的需求和感受。孩子想要并且需要明确界限——在这些界限内，他们可以自由而安全地活动，而在这些界限外，他们可以期待自然而然的结果。以下例子表达了父母对孩子具体的期望。

- "我希望你先洗澡再做作业。"
- "我要你今天下午 5 点前回来。"

- "你今天在厨房里做家务时，请把柜台、灶台和水槽弄干净。"

以下例子表达了父母对孩子不具体的期望。

- "你别又臭烘烘地去学校了。"
- "我要你早一点起床。"
- "你要把整个厨房搞干净。"

表扬也应当具体。像"最棒""最妙""最美"等这些词语，并不总是可信，也无助于孩子学会表扬自己。具体的表扬能够确切地告诉对方你喜欢什么、为什么喜欢。以下是一些例子。

- "你在我没有要求你的情况下刷了碗。"
- "你对表妹热情友好，不管有什么事情，你都能立即想到她。"
- "你的家庭作业做得十分仔细，这表明你下了很多功夫。"

当孩子听到父母描述他做得对的事情，并且因此获得具体的表扬时，便可能更认同自己的行为。

- "虽然爸妈没有让我做家务，但我做了。"
- "我是一个热情友好的人。"
- "我现在更加细心了。"

人们可以具体地表达感受。以"我"开头的句子能够描述你的感受和引发这种感受的原因，给孩子提供关于你内心想法的重要信息："当你忘记感谢我开车送你去贝基家时，我感到受伤和不被感激。"和愤怒地指责孩子忘恩负义相比，这样表达你的感受，能让孩子从中学到更多的东西。

即时性

当有事情困扰着你时，你要说出来。你应该及时奖励孩子的良好行为。研究表明，当孩子因做了某事而立即受到奖励或惩罚的时候，他们能够较好地吸取经验和教训。越迟表达你的反应，你对孩子行为的影响就越小。

当你纠正孩子的不当行为，为孩子立规矩时，也应即时体现。假设你四岁的女儿在沙发上跳上跳下，你让她停她却没停，那么你可以让她立刻安静地待 5 分钟，这将足够强化关于不允许有人乱踩家具的家规。"明天不看电视"尽管比"立刻安静 5 分钟"的后果更严重，但实际上前者的教育效果更差，因为它会在不当行为发生很久之后才发生。

有些父母总是试图做"老好人"。他们积累负面情绪，到最后，孩子轻微的违规行为就能引发父母的情绪大爆发。由此，孩子得到的信息是"自己很坏，理应被父母拒绝"。这样的结果是，他们的不当行为不会得到纠正，因为他们没有办法将你的愤怒与他们做的具体事情联系起来。

不评判

你和孩子的所有交流都应当包含这样的暗示：孩子基本上是可爱的、有能力的。责备、辱骂和讽刺都在传递这样的信息：孩子以及他们的行为都是不好的。比如，你的儿子习惯性地不收拾东西，结果他在自己房间找不到重要的家庭作业了。此时，你既可以选择对他发泄你的情绪，给他贴上"无能""愚蠢"的标签，你也可以选择平和地告诉他，房间需要打扫得更整洁一些，家庭作业需要放在某个特定的地方。

当事情真的变得很糟糕时，你可以表达强烈的不满，但不要攻击孩子的性格。"现在就停下来。不许在餐桌上乱弄吃的东西。"这是严厉而不带攻击性的信息。孩子依然能感受到你对他的爱。如果你对孩子说"你为什么总像个笨蛋那样把事情弄得一团糟",孩子听到的便是轻视自己的信息:"你不是一个正常的人。"

这里有三个避免责备和辱骂的好方法。

1. 在描述情况或问题时省略"你"这个字:"我看到一个小男孩坐在餐桌旁边,他的手很脏,脸也很脏。""我看到一间卧室,地上到处都是玩具,抽屉里的脏衣服和干净衣服混在一起。"
2. 向孩子传递这样的信息:"脏盘子应该放在水槽里。""放在冰箱外面的牛奶会变质。""把玩具放在外面会弄坏它的。"
3. 客观陈述,不评判孩子:"现在是睡觉时间"而不是"都过了睡觉时间,你还在做什么","注意牙齿"而不是"你总忘记刷牙"。

孩子的自尊水平在很大程度上取决于你传达了怎样的信息。如果你经常向孩子传递"你不好"这样的信息,那么最终孩子会产生一个"我不好"的自我概念。努力做到不评判孩子,是培养健康孩子的重要一步。

一致

前后矛盾的信息会把孩子搞糊涂。如果你告诉你的儿子,他必须在下午 5 点以前回家,但你只是偶尔执行一下规定,那么你会发现,你的儿子习惯性地忽视这条规定。这条规定不再影响他的行为,而当你哪一天的心情格外糟糕,恰好碰上孩子违反这条规定时,你也许觉得这是一个发泄怒气的绝佳机会。如果你规定女儿必须先做完家庭作业才能和别人打电话,但大多数时候你都懒得提醒她,那么她很快就会忘记这一规定。不过,当你由于别的事情而大发雷霆时,你可能随手拿出这条规定来惩罚女儿。

请让孩子持续地体验不当行为的后果。这样,你就能教他们吸取教训，而不是让他们从别的地方吸取这个教训：不负责任要付出代价。如果你和孩子一致决定，"周日不打扫卧室卫生，周一放学后不能出去玩"，那你就要说到做到。这样一来，你将成为一个可信的人，孩子也会知道不当行为要遭受惩罚。

如果孩子因不当行为而自然而然地承担后果，那么你和孩子更容易保持一致的规定。假如孩子忘记穿外套，那么自然而然的结果是他觉得冷，直到他从离开的地方取回外套穿上为止。不做家务的自然结果是本周没有零花钱。不和别的孩子共享玩具的自然后果是玩具被收走一段时间。在生日派对上吵闹的自然后果是安静地坐在角落里或者早早离开派对。校车来之前不准备早餐的自然后果是没吃早餐就得去上学。有时，这些后果看起来很极端，但它们比唠叨、说教或者不连贯地实施不相关的惩罚有效得多。

当孩子表现好的时候，需要听到大人的肯定。在孩子掌握一种特殊的发展技能之前，当他们每次运用这一技能时，他们都需要得到肯定和表扬。当你的儿子每周六都信守诺言打扫房间时，他需要听到父母的表扬："吸干了灰尘的地毯看起来真漂亮！"

表露

在大多数家庭中，表露是单向的。虽然父母似乎知道孩子的一切，但孩子对父母的内心世界几乎一无所知。让孩子了解你的感受和需求，将使你在孩子眼中成为一个鲜活的人，而不再只是一个制定规则的权威人士。当你根据自己的感受和需求来给孩子设定限制时，孩子更容易理解这些限制。假如你不带一点自我表露，那么"把音响声音调小"听起来就是一条恼人的命令，但如果你加上一些自我表露，听起来就舒服多了："他们在我隔壁的办公室里搞装修，吵得我的脑袋都要炸开了——你能把音响声音调小一些吗？"

有效表露的关键是使用以"我"开头的句子来代替以"你"开头的

句子。请注意，前者包含更多的情感，更具体，更不容易引起反抗。

以"你"开头的句子是这样的："你怎敢在凌晨 1 点到这里跳华尔兹？你越来越胡闹了。"

以"我"开头的句子是这样的："当你 12:30 还没回来时，我很担心。我以为发生了什么可怕的事。你没事，我就放心了，我也为自己担心了这么久感到很生气。"

以"我"开头的句子可以遵从以下有效的规则。

- **力度适当**。如果你有强烈的情绪，那么你要让孩子知道你的感受，不要因为某个小刺激而大发雷霆。
- **包含所有的感受**。如果你除了生气或失望还觉得宽慰、害怕，并感受到关心或爱，那么你一定要提到这些感受。
- **避免使用以"你"开头的句子**。"我感觉你是个愚蠢懒惰的流浪汉"就算不上是一个以"我"开头的句子，尽管它是以"我感觉"开头的。
- **当孩子忽略你的信息时，请重申**。有时候，孩子会忽略以"我"开头的句子，特别是当他们听到大量以"你"开头的句子时。你说："当我看到我的花被拔起的时候，我感到非常难过和不安。"小乔治骑着三轮车经过时，笑着刨了更多的花坛。此时，你要用力地重申："嘿，小乔治，我是认真的！我真的为这事感到伤心和难过。"
- **如果你听到以"我"开头的句子，切换到积极倾听的模式**。比如，你抱怨没人洗碗，你的女儿说："是啊，但为什么我要在厨房里做苦力，而比尔在院子里舒舒服服地玩呢？"此时，你应该转向积极倾听的模式（"她讨厌家务活当前的分配情况"），直到听完女儿的问题为止。这可能促使你召开一次全面的共同解决问题的家庭会议，或者让女儿和比尔在短时间内交换一下家务活。接下来，你又可以和孩子说以"我"开头的句子了。

共同解决问题

当父母与孩子存在真正的需求冲突时，你很难做高效的父母。此处真正的需求冲突是指你有一个合理的需求，而它会干扰孩子的合理需求，反之亦然。这种冲突常常聚集于家务琐事、公共空间（比如厨房）的卫生情况、电视节目、用车情况、度假地点等话题上。有三种方法来解决这些冲突：专权、宽容、合作。

专权

这是处理这类问题的传统方法。你是老板，负责制定规则并执行它们。这种解决办法从理论上听起来很简单，而不幸的是，它并不总是有效。如果你过于专权，孩子可能反抗和憎恨你为他们提供的解决方法。由于他们的行为受到严格规则的外部控制，他们可能无法培养自律精神。正值青少年的他们或许变得叛逆、孤僻，或者二者兼而有之。接下来，你会发现自己不得不花很多时间来唠叨、叫喊和惩罚。如此一来，恶性循环开始了：他们反抗得越多，你惩罚得越多，再然后，他们又会反抗得越多。在紧急情况下，当你确实知道最好的应对方法，而且没有时间与孩子讨论的时候，专权的命令确实有用武之地。比如，你不会让三岁孩子倒在熊熊燃烧的壁炉旁，也不会让喝醉的女儿在派对上过夜。

宽容

这种方法并不常见。你的孩子想要什么，你就给他什么。问题是，你最终会对放弃自己的需求感到不满，而孩子也会感受到你的这种不满，他会因此对你的爱缺乏安全感。另外，由于你不会费心地为孩子井井有条地做出安排，所以他可能以为你不关心他。在世界上，除家以外的其他地方并没有那么宽容。学校、工作场所等都有一系列的规定。被宠坏的、要求苛刻的孩子很难在一个不屈从于他们愿望的世界中生存。当你在这件事情上确实没有强烈的意见时，当你可以相信你的孩子能做出一个可以接受的决策时,当某个糟糕的决策不会伤害到你和孩子时,你就可以宽容他们。

合作

解决与孩子的冲突的最长期有效的方法是合作。它避免了过于专权或过于宽容的固有缺陷。

在专权或宽容的体系下,罪恶的根源是权力——你对孩子的权力,或者你孩子对你的权力。最有效的权力只能强迫或阻止行为,而不能改变行为,即你无法让别人心甘情愿地做你想让他做的事。

你当然在孩子面前握有相当大的权力,而这仅仅是由于你在身体和心理上都比他强大。在合作解决冲突时,你必须愿意把这种权力放在一边,以理性的成人身份,与同样理性的、有能力做决策的青少年面对面交谈。

你的目标是与孩子共同解决问题,找到一个你们都接受的解决方案。你必须表露你的真诚,并且让孩子相信你是真诚的。起初,他可能会抗拒和怀疑。你可以对孩子坦言:"我正在学习如何当个优秀的家长,希望你能和我一起尝试。"

采用合作方法

共同解决问题有七个步骤。有时候,在你完成所有步骤之前,会出现一个双方都能接受的解决方案,而一般来说,你应当按照以下顺序完成所有这些步骤。

1. **确定并定义冲突**。如果这是你第一次尝试与孩子共同解决问题,那么你要挑一个长期存在而不至于让你发火的问题。你要挑一个孩子不忙、不分心或不打算离开的时间,明确、简明、坚定地指出,有一个问题必须解决。使用以"我"开头的句子来表达你强烈的感受,避免使用那些贬低或责备孩子的以"你"开头的句子。

用积极倾听的技能来引出你的孩子对这个问题的看法。你可能发现，真正的问题不同于你刚开始时遇到的表面问题。你可以向孩子解释，你想找到一个你们都能接受的解决方案。

2. **对潜在的解决方案进行头脑风暴**。你需要先解决孩子的问题。年幼的孩子一开始可能什么也想不出来，而你要不断地问他们。这有助于培养他们的思维能力，并且表示你希望他们做出贡献。把孩子当作解决问题的宝贵资源，有两大好处：一是提升孩子的自尊水平，二是产生很多好点子。在这个时刻，点子的多样性和数量很重要，别去管点子的质量高低。你们自由地开展头脑风暴，要求孩子不断提建议，不管这个建议有多离谱，直到对所有的点子都进行了头脑风暴。你需要以不评判的态度接受所有的解决方案，之后再进行评估。你不要对孩子说"那个主意行不通"或者"我不能接受"。你可以把所有答案写下来，以便记住它们。

3. **评估解决方案**。现在是时候做出判断了。只要有人无法接受某个解决方案，不管出于什么原因，都将其划掉，以简化你的书面清单。同时，你要排除任何疯狂、危险或过于昂贵的解决方案。

4. **选择最优的解决方案**。最优的解决方案是父母和孩子都能接受的方案。关键是解决方案的可接受性，而不是达成"正确"的解决方案。同样的问题在不同的家庭中会有不同的解决方法。根据孩子的感受，你要不断测试剩下的解决方案，确保不会有人迫于压力而接受。选择某个解决方案也不意味着最后一定会贯彻执行这一方案。你们可以计划试行一段时间，看看该方案是否有效。

5. **确保解决方案的实施**。一定要让所有人都明白，接受了这个解决方案，他们就有责任去实施它，并使之发挥作用。这将激励孩子执行所有的协议。一定要识别偶发事件。如果有人违反协议，怎么办？是有处罚吗？是让他做额外的工作吗？是剥夺他的某些特权吗？是再举行一次解决问题的会议吗？你们需要把处罚作为事实的后果来讨论，如果有人不按照计划行事，他就要承担一定的后果。这使得孩子知道违反协议的代价，而他可以用成人的方式来权衡。

6. **执行决策**。你和孩子要就谁做什么事情、何时、何地、怎么做以及在什么条件下做等事项达成一致。衡量一致的标准是什么？协议有时间期限吗？是不是要先试用一段时间？现在，马上去做吧！
7. **评估结果**。并非所有的解决方案都能很好地解决问题。当你经常观察你和孩子是否对解决方案的效果满意时，情况可能会有变化。如果你的解决方案需要废弃或修改，请回到头脑风暴的步骤。

道格和黛安想尝试与他们 12 岁的儿子马克和 10 岁的女儿苏珊共同解决问题。他们要求苏珊擦厨房的地板，并且在晚餐后把洗干净的盘子收进碗柜里。同时，他们要求马克在垃圾篓满了的时候把它们倒空，然后在周三晚上把垃圾桶推到路边，周四早上再取回来。这个家庭采用以下方法来确定和定义冲突。

爸爸：我想谈谈家务活。我真的觉得晚上做家务是个问题。每当我 10 点钟走进厨房时，我感到生气和沮丧，因为盘子还在烘碗机里放着，垃圾满地都是。我希望我们能一起来解决这个问题。

妈妈：我讨厌多番催促你们干家务活。我觉得我必须采取严厉的措施，而我不想这样做。这些家务活会困扰你们吗？

马克：不过，我几乎总在苏珊收盘子之前就把垃圾倒出去了。

苏珊：在你把垃圾清理完之前，我擦不了地。

马克：那又没有妨碍你擦地。

爸爸：听起来你们在家务活的顺序和分配上有点问题。你们是不是想琢磨个办法把家务活干好，使得每个人都满意。

马克：当然。

苏珊：是的。

妈妈：我们先要确保找到真正的问题。我们想要你们每天晚上都干完家务，而且你们希望不会相互妨碍。对吗？

苏珊：有时候我们做不了家务活，比如有客人的时候。

马克：我不能忍受妈妈的催促。

妈妈：所以，（转向苏珊）你有时觉得不可能干完家务活，（转向马克）而你不想被人催着干活。

马克：是的。

爸爸：好的，我们想要你们在合理的时间内把家务活干完，比如说晚上8:30。你们是不是不想互相干扰，希望能在不合理的时候不做家务，而且不想被人催着做家务？

苏珊和马克：是的。

接下来，这家人继续提出一系列可能的解决方案。

苏珊的解决方案如下。

1. "使用一次性的餐具。"
2. "先清理垃圾，再擦地板，最后收盘子。"

马克的解决方案如下。

1. "每个人轮流干所有的家务。"
2. "先收好盘子和擦地板，然后清理垃圾。"
3. "不能因为别人没有完成你的工作而责怪他。"
4. "在家里张贴一些提醒标志。"

妈妈的解决方案如下。

1. "不做完家务就不给甜点。"
2. "不催促孩子干活。"
3. "如果家务在 8:30 之前没有做完,这个晚上孩子就没有甜点了。"
4. "在厨房放一本日历,用来记事。"

爸爸的解决方案如下。

1. "买一台洗碗机并请一位女佣。"
2. "苏珊和马克互相做对方的家务。"
3. "如果家务活没干完,就要扣减孩子的零花钱。"
4. "每周休息一天不做家务。"

这家人一起评估了他们的解决方案。他们从记录的清单上划去那些太笨拙的方案(用一次性餐具吃饭)、开销太大的方案(买洗碗机和雇女佣)、孩子们不能接受的方案(做对方的家务,没有甜点)以及父母不能接受的方案(父母必须轮流做孩子的家务)。

为了提出最好的解决方案,这家人把剩下的方案综合如下。

1. 孩子们必须在晚上 8:30 之前做完家务。
2. 不要因为别人妨碍了你干活而责怪对方。
3. 马克每周四晚上因为练篮球可以不做家务。
4. 苏珊每周五晚上休息,因为通常这个时候有客人来,而在 8:30 之前还无法从餐桌上拿下盘子来清洗,无法把它们按时收进碗柜。
5. 妈妈和爸爸不会提醒,也不催促孩子做家务。
6. 孩子们每天该做家务而没做时,将被扣罚 50 美分的零花钱。

将这个解决方案试行一个月，以观察它的效果。

每个人都清楚自己该做什么。妈妈同意在厨房放一本日历，用来记事。马克给自己做了几块提示牌，提醒自己周四要记得将垃圾桶取回来。

一个月后，孩子们坚持做好了家务，一家四口都很满意。他们一致同意无限期延长之前达成的协议。后来，爸妈允许苏珊选择周五或周六晚上休息，因为这取决于父母款待客人的计划。

何时放手

有时候，如果你意识到孩子完全有权做一些决策，而且有的问题也应当完全由孩子自行解决，那么一些长期的冲突可以得到缓解。孩子最好自己决定留什么样的发型，挑选什么人做朋友，怎样穿衣服和装饰房间，怎么花零花钱。

毫无疑问，你对这些事情也有着强烈的感受和看法。这当然可以理解。人们基本上都有一种难以抵挡的冲动，想将自己的观点转化为一套必须严格执行的规则。然而，如果你试图让自己掺和到这些本该由孩子做出的决策之中，就可能使自己陷入一场旷日持久的冲突。如果这些决策不会造成基本的伤害，最好让孩子自己来处理。

何时必须说"不"

当你说"不"的时候，你就要冒着孩子可能流泪和反抗的风险。一种好方法是间接说"不"。这里介绍五种间接说"不"的方法。

1. **给予选择**。不要对孩子说"不许看电视",而要说"你想现在完成作业,还是 15 分钟内完成"。你可以询问孩子:"是先听故事后刷牙,还是先刷牙再听故事?"
2. **用"是"代替"不"**。当孩子问"我们能打棒球吗",你可以回答:"能,不过要等吃过午饭后。"当孩子向你请求去朋友家玩时,你可以这样回答:"你一整理完房间,就可以去汤米家。"
3. **提供信息**。你可以说"我们会在十分钟后离开",而不能说"你不能出去"。不要说"你不能踢足球",而要说:"你真的可能会受伤,摸摸球怎么样?"
4. **接受孩子的感受**。"我知道你真的想在这里过夜。你玩得这么开心,要让你回家,一定很难。""因感冒而不能滑雪,你肯定很失望。"
5. **解释问题**。"我知道你今晚想去看电影,但你妹妹会一个人在家——她需要你在身边。"

有效的养育基于对孩子的尊重。你传递的信息必须是:你的孩子既可爱,又优秀。你虽然可以反对某些特定的行为,但不能拒绝承认孩子的基本价值。

"尽管你画的画很棒,但我对放在沙发上的那些蜡笔很不满意"这句话就是典型的促使自我接纳的信息。即使孩子犯了错,他仍然是个好人。当然,有时候你会忘记这一点,并开始攻击孩子。将孩子的个性特点与其行为分开,有助于培养孩子的自尊意识,促使他健康成长。

有些父母在回首往事时感到沮丧不已,因为他们发现自己采用了一种责备和攻击的模式:"为什么我总是说孩子懒惰?'懒惰'这个词就像从我嘴里蹦出来的一样。"事实上,孩子需要很长时间才能长大。你有的是时间去改变旧模式和纠正错误。孩子非常宽容,会对你的努力做出反应。只要你有行动,永远都不会太迟。

家庭沟通

相比于与整个世界的沟通，与家人的沟通风险更高。如果与邻居、工会代表或汽车修理工发生冲突，那么你可以选择逃离，而和家人发生了冲突，你一般无法逃离。

当父母不鼓励孩子表达某些感受、需求或意见时，家庭沟通可能陷入困境。一旦家里形成了这种不良氛围，孩子在成长过程中就会认为，"寻求帮助、获得情感支持、表达愤怒、渴望表扬、谈论希望或梦想、表现身体或情感上的痛苦、过分在意错误、表达恐惧或不确定或者表达喜爱等"都是错误的。

除了这些一般的规则，对于"什么可以，什么不可以，什么不能看，什么不能说"，家庭内部可能有一些非常具体的规定。比如，不要关心爸爸喝醉了这件事；不要关注用餐时家人的敌意；不要哀悼或谈论祖母的去世；不要表达你对火星入侵的恐惧；不要寻求拥抱或安慰。

你在孩提时代学到的家庭沟通规则，等到你长大时就变成不成文的禁令，而且你会将它们传承给你的孩子。当你还是个孩子时，如果你的父亲对你的焦虑感到愤怒，那么你很快会习得压制自己的焦虑。假如你谈论你的恐惧，家人就会习惯性地以为你受到了伤害。最终，这一规则从你的意识中慢慢消失，转而变成一种潜藏的影响。长大后，你依然对恐惧感到不舒服，并且可能在你的孩子表现出恐惧时生他的气。你的伴侣可能会接受你的规则，因为这在你们之间形成了互相的作用："如果我不必应对你的恐惧，我也就不会表现出我的恐惧。"

对大多数人来讲，限制他们表达的强大规则是无意识间形成的。在家庭治疗师的办公室里，当治疗师请来访者表达他们的伤痛、恐惧或者对情感支持的需求时，他们会有种奇怪的麻木感。所有这些似乎都很危险，而他们就是不知道为什么。当然，这种危险感其实源于他们童年时的条件反射，那时他们的父母拒绝他们说出自己的感受、需求、想法。

家庭沟通的障碍

在家庭内部限制表达的规则，导致了四种沟通障碍。当直接的表达受到限制时，你会遭遇如下四种沟通障碍。

否认

人们倾向于否认自己害怕表达的东西。你的需求和感受可能被你自己或公开或秘密地否认了。公开否认的表述包括"我不在乎""没问题""你想怎么办就怎么办""我很好""谁发火了""谁烦了""我不需要你做任何事情"。尽管秘密的否认更难发现，但它通常涉及耸肩、说话语调单调，没精打采，或者回避接触。这些否认传递的信息包括"没关系""我没有任何感觉"。

删减

删减即删除信息的某些部分,特别是删除直接涉及你的需求和想法的那一部分。比如,你不说"我想去看电影",而可能说:"今晚的电视节目肯定很糟糕,不是吗?"在删减时,你不得不拐弯抹角。以下是一些典型的例子。

- "我有点孤单。"(意思是:"我想你了,你一周有三个晚上都在上课,我希望你下个学期少上夜校。")
- "这条街上有一家新开的法国餐厅。"(意思是:"我们今晚出去吃吧!")
- "该死,我怎么都弄不好这个。"(意思是:"请照顾一下我,给我递杯咖啡。")
- "现在你想让我做什么?"(意思是:"你马上离我远点。我今天第一次坐下来,准备放松一下。")
- "我想你有点累了。"(意思是:"你怎么突然间这么大的火气?")

删减通常有三种方式。

1. 以问句的形式来陈述:"你还在这里?"(意思是:"我想一个人待几个小时。")
2. 以中立的观点提出请求:"今天真是美好的一天。"(意思是:"我们开车去乡下吧!")
3. 删减引用:信息很模糊,没有说出谁对谁有什么感觉。"最近有些人很愤怒。"(意思是:"自从你解雇了管家后,我一直在生你的气,因为你做了那么多额外的工作。")"联系并不多。"(意思是:"我和丈夫及大女儿并不联系。")

替代

替代即间接地表达感受。感受必须在某个时刻被表达出来，而替代可以让它们以一种似乎更安全的方式被表达，或者向更安全的人表达。如果你家有一条禁止显露出伤心情绪的规定，那么家人可能会把受伤的感觉转化为愤怒。如果鉴于某条规定，你不能向妻子表达愤怒，那么你可能会因为儿子没做家务而攻击他。下面是一些典型例子。

- 老板批评你的工作。你生气。你攻击妻子没有管好食物的开销。
- 你看到儿子跑到街上，你害怕了。你愤怒地抨击他"愚蠢和疯狂"。
- 当女儿每晚花三个小时打电话时，你感到受伤和一点点孤独。你因为她把牛奶放在冰箱外而攻击她。
- 当你的伴侣说不带你去度假时，你感到伤心和气愤。你反对表达愤怒的规则迫使你将这种感觉转化成抑郁。
- 孩子要和你的前妻一同过暑假，你无法表达内心的不快。你对孩子的健康和安全表示焦虑。

不一致的信息

当你的姿势、面部表情、语调和语速传递的信息与你说的内容不一致时，你与对方之间就会产生不和谐的沟通。一个女人对她的女儿说："尽管你回来晚了，但我不生气。"不过，她的声音尖锐刺耳，说话语速极快。她的一只手叉腰，另一只手对女儿指指点点。这些话与她的肢体语言以及声音完全不匹配。一个男人在餐桌上宣布："我很难过，我们没能将这一家人团结起来。"他的双眼紧盯着儿子的双眼，双颚紧闭，一只手攥着餐巾。他说他很难过，而他也在传递别的信息，可能是愤怒，也可能是一种强烈的绝望。

当信息不匹配时，家人不得不决定"哪些信息是真实的，哪些是虚假的"。他们必须读心，并且尝试着猜测说话人究竟在说什么。以下是一些不和谐的沟通例子，每次沟通都由四个部分组成："说的话""声音和肢体语言""听者的解读""真正的信息"。

示例 1

说的话："看到你回家，我真的高兴极了。"

声音和肢体语言：声音单调扁平，眼睛望着地面，微笑着，身体微微侧转。

听者的解读：听者选择对声音和肢体语言做出回应，以为说话者感到不舒服和失望，听者感到受了伤害。

真正的信息："我很高兴你回来了。很遗憾，我没能完成我想做的事，现在你回来了，我恐怕更无法完成了。"原来，这位说话者内心秉持一条规则，那就是：在聚会上只说让人高兴的事。结果他向倾听者传递了这种不一致的信息。

示例 2

说的话："我不想去。我在家里也有很多事情可以做。"

声音和肢体语言：灿烂的笑容不自然地收敛，背微驼，脖子低垂，声音又高又平。

听者的解读：听者选择回应说话者说的那些让人放心的话。然而，说话者的肢体语言透露着极度的失望，这说明他感到焦虑和不舒服。

真实的信息："今晚我们不能去看电影，我非常失望。"

示例 3

说的话："我只是想得到更多的支持，想要那种你在乎我的感觉。"

声音和肢体语言：声音又高又响，仿佛在哀号，嘴巴拉成一条平直的线，肩膀和胳膊耸了耸，目光越过眼镜上方。

听者的解读：听者选择对说话者的声音和肢体语言做出回应。听者心想："他有时会像那样耸肩，生气的时候就盯着眼镜。所以，他一定生气了。"听者将说话者发出的信息视为一种要求。

真正的信息：说话者想要请求听者的帮助，对即将发生的事情产生了一种绝望感。说话者表达绝望的肢体语言显然与表达愤怒的肢体语言相似。听者被不一致的信息弄糊涂了，以为说话者是在隐藏愤怒。

示例 4

说的话："你像这样子迟到，我很担心你。"

声音和肢体语言：双臂交叉，单腿支撑，嘴巴紧闭成一条细线，声音又粗又响。

听者的解读：听者选择回应说话者的话。然而，这些话与肢体语言不匹配，肢体语言隐约透露出说话者的不安。

真正的信息："我一边等你，一边担心着你。我很生气你没有礼貌，连电话也不打一个。"

示例 5

说的话："你为什么不多给我女儿一两件玩具？"

声音和肢体语言：声音略高，像唱歌那样，躯干前倾，头左右摇晃，手指指向某个地方。

听者的解读：听者选择回应说话者的声音和肢体语言。这种声音和指手画脚会被解读为批评和奚落。

真实信息："我女儿在家里没有东西玩，这让我很担心。我害怕她会不再想和你待在一起，因为她会很无聊。"因为说话者过去曾用手指和高亢的声音来表达恼怒，所以听者会读懂恼怒，并且以生气来回应对方。

不一致的信息为许多家庭矛盾埋下了伏笔。人们通常认为，声音和肢体语言的交流是一致的。然而，这些信息很容易因过度概括而被误解。人们倾向于认为某个特定的姿势或语调总是指代同一个意思："当哈利耸耸肩时，那意味着他在生我的气。""简皱着眉头用手指了指，那表示她在提要求。""娜塔莎的声音又高又尖，一直以来，这种声音表明她很焦虑。"过度概括抵消了手势可能具有的其他含义，增大了误解的可能性。

家庭"疾病"

在家庭中，几种常见的行为模式会加剧家人之间的紧张关系。这些行为模式包括读心、结盟和对抗，以及使用各种隐蔽的操纵策略来达到期望的结果。

读心

因为家人对"什么可以表达，什么不能表达"有一系列不成文的规则，所以家人之间被迫以间接的方式交流。由于存在家庭沟通的障碍，家庭成员说出了他们需要说的话，而听者往往不理解这些话。当你试图解释说话者隐藏的信息时，你不得不进行读心。你必须猜出这种隐秘的要求或感受到底是什么。例如，一个男人说："房子里到处都是跳蚤。"由于他在表达时删减了自己对这件事的感受和需求，他的妻子不得不试着猜测，到底是他又开始讨厌猫了，还是想让她把家里的跳蚤全部杀死，或是想让她承认这个问题。假如这个男人在沟通时有使用替代信息的习惯，他的妻子也许会担心，他之所以又拿跳蚤说事，是因为他讨厌她买的新窗帘。假如这个男人还惯用不一致的信息，事情就更复杂了。如果他站着，双手叉腰，说话很快，他的妻子可能会因为过度概括而得出结论，以为她的丈夫非常气愤。

所有这些猜测都只会导致一件事：犯错。倘若你正在读心，你会在一定的时间内出错。你将对你以为正在发生的事情做出反应，而不是对真正的信息做出反应。你这种不恰当的反应会产生连锁反应，就像众所周知的多米诺骨牌一样。玛格丽特的丈夫阿尔回家后要求家人保持安静。当玛格丽特听到儿子正拿钥匙在开前门时，连忙迎上前去，想提前结束可能发生的父子争吵。她向儿子打招呼时显得很焦急，声音又高又尖，并且避免与儿子产生眼神交流。

阿尔听到妻子的声音又高又尖，以为她很气愤。他通过读心以为，妻子因为他晚回家而生气。他告诉自己，妻子根本不在乎他长时间工作的辛劳，这使得他愤愤不平。阿尔无法表达自己的愤怒，只能抱怨掉在地上的玩具。玛格丽特感到很受伤，于是抱怨他又那么晚才回来。随之而来的一场争吵，完全是这对夫妻滥用读心术的结果。

有两种方法可以避免掉入读心的陷阱。

作为说话者，你必须问自己这些问题："我表达的信息中漏掉了什么感受、需求和想法？我的声音和肢体语言是否与我的信息内容相符？"如果你发现你同时在传递多条信息，那么不妨将它们分成几条单独的信息。假设你们家里有一条不成文的规定：禁止表达愤怒。你让孩子去打扫他的房间，你注意到自己的声音里充满了愤怒，并且在指东指西。在这种情况下，你可以这样来表达这些信息："我希望你在一个小时内把你的房间打扫干净。你今天早上就应该做这件事。现在由于你早上没有做，我发现自己有点受挫和生气。"

作为倾听者，你可以通过核实所有模糊信息的方法来对抗读心。如果你注意到说话者的内容与声音或肢体语言不匹配，你就要不带评判地描述你观察到的情形。你可以问对方是否还有什么需要说的，比如"我注意到，当我们讨论重新装修厨房的事情时，你的背微驼，而且眼睛一直盯着地板。你还有什么其他想法吗？"当你对他人的需求和感受做出假设时，你得控制自己。如果你在读心，就会出现一个危险的信号。随着你加深对自己的控制，你会注意到某些假设将反复出现。你可能倾向于想象人们在生气、失望,或者对你有隐蔽的要求。这些典型假设源于过度概括,在这些情况下,你总是把某些手势或语调理解为愤怒、失望或者严苛的要求。

联盟

家庭联盟旨在帮助你表达被禁止表达的感受和需求。如果爸爸因为儿子讨论学校里的问题而生气,妈妈可能会意识到这种情况。她或许会对儿子表露一些她对丈夫的负面情绪。随着母子联盟的发展,爸爸变得越来越受孤立。尽管妈妈没有向爸爸表达愤怒或表示自己很受伤,但她也没有向爸爸提供任何情感支持。当爸爸感到自己越来越边缘化时,他可能会寻求与女儿结盟。父女二人可能会向彼此抱怨妈妈有多冷漠,并且在发生家庭矛盾时暗中串通支持对方。

兄弟姐妹联盟是对付惩罚型父母的一种方法,这类父母重视规矩而不是孩子的特殊需求。当夫妻之间的感情濒临消失,两人被困在一段失败的婚姻中时,父母与子女的联盟是有益的。一般来讲,结盟是获得支持和认可的一种有用的短期策略。然而,它对于家庭的长期幸福却是致命的。如果没有外力干预,长期不和的两派阵营会继续互相攻击和伤害,最后很容易导致家庭成员之间产生真正的隔阂。

对付家庭联盟的"解药"是拟定一份直接点明问题的家庭契约,并且达成将情感和愿望表达给需要倾听的人的协议,包括不允许家人之间有秘密(暗地里结盟)以及要向冒犯者表达不满。比如,母子之间的联盟可能会让父亲不知道儿子的糟糕成绩,如果家里公开订立一份家庭契约,禁止上述行为,就可能破除这样的联盟。再比如,父亲和母亲结盟,父亲痛苦地向母亲抱怨女儿的懒惰,而如果公开订立一份家庭契约,说明相关问题,就可能破除这样的联盟。直接与公开的家庭契约有利于整个家庭结成一个联盟,大家一致同意在表达和听取重要信息时相互支持,并且一致认为,所有人都应该倾听任意两个家庭成员共有的感受和需求。

隐蔽的操纵策略

各类沟通都隐含请求。你总是试图以某种方式影响别人：即使你只听你姐姐的话，也希望加强和她之间的联盟，以便下次你想背着父母做什么时，她会帮你。问题是，许多人都有自己的规矩：不愿向别人提出请求。如果你也有这种规定，就无法公开地请求别人给予支持、帮助或认可。没人知道你想要什么。结果，你被迫使用隐蔽的操纵策略来获得你需要的东西。下文将介绍一些在"病态"的家庭中被广泛使用的操纵策略。

指责和评判

指责者攻击其他家人没有满足自己的需求，认为其他家人在家里应该"更支持自己，更爱自己，更愿意帮助自己"。如果父母真的在乎孩子，就会早一点回家，和孩子一起做更多的事情。指责者的武器是贬损的攻击。他攻击的目标是人们脆弱的自尊，好比杜宾犬扑向人们的要害那样。有的人将自己的攻击提炼成一门"艺术"。有的人用尖锐的讽刺来攻击，表面上似乎很有趣，实际却伤人很深。有的人会向对方提出不合理的要求，然后在被拒绝后"合理"地暴跳如雷。通过"审慎的"吹毛求疵，指责者可以促使家人给予一些他们想要的东西，他因此得到不情愿的关注与帮助。问题是，这种方法只在一段时间内有效。尽管它起初是奏效的，其他家庭成员也非常害怕受到指责者的伤害，但是指责者的"刀"会慢慢变钝。家人可能逐渐适应了这种伤害，对攻击毫不在意。指责者一度有效的策略会渐渐地失去力量。如此一来，给指责者留下的只有一股即将爆发却又无力的怒火。

让家人感到内疚

这种策略源自"人人都需要感觉自己是个好人"。善良的人们关心他人，为他人付出时间和精力。他们牺牲自己。让家人感到内疚在于巧妙地、悲伤地让家人知道你很痛苦。如果他们关心你，就会为你做些事情；如果他们是好人，就会待在家里陪你，而不是去打保龄球；如果他们真的爱你，就会继续修剪草坪。让家人感到内疚的最好办法是不停地叹气，忧郁地回顾过去的罪恶和错误，告诉每个人你很好，而实际上你看上去很痛苦。使家人感到内疚的策略是非常有效的。尽管家人私下里会埋怨你，但他们往往会顺从你的意愿。

让家人感到怜悯

这种策略专门用于引起同情而不是内疚，使用这种策略的人看起来十分无助、可悲。我们都听过一些悲伤的故事，也见过人们绝望地耸耸肩，所有这些都是受害者的写照。让家人感到怜悯的策略，在一段时间内可以达到最大的效果。过了这段时间，家人会感到精疲力尽，开始对似乎没完没了的问题失去耐心。

敲诈

敲诈包括威胁要扣留其他家人需要的东西。敲诈者或公开地或秘密地提出，晚上不和伴侣过性生活、不煮晚饭，或者不为家人举办生日派对。一些敲诈者不断威胁要离开这个家庭，以达到其目的。然而，每一位威胁要取消孩子零花钱的家长都知道，如果你不兑现这些威胁，敲诈很快就会失效。如此一来，敲诈者便会陷入困境。敲诈者如果不是在发出空洞的威胁（其他家人很快就会对这种威胁熟视无睹），那么他必须坚持实施恶意的、破坏性的计划。如果敲诈者坚持到底，并让其他家人受到了伤害，那么敲诈者便是在煽动真正的仇恨。

贿赂

这种策略包括不真诚地使用奉承、施与恩惠等手段诱使其他家人做出改变。只有当行贿者确实需要家人的关注与支持时，家人才会给予他关注和支持。与大多数隐蔽的操纵策略一样，贿赂也具有短期收益。然而，从长远来看，与家人不再相信行贿者时，他们对行贿者的怨恨便油然而生。

讨好

主动讨好家人的人很好。他们害怕冲突，不惜一切代价避免冲突。他们试图取悦、奉承别人，并且获得家人的认可。他们总是很快地道歉。讨好者会让人们喜欢他们，并且使人们感到亏欠了他们什么。他们是那么和善，为所有人付出了这么多，家人怎么能拒绝他们的需求呢？毫无疑问，这个家庭的所有人都会像讨好者那样友好和具有牺牲精神。对讨好者来说，问题在于，人们总是把他的讨好行为视为理所当然。最后，讨好者变成一个隐藏着许多怨恨的人。讨好者认为，"如果你对我好，我就对你好"，反之亦然。不过，其他的家人并没有遵守这条"互惠"法则。

变得冷酷

在出奇的沉默、紧咬的下巴以及在床上翻身的背影中透露着的是："你从我这里得不到任何东西。"变得冷酷是一种强有力的策略，因为它会吓到人们。孩子（尤其是那些依靠父母之爱生存的孩子），特别容易受到突如其来的冷酷的影响。然而，爱的撤回不仅是一种影响行为的方式，还是一种留下伤疤的武器。孩子和伴侣都变得不信任对方了。愤怒的情绪在内心秘密地积累着，以至于任何人都能从他身上带走最宝贵和最必要的人类资源：情绪能量。

出现"症状"

当上述策略都失败了，人们没有其他策略得到他们想要的，于是就会出现"症状"——他们感到头痛，开始喝酒，出现了压抑的或冲动的消费狂欢，或者变得不忠。孩子在学校打架，试图逃学，不再上课，或攻击他的兄弟姐妹。这些"症状"是为了满足某些需求的秘密尝试。头痛可以使爸爸休息一段时间。孩子可能通过在学校惹麻烦来获得重要的关注。"症状"在短期内是有用的，但从长期来看会严重伤害受其折磨的家人。一位备感压抑的女人终于说服她的丈夫带她去度假了，但她已经因为这个假期而痛苦了几个月了。

家庭系统

只有当人们在家里确立了"禁止表达需求、感受或想法"的规则时，他们才不得不使用秘密的操纵策略。如果两个或两个以上的家人确立了限制他们说话内容的规则，那么由此产生的秘密操纵策略被称为家庭系统。这里有两个家庭系统正在发挥作用的例子。

殉道者

乔伊斯确立了自己的规则：不能要求别人支持和承认自己的辛勤工作。她还规定，除非受到极端的挑衅，否则不得表现自己的愤怒。乔伊斯每周工作7天，要做饭、打扫卫生、收拾家里的东西，还经营着一家网店。她挣来的钱供儿子上私立学校。她需要别人帮她做家务，需要别人认可她的付出。当别人以为她这些都是理所当然时，她感到异常愤怒，并且要将这种愤怒表达出来。不过，乔伊斯选择不表达她的需求，而是指责别人。她指责儿子占用了她所有的时间，指责丈夫懒惰，说他把她变成了女佣。

乔伊斯还告诉孩子，不要表达内心的愤怒。所以，孩子传递自己感受的方式是偷偷把房间弄得乱七八糟、迟到，以及在朋友面前让妈妈难堪。乔伊斯的丈夫肖恩则使用不一致的信息来表达他的感受。他说："你工作的确十分努力。我们当然都知道。"说这话时，肖恩倚着墙，双手插在口袋里，大声而快速地说话。乔伊斯把肖恩的肢体语言理解为他对自己漠不关心。她以为她的孩子也对自己漠不关心。结果，她试图继续通过责备别人来满足自己的需求，而孩子会继续把房间弄得一团糟，丈夫则变得冷漠起来，重复着他那句与肢体语言不一致的话："我们知道你在工作。"

这个家庭的问题在于，没有人能够直言不讳。孩子被禁止表达愤怒，乔伊斯将他们的被动攻击行为解释为漠不关心。肖恩也不能表现他的愤怒。他讲话声音很大，语速很快，还故意摆出一副漫不经心的样子。他传递的信息也被解读为漠不关心。如果乔伊斯能做以下三件事，就可以改变这种家庭系统。

1. 使用不带偏见的语言，寻求她需要的帮助和认可。
2. 表达自己内心的愤怒而不是责备别人。这意味着她要描述自己的感受，而不是惩罚和攻击别人。这就好比愤怒在内心说"我很痛苦，我不喜欢这样"，而责备也在内心说"我很痛苦，是坏人利用了我"。
3. 核实肖恩话里的真实意思，而不是假设自己能读懂他的心思。

新婚夫妇

32 岁的杰克和 35 岁的亨丽埃塔举办了隆重的婚礼，在卡梅尔度过了周末蜜月，然后他们回到过去一年半以来一直合租的公寓里。杰克在一家餐馆工作，要到晚上 10 点才下班。他经常下班后还在酒吧里待上一两个小时，喝上几杯。结婚一个月后，杰克回家晚了，外出也更频繁。亨丽埃塔变得警觉起来，发现自己笼罩在一种深深的不安全感之中。她害怕失去杰克，幻想他会出轨。然而，亨丽埃塔对自己确立了一条规则：不许表达自己的不安全感和"害怕失去杰克"的恐惧感。所以，她在和杰克沟通时删减了自己的感受，并试图让杰克感到内疚。她告诉杰克，她正在承受着失眠的痛苦，当他每天晚上 11 点以后还在外面时，她就无法安然入睡。杰克继续在外面待到很晚才回家。后来，亨丽埃塔将她的策略改为敲诈。她告诉杰克，当他晚回家的时候，就不要在她面前表现得多情了。随着问题的继续，亨丽埃塔变得越来越绝望，她告诉杰克，除非他在晚上 11 点回家，否则她将搬出去和一个闺蜜住。

杰克有他无法表达的感受。婚礼之后，他感到一种奇怪的死寂和冷漠。他突然变得害怕，担心自己签署了一份毫无乐趣的承诺书。然而，当他在渴望过去单身生活中的刺激时，他也会感到内疚。杰克有一个不成文的规定：禁止将任何的负面情绪告诉别人。相反，他用愤怒代替自己体验到的恐惧和内疚，然后攻击亨丽埃塔控制欲太强。一些时候，杰克会突然变得冷漠起来。虽然他说得头头是道，但他的声音和肢体语言却表明他在逃避。

面对这些不一致的信息，亨丽埃塔意识到杰克打算摆脱这桩婚姻。她威胁要搬去和闺蜜同住，如今成了一句空洞的威胁。现在，她打算最后再努一把力，以求影响杰克，于是她开始出现"症状"。杰克在外面待到很晚的时候，亨丽埃塔就开始喝酒。杰克很讨厌喝酒，这样一来，他没有表达的恐惧和疑虑只会与日俱增。

如果亨利埃塔和杰克直接沟通，就可以改变这种系统。然而，两人害怕直接沟通，而且两人都有自己不成文的规定：禁止表达折磨自己的感受。当亨丽埃塔在家等待杰克回家的时候，杰克需要了解亨丽埃塔的内心发生了什么。亨丽埃塔需要知道杰克在工作中有哪些挥之不去的恐惧。这些感受不会突然消失，但秘密的操纵策略可能不是十分必要了。一切都公开之后，亨丽埃塔可以开始关注她对安全感的需求。如果杰克要在晚上 11 点以后回家，那么他需要给亨利埃塔打个电话。杰克则可以直接核实他自己的自主需求，并且决定安排好探望朋友的时间。

如何保持良好的家庭沟通

最好的方法是让每位家人都能自由表达自己的所感、所见、所闻、所想。这里有两个练习有助于你保持良好的家庭沟通。

> **练习 17.1**
>
> 每当一位家人说了些令你不安或困惑的话，请写出以下内容。

- **说的话**：信息的实际内容。
- **声音和肢体语言**：写下你记忆中的说话者的音高、声调、姿势、面部表情，以及说话者使用的手势。
- **你的解读**：注意这些话是否与声音和肢体语言相匹配。如果对方说的话与其声音和肢体语言不一致，你相信哪一个？你认为真正的信息是什么？
- **真正的信息**：请家人进一步澄清。以不评判的方式描述你听到的言语信息和非言语信息之间的差异。询问这位家人，其中是否有些感受或需求被遗漏了。现在，将你了解到的与你之前的假设进行比较。

你可以通过收集你听懂对方表达内容所需的信息来检查这个练习，这将有助于对抗读心。每天至少做一次，坚持两周。在这段时间结束时，你就会知道你有多么曲解家人的意思了。

记住，读心是一种自然的倾向。因为人们在沟通时经常删减重要的感受或需求，或者让这些重要的感受或需求只出现在肢体语言中，所以倾听者可能已经养成了猜测"真实"信息的习惯。问题是，人们的猜测并不见得总是准确。就像亨丽埃塔以为杰克试图逃离他们的婚姻而折磨自己一样，你的读心可能会给原本就痛苦不堪的家庭系统火上浇油。

练习 17.2

这个练习旨在帮助你发现自己的沟通障碍。不论什么时候，当你和别人在进行痛苦或劳神的沟通时，请遵循以下几点。

1. 写下你开头说的 4~5 个句子。
2. 描述你的声音和肢体语言。根据你的记忆，你的声音听起来是什么样的？你的姿势是什么样的？你的手在做什么？你用你的声音、你的姿势、你的手势在表达些什么？

3. 探索遗漏了什么。你在沟通中漏掉了哪些感受？你的沟通中隐藏了哪些没有被直接表达的要求？

4. 审视暗中操纵的策略。请注意你的信息中是否有任何内容表明你使用了这些策略中的一种。

5. 重写你的信息。信息既包含原始的话语（要确保它准确地表达了你的感受），又包含你的肢体语言和声音在表达的内容以及你现在意识到被删减的任何感受或需求。

PART 6
第六部分

公共沟通技能

CHAPTER 18
第 18 章

影响他人

沟通通常涉及影响他人以你喜欢的方式改变自己和行事。如果你不知道如何巧妙地做到这一点,那么你最终会感到沮丧和痛苦,而你的朋友、家人和同事则会觉得与你合不来。例如,索尼娅试图影响拉里,却没有奏效。

索尼娅:为什么你不想去比尔和梅格家玩呢?他们很有趣。

拉里:我累了。

索尼娅:你总是累。你就是一个工作狂。哪怕只和朋友待一晚上,我也去不了,因为你好比被牢牢地钉在沙发上,沉迷于侦探小说。你就不能偶尔说一声"是"吗?

拉里:我还能说什么?!索尼娅,我真的累了。

索尼娅:(高声地说)也许我们就是这么合不来。也许我们之间就是不适合。你知道吗?也许我得好好想想。

拉里：这就是生活，不是吗？

索尼娅在和拉里沟通时，一上来就责备和批评拉里，而这只会让拉里更加固执。然后，她试着威胁，拉里则以讽刺回应她。为了影响他人，索尼娅需要了解促使人们改变的原则，先从那些不管用的沟通方法开始。

影响他人改变的无效策略

在责备、批评或抱怨别人时，你传达给对方的基本信息是：你是坏的或错的。你的脑海里有一些基本准则（与得体、公平和关心有关），而有人违反了这些基本准则。此时，你觉得你有充分的权利让这个人承认这些准则。然而，你无法通过责备、批评或抱怨让别人改变。

以下是一些无效的策略。

- **威胁**。传达的信息是"做我想做的，否则我会伤害你。拿走那些使你感觉好的东西，否则我会用我的愤怒吓唬你。"
- **贬低**。如果别人不顺从你的意愿，你就会让对方觉得自己有缺陷、愚蠢、可鄙。
- **生闷气或者疏远**。"如果你不顺从我的意愿，你就不会拥有我。"这种策略轻则短暂地不理对方，重则威胁要抛弃对方。

无法影响人们改变的策略都是一样的：它们令人厌恶，而且会伤害别人。然而，为什么有这么多人依赖它们呢？原因有二。首先，这些影响人们改变的方法是在不正常的家庭中模拟出来的。如果在你成长的家庭中，家人为了影响对方而互相伤害，那么你有时会发现自己也在做同样的事情。你亲眼见到家人这样做，于是学会了也这样做。其次，这些策略之所以受欢迎，是因为它们刚开始是有效的。在一段关系的初期，当对方还想取悦你时，责备、威胁、贬低、疏远对方等手段将发挥强大的作用。随着时间的推移，当人们不再关心你的想法时，这些影响策略就失去了效力。假如你连续几个月或几年都使用这些策略来试图影响别人，会让别人对你产生戒心和抵触情绪。别人将不再倾听你说话，不再关心你。他们披上了一层厚厚的感情盔甲，使得他们哪怕面对最尖锐的指责，也不受丝毫影响。

威胁是一种特别令人失望的策略。人们对你的威胁的最初反应很可能是更卖力地取悦你。然而，你察觉到的改变，其实是由恐惧制造并保持的。只要恐惧在，改变就会持续。一旦威胁减弱或者被遗忘，旧的行为模式可能重新出现。

许多人因为愤怒而使用无效的策略来影响他人。他们用这样的想法来解释他们愤怒的理由："她看到了她给我造成了多少痛苦和不幸。她应该……"当你这样做时，会产生一种强烈的需求——你认为对方应该改变，以减轻你的不愉快，帮助你感觉更好。然而，只有同时满足以下两个条件，人们才会为你的不快乐做出改变：第一，你想要改变的那个人必须与你有着强烈的共鸣。你的不快乐将造成对方不快乐。第二，其他人自身的需求、恐惧和局限，一定不会急剧地强化现状。换句话讲，其他人的需求不会因为他保持不变而堆积起来。因为这两个条件很少在特定的时间或特定的问题上同时得到满足，所以一般来讲，你的痛苦对他人的行为几乎没有影响。

影响他人改变的有效策略

要记住的最重要的原则是，人们只在他们想要改变的时候改变，而不会在你想要他们改变的时候改变。他们之所以这样，是因为强有力的强化因素（主要是恐惧和需求）驱使他们以可预见的模式来做出反应。又因为这些强化因素十分强大，所以人们难以改变自己。要求别人改变通常是不够的。因为你的要求远不敌驱使对方做出改变的恐惧和需求。

以约翰和他的女朋友西蒙妮为例。他要求她进一步敞开心扉，告诉他更多她过去的事情以及他们在一起的不同时刻她的感受。西蒙妮在成长过程中经常受到家人的戏弄和嘲笑。在她家，家人之间常常在沟通时伤害对方。她的姐妹会看她的日记，并且把日记内容一段段地当众背出来，这令她很尴尬。西蒙妮极度害怕被人嘲笑，同时还需要一种绝对的安全感。无论约翰的要求有多么恰当或用心，它都无法与西蒙妮的创伤性过去所制造的强化因素相匹敌。

如果人们的行为方式在很大程度上受强大而复杂的强化因素的影响，那么改变他们的行为必须包括改变那些强化因素。如果约翰想让西蒙妮进一步敞开心扉，他就得想办法让她感到更安全，少受嘲笑。

有效影响他人改变的策略分为两种：正面强化和负面后果。

正面强化

有四种类型的正面强化可以用来影响人们的行为：赞扬；交易；设立奖励；口头致谢和非口头的致谢。

赞扬

你可以赞扬人们过去的行为，它们与你现在想要强化的行为相似。赞扬过去相似的行为是一种强有力的激励，因为它传递了这样的信息："你这样做的时候，我看到了你的善良和价值。"每个人都渴望得到别人的尊重和欣赏。赞扬是一种给予有价值礼物的方式，同时也能鼓励他人做出你喜欢的行为。

交易

交易的基本模式是"如果你给我这个，那么我会给你那个"。生活中充满了各种各样的小交易，而这些小交易往往让生活变得更简单："如果你能把那些大树修剪一下，我就帮你放松一下，给你做个颈部按摩。""如果这些报告能按时交上来，那么我想下周我们可以给你布置一些更有趣的作业。""如果你能送我到车上，我就很乐意载你回家。""这个周末你能和我一起去探望我的奶奶吗？那样的话，我可以请你去萨莱诺餐厅吃顿饭。"虽然这些交易听起来像是低调的贿赂，但这并没什么错。它们之所以有效，是因为说话者承认了别人的需求，并且承诺提供一些真实的东西作为对期望行为的补偿。

设立奖励

研究表明，正面强化是影响行为最有效的方式。虽然设立奖励与交易很相像，但在设立奖励的过程中，强化机制与期望的行为交织在一起，例如："和我一起逛街吧。商场里有一家很大的书店，你可以四处浏览，看看有什么新的传记。""要是你帮我筹办珍妮弗的生日派对，我们至少可以在一起聊聊天，一起消磨时间，把事情安排得有条理一些。""我想环游科罗拉多，你刚好也喜欢坐火车。我们可以先去杜兰戈和西弗敦，然后沿着百万美金公路前往乌雷。"当你设立奖励时，每个人都会从这种体验中收获一些东西。所有人的需求都被你认为是重要的，是值得为之努力的。

口头致谢和非口头致谢

口头致谢很重要。不过，在某人做了你想做的事情时，一个拥抱，轻拍肩膀，绽放温暖的微笑，甚至是点点头和露出满意的表情，都可以成为强有力的激励因素。致谢传达了这样的信息：你很感激，很高兴，很珍惜这个人所做的一切。这大大增加了被感谢的人重复那种行为的可能性。于是，你会继续得到你想要的。

负面后果

当正面强化不起作用时，应当将负面后果作为最后的手段。负面后果往往会造成愤怒和怨恨的反弹，从而削弱对方与你合作的意愿，对方也不再想取悦你了。不过，当消极后果能够对他人产生积极影响时，它们也可以成为促成改变的强大动力。下文将介绍你可以将其作为影响策略的负面后果。

停止奖励

当有人做出了你不想要的行为时，不再给予对方奖励。如果你想让别人守时，那么当他们在最后一刻还在做着没完没了的准备时，你就不要等他们了。假如他们没能准时做好离开的准备，你就自己走，不用再等他们。如果你想让你的朋友在你身边的时候忍住不喝酒，那就在她打开第一瓶啤酒的时候离开她。假如在这些情况下你还留在那里，那就相当于默认他们可以迟到或喝酒。如果你想让你的室友洗碗，就不要在轮到他洗的时候出手帮他洗。如果当他们依然还是老样子而你却持续不断地奖励他们时，那么等到你尝试着影响他们的时候必定会受挫。

想出自我照顾的策略

当别人不能或不愿做出改变时，你可以想出自我照顾的策略来满足你的需求。如果你让室友和你一同做家务，而他拒绝做，那么自我照顾的策略就是你也少做一些家务活。要让室友明白，如果他不与你一同承担家务，那么你不会一味地帮他洗衣服、做饭或购物。如果某个朋友总是借东西不还，自我照顾的策略就可以是坚持每次只借给她一样东西。如果你没能成功地要求你的伴侣晚上早点回家，自我照顾的策略就可能是自己出去看电影，在伴侣不在家的某个时间去找你的朋友玩等。不要将自我照顾的策略认定为惩罚，也不应当以愤怒的语气来描述，暗示对方做了坏事。这些策略有利于你在没有其他人帮助的情况下努力满足自己的需求。

辨别自然而然的后果

如果有人总在你们的午餐约会时迟到,你就别再和他们聚餐了。假如你在参加社交活动时有人对你很粗鲁,你就不要再和那个人一同参加活动了。如果你开车带着朋友去参加聚会,而你中途感到累了想离开,但他拒绝和你一起离开,那么很自然的后果是你开车先走,让他自己想办法回家。如果你家孩子在出门时间到了的时候还没穿好衣服,那么自然而然的后果是无论他穿没穿好衣服都要出门,他可以在车里穿好衣服。

影响人们做出改变的计划

现在是你制订计划的时候了,这种计划将帮助你在别人身上实现你想要的改变。计划应包含六个部分:直接的请求;赞扬;交易;设立奖励;口头致谢和非口头致谢;负面后果。

> **练习 18.1**
>
> 1. **直接的请求**。你先要确定想要影响的人的行为。你需要选择单个的问题。如果你试图同时处理多个问题,那么你的计划会因为没能抓住重点而失败。你可以写出一个具体的关于行为的请求。这意味着你没有要求对方改变其态度或意识。几乎没有人愿意或者能够做出这种程度的改变。你只需请求别人或多或少地改变某种特定的行为,例如:"你能在 6:30 前回家吗?如果你要晚回来,那么打个电话给我,好吗?""我们能不能在周六下午一同远足,共度周末?""我们散步的时候,你可不可以离

我近一点，而不是你走得飞快，把我落在后面很远？""我说话的时候你能不能听我说，而不是开始阅读或者扫视房间？"注意，每个请求都只要求对方改变某种特定的行为。你要在你和对方都没有负面情绪的时候提出你的请求。你也许发现对方忽略了你的请求，或者对方尽管同意做出改变，但在几天或几周内忘记了做出改变。请做好这些情况可能会出现的心理准备。当某个直接的请求不足以让对方改变行为时，你要执行计划的其余部分。

2. **赞扬**。赞扬聚焦于你期望的行为之前真正出现的时候，例如，"我真的很喜欢你修剪树篱的样子。这个周末你能再修剪一次吗？""当你带凯蒂去看球赛时，我感觉很好。""当你把我介绍给你的同事时，我的感觉很特别。""你在整理床铺，收拾房间的时候，我感觉和你很亲近。""谢谢你向我咨询有关账单的问题。这能帮助我了解我们的处境。"

   有时，赞扬可以和重复你的直接请求联系起来。你先描述过去某件事使你感觉有多好，然后要求同样的具体行为现在再发生一次。

3. **交易**。想一个你可以和对方做的交易，这样对方会因为给了你想要的东西而得到补偿。为了具体地描述你想做的交易，你可以先将其写下来。例如，"如果你能多去买东西，我就能多帮你洗些衣服。""我知道要让你帮我弟弟很难，但如果你帮了我弟弟，那么我将为你把客厅的柜子打扫干净。""让我们做个交易吧。如果你能和我一起去参观纪念碑，我将不胜感激。为了表示我的好心，下周我要搬家，这样你们就可以在我家举行派对了。"

4. **设立奖励**。在设立奖励时，你首先要分析他人的需求和利益，然后想办法将其整合到你的请求之中。为此，你可以找人与你

> 一同开展头脑风暴，最终商定出富有创造性的想法。类似于更多地举行周末远足这样的请求，也许为同时满足两个人的需求提供了机会。假如你的朋友是一个摄影爱好者或者观鸟爱好者，那么你们可能很容易去那些可以摄影或观鸟的地方。你的改变计划中的这个部分，也许并不总是能够满足某些请求。"当我和你说话的时候，你能不能别看手机"这样的请求，就没有太多的机会去设立奖励。
>
> 5. **口头致谢和非口头致谢**。让对方尝试新的行为其实是让对方迈了一大步，哪怕只试一次。如果你想让这种行为再次发生，需要强化这种行为。想好你要说什么以及如何用非言语的方式表达感激之情。
>
> 6. **负面后果**。首先，请分析你是否以某种方式强化了你不想要的行为。一旦别人做了你不喜欢的事情，会发生什么？你对此如何反应？你是否在做一些事情来支持这种行为？如果是这样，写下你打算停止的强化行为。其次，写下你的自我照顾的策略，以及这种以前不期望的行为出现时会引发的自然后果："如果我得不到你的帮助，那么我必须在某种程度上照顾自己。对我来说，合理的是……"

丽莎用于影响他人改变的计划

当丽莎和朋友盖尔在一起时，她想让盖尔帮助练习她的倾听技能。

1. **直接的请求**。"盖尔，我们花了很多时间谈论你男朋友的事情。我希望你每次和我在一起的时候，都特别注意询问我发生了什么事情。如果你能把我拉到谈话中来，并且让我也有说话的机会，那么我会感觉很好。"

2. **赞扬**。"还记得你问我关于我回得克萨斯州看望我父亲这件事吗？这感觉很好，我要告诉你很多事情——在别的场合，我可能不会说出这些事。你真的很关心我。"

3. **交易**。"如果你能每次都问问我的情况，那么情况会有很大的不同。我甚至愿意去你一直想去的莎莎舞俱乐部。"

4. **设立奖励**。丽莎想不出可以采用什么样的奖励。

5. **口头致谢和非口头致谢**。当盖尔向我询问我自己的事情时，我告诉她："谢谢你的关心，盖尔。你真的很在意我。"同时，我微笑着拥抱她。

6. **负面后果**。"盖尔，我需要你关注我。如果你不问我问题，那么我宁愿和你一起做些不需要说太多话的事情，比如一起去看电影，听音乐会"。

公开演讲

　　假设慈善组织"全球联合之路"理事会已经要求你公开发表关于捐款的演讲,理事会之所以选择你,是因为你去年做得很好,获得了人们一对一的捐款。当你试着整理思绪,准备演讲时,你意识到公开演讲和你边喝咖啡边闲聊是截然不同的。

　　有效的公开演讲需要特殊的沟通技能。因为你必须提前准备好你要在演讲中传递的信息,并且确保它是按逻辑组织的,所以这不如个人之间的交流自然。演讲或多或少是连续的,听众和观众很可能不会在演讲期间反馈他们的意见。你必须同时与相当多的人沟通,包括那些对你说的话不感兴趣的人。在通常情况下,你无法选择最有利的时间或场合来演讲。

　　这些都意味着你必须特别注意确定演讲的确切目的和主题,然后相应地进行组织,并且根据特定的观众、场合来调配风格进行演讲。难怪你会怯场!

做好演讲的计划

你需要问自己:"这次演讲的目的、主题和演讲风格是什么?"

目的

你会发现,大多数演讲要么是为了传递信息,要么是为了说服观众。一旦你确定了演讲的基本目的,就应当提炼该目的,并用一个完整的句子来阐述它。例如,你可以这样描述在"全球联合之路"大会演讲的目的:"这场演讲旨在说服观众报名参加一个从工资中自动捐款的计划。"一场关于埃及金字塔的内容丰富的演讲,其目的可能是:"讲述法老在埃及的崇高地位、建造金字塔的目的和相关史实。"

从行为目标的角度阐述演讲的目的通常是有帮助的。你希望观众在你演讲结束时做些什么?这一点在说服性的演讲中尤为重要。在演讲结束后,你可能希望他们捐款、为你或你的候选人投票,或者采取一些个人行动,例如给国会议员写信、志愿参加社区服务。这种阐明目的的方法在准备富含信息的演讲时也很有效。你可以这样阐述关于金字塔的演讲的目的:"我的演讲将使观众记住法老在埃及有崇高的地位,金字塔为法老而建,金字塔是人们利用巨型的跳板建造的。"

主题

本章后面的内容包含一个演讲大纲的示例。一般来讲,演讲主题概括得越精简越好。如果你无法用一句话概括演讲内容,那么你的演讲也许太长了,观众记不住所有内容。许多关于人类记忆力的实验表明,普通的观众只能记住一个主要观点和三个次要观点。其余的都是白费口舌。你最好是发表一场重点突出的简短演讲,而不是一场包罗万象的长篇演说。

演讲风格

你演讲的目的和主题将表明哪种风格的演讲最有效。演讲有四种风格：①即兴演讲，在这种演讲中，你没有时间准备，必须独立思考；②无讲稿演讲，即你准备了一篇演讲稿，但没有逐字背下来；③背诵式演讲，你可以一字不差地背诵你的演讲稿；④讲稿式演讲，你大声朗读你的书面演讲稿。

即兴演讲在与观众建立和谐关系以及演讲的自发性这两个方面最为有效。然而，除非你对主题非常了解，能在演讲时思考和组织，而且不会经常怯场，否则你很难成功地发表即兴演讲。在大多数情况下，无讲稿演讲更好一些，它能让你在选词和措辞上十分自然，与观众建立良好关系，而且可以事先精心组织。

背诵式演讲通常听起来很呆板，应当尽量避免，除非你没有别的办法来克服你的焦虑情绪，或传达那些难以用你自己的话解释清楚的演讲内容。讲稿式演讲是为正式场合准备的，比如政府工作会议或学术会论，在这种场合，相比于活跃的演讲风格或者与听众和观众建立融洽关系，逐字逐句地陈述准确的内容更加重要。

如果你确实需要在某个场合发表背诵式演讲或者讲稿式演讲，那么你也要记得和观众进行眼神交流。这能使你们保持更密切的联系。在演讲过程中，你可以抬头与观众进行眼神交流，同时放慢朗读速度，便于大家理解。在读讲稿的时候，用手指标记你读到了哪里，这样就能在每个长短语的结尾处抬头，不至于忘记自己读到哪里了。

组织演讲稿

关于演讲稿的组织，最好的建议依然是最常为初学者提的建议："告诉观众，你要告诉他们什么，以及你告诉了他们什么。"这一建议认识到了关于演讲组织的两个重要事实：所有精彩的演讲稿都必须有引言、正文和结尾；所有重要的信息必须至少重复三次才能被人们记住。

引言

引言是演讲稿中最重要的部分之一。它能吸引观众的注意力，确立你和他们的关系，确定你想要把握的基调，并且引导他们关注主题。如果你已经用一句话阐述了演讲的内容，那就掌握了引言的关键。大多数成功的引言都包括一个简短的摘要，也就是"告诉观众，你要告诉他们什么"。你最好把引言留到最后再写，或者至少在你知道演讲的全部内容和基调后再修改引言。

正文

演讲稿的正文包含主要内容。根据你的目的和主题，你可以采用不同方式来组织正文。

按时间顺序组织

你在处理历史材料（例如美国劳工联合会－产业工会联合会的历史，你的组织是如何呼吁建设新公园的）时，最好是按时间顺序组织材料。你从过去开始，依次走向现在和未来。连接词是"那时""接下来""在此之后""第二年"等。这是观众最容易跟上的材料组织方式之一，尤其适用于信息丰富的演讲。

按空间方位组织

按空间方位组织与按时间顺序组织类似。这种组织正文方式有助于向观众介绍城市选区、欧洲地理、旅游故事等主题。这种组织方式简单易懂。如果你再附上一份地图和一个指示器，那么采用按空间方位组织的方式来组织演讲稿，几乎不会使观众感到茫然。

按结构与功能组织

当你描述复杂的有机体或组织时，根据结构和功能来组织正文是很好的方法。例如，一篇关于南瓜如何生长的演讲可以按照"先结构后功能"的方式来组织正文。

结 构	功 能
根	吸收水分和营养物质；使植物固定在泥土中
茎	传输水分和营养；提供物理支撑
叶	捕获阳光，用于光合作用；遮阴
花	吸引传粉昆虫；形成果实
果实	形成种子，用于来年植物的培育；保护种子并为其提供营养

同样地，你也可以采用"先功能后结构"的方式来组织正文。

功 能	结 构
营养物质的摄入	根、叶和能量
营养物质的转换	叶子中的光合作用和能量
物理支撑	根和茎
再生产	花、果实和种子

当你采用从结构和功能的视角考虑某个复杂主题时，你经常可以找到一种清晰的方法来组织演讲稿。

按主题组织

有时候，你有两三件事要讲，但它们在时间、地点、结构与功能上并不紧密相关。在这种情况下，你可以依次处理每个主题，在每次改变主题时都要有意地让观众知道。例如，你在工作中对销售团队的演讲可以分为三个部分：库存、新价格和海外市场。关于生态学的演讲可以分解为"水质、垃圾填埋场和立法"三个部分。这种类型的组织是随意的，只有在信息简单和简短的演讲中才有效。不要将其与列出一长串论点或其他项目的组织方法相混淆。后者是一种差劲的组织方式，而且从来都没有效果。

按问题与解决方案组织

从问题与解决方案的角度来组织正文，对于说服性的演讲很有帮助。你详细地提出一个问题，然后提出解决方案，它清楚地解决了问题的每个方面。例如，支持学校债券计划的演讲可以这样组织。

问题：过度拥挤的教室；长距离行驶的校车；学生在全国标准化测试中的成绩很差。

解决方案：新建的学校将着眼于缩小平均班级规模；缩短校车行驶路程；提升教育水平并因此提高测试分数。

按原因和结果组织

在按原因和结果的组织方式中，你可以选择先描述原因，顺藤摸瓜描述其结果，或者反过来，先介绍结果，再追根溯源查找其原因。如果你要描述19世纪美国人的西部大迁移，那么你可能会先介绍其原因。

- 东部经济萧条
- 《宅地法案》的颁布
- 东部农田肥力下降
- 来自欧洲的新移民的压力
- 在加利福尼亚发现了黄金

然后，你再阐述某些结果。

- 发展马车队和专业导游

- 美国与印第安人的战争
- 草地 – 大水牛生态的破坏
- 先后成立了一些新的州
- 铁路建设蓬勃发展

正如你理解的那样，有些结果本身就是下一步结果的原因。这是一种灵活的组织原则，可以将选定的事实突出显示，将不方便公开的事实隐藏起来。

结尾

在一篇精彩的演讲稿的结尾，你要总结你告诉观众的内容。在说服性的演讲中，结尾也是行动号召：投票、写信、捐款、做志愿者，或者支持某个候选人。结尾在说服性的演讲中是最重要的部分。

同时，结尾还应当清楚地表明"你已经讲完了"。如果你的演讲最后只剩尴尬的沉默和试探性的掌声，那就再没什么比这更糟糕的了。用清晰的总结、陈述、决议、标语或行动号召来结尾，让观众知道你已经讲完了。

分析观众

在准备演讲之前，先大致了解一下你的观众。他们全是男人，全是女人，还是男女都有？他们大多是老年人，大多是年轻人，还是所有年龄段的人都有？他们受过什么程度的教育？他们是富人还是穷人？他们是保守派还是自由派？他们的种族背景是什么，职业是什么？他们的态度是什么？他们的利益是什么？在选择适当的语言、示例、笑话和整体语气时，所有这些考虑都很重要。

当演讲的那一天到来时，了解一下观众的情况。他们是不是刚刚吃过一顿丰盛的午餐？演讲的时候是清晨还是深夜？他们都有舒适的座位吗？室内温度多高？是否安静？他们是不是刚听完一位令他们厌烦或生气的演讲者的演讲？这些考虑可能使你改变演讲的时长或基调，以匹配或抵消观众的情绪。

在演讲过程中，注意听众和观众的微笑、掌声、皱眉、不安的动作、困惑的表情，或者人们离开或与邻座交谈。你可能需要说话声音大一点或慢一点，说话简短一点，或者改变你的语气。

演讲风格

演讲风格的基本规则是你的语言必须适合观众、主题及场合。如果把演讲比作一场答辩，那么在对你的论文做口头答辩时，你不应高谈阔论，也不应屈尊俯就，而应使用正确的语法和标准的语言，尽量不使用随意的口语。

公开演讲产生了一些特殊的演讲风格问题。演讲不同于书信或友好的谈话，因为你的观众必须记住你说了什么，沿着你的思路向前推进，而且无法向你提问或者要求你重读之前的段落。你可以采用以下五条规则来保证你的基本演讲风格比别人好：①使用简单的词；②使用短句子；③重复自己的话；④设置提示语；⑤选择个人化的措辞。

使用简单的词

如果一个音节的词就够了，就不要用两个音节的词。英语中更短更常见的单词更有影响力，也更容易被理解和记忆。"现在"（now）比"此时此刻"（at this point in time）更好，"大多数选民"（most voters）比"绝大多数的选民"（the vast majority of the electorate）要好。

使用短句子

如果你必须在某个句子结束前吸一口气，那么这个句子就太长了。如果某个句子有一个以上的从句，那也太长了。在你讲完一个长句子之前，你的观众已经忘记了开头。你需要将长句子拆分成几个简短有力的句子。

对于一场演讲来说，下面这个句子可能显得太长了："为了经营一家高效的企业，你不仅要牢牢掌握周而复始的日常业务和现金流，还必须预测未来几周、几个月的收益和支出，甚至预测几年后的收益与支出，而且要规划你的新产品、新服务和新设施。"

我们可以将同样的一个句子分解成几个简短有力的句子："经营一家高效的企业是困难的。你得同时做几件事。你必须牢牢地掌握日常业务。你必须注意你每周的现金流。与此同时，你得预测你的收入和支出。你还必须规划新产品、新服务和新设施。"

重复自己的话

观众只能吸收三分之一的演讲内容。重要的事情应当说三遍。实际上，你可以在演讲中重复自己的话，而且听起来完全正常，但不建议你在写文章时使用同样的技巧。除了逐字重复，你还应当改述你的主要观点。此外，还要用稍微不同的方式重复你的主要观点。在演讲时，为观众提供简短的内部小结，也将帮助他们理解。这还能帮助他们记住你之前讲了些什么，并且使理解较慢的听众和观众能够跟上你的步调。

设置提示语

提示语是指一些过渡性的词语或短语，它们将提醒听众和观众注意，你的演讲"方向"发生了改变，或者提醒他们注意，你现在讲到哪里了。

提示语相当于一篇文章口头上的小标题，它可以是微妙的，也可以是明显的。一般来说越明显越好。

- "现在，我们将转个话题……"
- "这是我将要阐述的第三点……"
- "另一方面……"
- "情况这时开始变得复杂了……"
- "首先……其次……最后……"
- "总而言之……"
- "让我概括一下我刚刚阐述过的内容……"
- "这个问题的另一个例子是……"

选择个人化的措辞

用"我"来指代你自己，用"你们"来指代观众，用"我们"来泛指一般人。只要有合理的机会，你都可以运用这些词。这种做法通过强调你与观众之间的个人关系来建立某种联结。选择个人化的措辞，使得一些立场更加明确。如何通过更加个人化的措辞来激活和澄清生硬而含糊的句子？请看如下示例。

- **非个人化的措辞**："有人认为，确保弹性工作制公平的唯一方法是安装所有员工都能使用的时钟。不过，诚信制度也可能会起作用。"
- **个人化的措辞**："我听说，确保弹性工作制公平的唯一方法是让我们所有人都打卡上下班。不过我觉得，我们也可以遵循诚信制度。"

支持材料

现在，你已经阐明了你演讲的目的，并能够用一句话来概括它了。此外，你还可以用一句话来概括你的演讲内容。你已经决定使用简单的词和短句。事实上，你的演讲现在看起来很简单，你一直在考虑怎样才能把有限的时间用完。这时候，该轮到支持材料发挥它的作用了。

最重要的支持材料通常是例证、插图、逸闻趣事和笑话。这些材料在很大程度上丰满了你想要表达的抽象观点。最好的例子是具体事例，即某个特定的人或群体在特定时间、特定地点所做的特定的事情。在支持材料中包含关于视觉、声音、气味和感觉的感官数据，将使你所分享的场景栩栩如生。然而，你举的例子要简明扼要。一般来说，只举两个例子来支持一个个观点，然后再总结一下观点。

我们经常将统计数据用作支持材料。在演讲时，简单的统计数据就能产生最好的效果。过于精确的数字和细微的差别在演讲中不起任何作用。如果你在演讲中说"34.657%的男性的脱发率为10.587%"，那么没有几个观众能记得住。如果你说每三个人中就有一个秃顶，观众就能记得住。

在辩论和其他类型的说服性的演讲中，论证通常由观点、引用（专家或目击者的证词等）来支持。在陈述他人的言论或观点时，一定要确定三件事：引用准确；观点能有力地支持论点；观众尊重你引用的权威。

幻灯片、视频剪辑、录音、白板、模型、显示器、活动挂图和讲义等，都是一些有助于你表达观点的视听辅助工具。如果你选择使用它们，一定要提前练习，确保你手头拥有必需的材料，并且熟悉它们的用法。如果视听辅助工具用起来不顺手，那你完全可以弃用它们。

提　　纲

以下是一篇长达 5 分钟的关于离婚调解的演讲提纲，列举了迄今为止提出的大部分建议。

离婚调解演讲

目的：说服打算离婚的夫妇选择调解离婚而非诉讼离婚。

一、引言

调解比诉讼更好，因为调解能够：

1. 保护家庭资产
2. 保护孩子
3. 为夫妻二人提供情感支持

二、正文

（一）支出

1. 诉讼将耗费 2 万～30 万美元不等的诉讼费，耗费家庭资产。
2. 调解将耗费 4 000～12 000 美元，保护了家庭财产。

（二）孩子

1. 在美国，1 500 万的孩子经历了父母离异。
2. 在调解的离婚案件中，调解人员要求父母对孩子担负同等的责任，并且培育共同养育的技能。
3. 请记住，离婚只是夫妻离婚，不是父母离开孩子。

(三) 情绪健康

示例：乔听从律师的劝告，取消所有的信用卡。吉尔听从律师的建议，清理了联名支票账户。一周后，他们就没有对着对方大喊大叫了。

三、结尾

调解更好，因为它更便宜，确保了对孩子的持续养育，保护了离异夫妻的情绪健康。"不要憎恨，调解吧！"

请注意，这篇演讲的引言、正文和结尾都遵循这样的原则："告诉观众，你要告诉他们什么，以及你告诉了他们什么。"演讲的目的和内容可以用一个简单易懂的句子来表达。

这篇演讲有三个论点：调解更便宜；调解更有利于孩子；调解更有利于离异夫妻双方的情绪健康。这些观点得到了统计数据、示例和引用的支持。演讲的正文按照"问题-解决方案"的原则来组织，依次解决费用问题、孩子问题和情绪问题。每个问题都有两个相同的解决方案：诉讼离婚和调解离婚。演讲的结尾总结了这些论点，并以"不要憎恨，调解吧"作为结语。

练习 19.1

请选择一个你非常了解的话题。它可以是一种爱好、你的工作、学校里的一门学科——任何你非常熟悉的东西。请想象观众要求你连续 5 分钟谈论你的话题。根据上述想象，你要先用一句话来描述你演讲的目的。

开始就你的 5 分钟演讲列出提纲。一定要让演讲稿有清晰的引言、正文和结尾，并且根据明确的原则来组织正文内容。在适当的地方包含一些例子、引用、事实和数据。提纲应当有 1～2 页长。

> 你可以将提纲与上述"离婚调解演讲"进行比较。请想象一下演讲的场景,对大纲做一些必要的修改。你可以将大纲保存起来,在做练习 19.2 时拿出来使用。

发表演讲

发表演讲时,最重要的因素是你的声音。你必须以适当的音量、速度、清晰度和音高来传递你想要表达的信息。

以适当的音量发表演讲,就是要让最后一排的观众能够听得清。如果他们听不清,就以后面的墙或街对面某个想象的地方为假想的最后一排观众。如果你对自己的音量有疑问,就问一下后排的人是否能听清。避免使用麦克风。没有经过麦克风放大的声音,听起来会更自然。如果你一定要用麦克风,那么你需要事先练习一下,找到你的嘴唇和麦克风之间的最佳距离:太远就听不到声音,太近就会失真,并且发出"砰砰"的声音。

大多数人说话太快。你可以有意识地慢一点,在每句话结束时停顿一下。对你来说听起来极其缓慢的语速,也许在观众听起来恰到好处。

确保你的发音和陈述足够清晰。当你进行英文演讲时,每一个辅音都要发得清楚,专注于你的元音,不要含混不清——要将每个词的每个音节都发出来。在公开演讲中,你要尽可能摆脱日常交谈中的不良发音习惯。

适当变换音量。如果你在问一个反问句,那么你要在句末提高音量。因而在演讲时,建议采用不同的语调表达娱乐、批评、惊讶、兴奋或关心。

你要注意自己的肢体语言,特别是眼神交流。与观众进行良好的眼神交流是必要的。它意味着真诚、亲密、诚实和其他优良品质。如果四目相对让你感到紧张,就看着对方的额头吧!"看眼睛"和"看额头"的效果是一样的。

你的手势和面部表情应当自然,并与你正在说的内容相一致。如果你在致悼词的时候像参加比赛的运动员入场那样挥舞手臂、咧嘴笑，那么这显然不合适。别把手放在背后或口袋里。可以用手势来支持你说的话。

你要学会在演讲中移动自己的身体。向侧面、前面或后面踱步是表明你要改变话题的好方法。身体的移动能为演讲加分，活跃现场气氛。因此，最好不要老是待在演讲台上一动不动。

应对怯场

怯场是一种预期性的焦虑。你一想到自己不得不当众演讲，就会触发"战斗或逃跑"反应，并有一种复杂的兴奋感。你感到紧张，双手又冷又湿，嘴巴很干，心跳加速。

害怕公开演讲可能是一种最普遍的焦虑。研究人员已经针对这种焦虑做了大量研究，并且设计了一些有效的应对策略。你可以在演讲前和演讲过程中做一些练习，将紧张情绪控制在可控的水平。

一周前

如果你事先知道你要发表一场演讲，那么你可以采用秘密模拟的办法让自己准备，以免感到紧张。你先简要地描述自己上台演讲的场景："我走上演讲台，对台下观众微微一笑，然后缓步走到中央，深吸一口气。我开始用洪亮的声音愉快地说着话。我说得很慢、很清楚。当我和观众进行眼神交流时，我注意到他们都在聚精会神地听我演讲，并且在微笑。我感到轻松自在，十分开心。我知道我要说些什么，并且乐于和观众分享。我讲完后，台下掌声不断。"

请记住你的这些描述。你可以找个不被打扰的安静地方坐下，闭上眼睛，深吸一口气，然后吐出来。请想象你演讲的地方（墙壁、椅子、桌子等），以及所有这些物体的颜色和形状。当你脑海中有了清晰的场景时，再想象一个和你截然不同的人站起来发表演讲。这个人可以是你认识的比你年长或年轻的人，或者是异性。请想象那个人刚开始有点紧张，但随后又能以一种放松的、自然的方式发表演讲。此时，你"看到了"那些微笑着鼓掌的观众。接下来，你需要重复这个场景。这一次，好比你看到了与之前不同的场景：那个人在台上讲不下去了，十分挣扎，过了一会他又成功完成了剩下的演讲。

然后，你想象自己在演讲时，有一个和你年龄、性别相同且相貌相近的熟人。看到这个人你有些许紧张，不过，紧接着你就进入了演讲的状态，克服了这种紧张。使用类似的模型来模拟这种场景两次。

接下来，请想象你演讲时的场景。起初你有点犹豫，而之后你获得了信心，开始用权威的口气说话。尽管你犯了一些错，但观众最后真的很高兴，你感觉很好。回想你演讲时的场景，直到你感到信心倍增。

最后，你可以对着镜子练习演讲（见练习19.2）。

一小时前

演讲前对着镜子练习演讲有助于放松你的整个身体，可以体验两次这个渐进的放松过程。

1. 坐到一个舒服的位置上，收紧小腿，将双脚和脚趾抬高，离开地面，弯曲脚踝，脚趾指向自己。请坚持5秒，然后放松。接下来，你将脚趾弯曲，收紧小腿、大腿和臀部。请坚持7秒，然后放松11秒（注意观察你双腿的放松）。
2. 握紧双拳，收紧前臂和肱二头肌，摆出查尔斯·阿特拉斯（Charles Atlas）的姿势。请保持这个姿势7秒，然后放松11秒（注意观察你手臂的放松）。
3. 将空气深深地吸入胸腔，并且使背部弯曲。请保持5秒，然后放松。接下来，你深吸一口气，这次让空气进入你的胃。请坚持7

秒，放松 11 秒（注意观察你胸部和腹部的放松）。

4. 皱起额头，同时将头部尽量向后推，顺时针旋转一个完整的圈，然后向相反的方向转动。现在，你将脸上的肌肉像核桃那样皱起：皱眉、眯眼、噘嘴、舌头压住上腭、双肩前倾。请坚持 7 秒，放松 11 秒（注意观察你头部的许多小肌肉的放松）。

在演讲期间

在开口说话前，你先慢慢地深吸一口气，然后慢慢地呼出来。这是最好的快速放松法，它会提醒你在开口说话之前把双肺灌满空气。在演讲过程中的任何时候，你都可以停下来深呼吸放松一下。对观众来讲，这看起来就是一种自然的停顿。

如果紧张的情绪可能让你感到喘不过气来，你就可以尝试自相矛盾的承认，包括坦率地告诉观众："我感到很紧张，我肯定会把整场演讲搞砸的。"通过承认你的紧张，你暴露了自己想要隐藏的东西。尽管自相矛盾，但事实是，暴露隐藏的紧张情绪，可以使这种情绪消失或下降到一个可控的水平。

练习 19.2

你可以对着一面全身镜发表演讲，同时给自己录音。在演讲时，请注意你的手势、眼神交流和面部表情。听录音回放时，请认真听你的音量、语速、清晰度和音高。哪些地方你可以使用更短的单词和句子？哪些地方的过渡没有设置足够的提示语？哪些地方你应当重复自己的话或者使用更加个人化的措辞？你还可以假装自己对这个主题一无所知，然后以他者视角来看看这次演讲是否将这个主题阐述清楚了。

请再次对着镜子演讲，录音机的麦克风离你越远越好。你需要纠正第一次记录下来的所有错误。请不断练习，直到你的演讲趋近完美。当你变得更加熟练时，注意不要说得太快。

第 20 章

面　　谈

你一生中可能要经历许多次面谈：当你找工作、租房或贷款买房时；当你申请某些学校、请求加入某个俱乐部或组织时；当有人想从你这个专家这里收集信息时。在这些情况下，面谈技能很重要。

试想，你发出自己的简历一个月了，终于获得一份新工作的面试机会。你越来越紧张，感觉要上法庭接受审判。如何为这种审判做准备？你会被问到什么问题？怎样才能给面试官留下好印象？为了确保这份工作适合你，你应该提些什么问题？如何处理你认为不应该回答的问题？

当你需要向某人发起面谈时，面谈的技能也很重要。例如，辛迪需要买辆二手车。虽然网上有很多，但她必须与车主面谈，才能最终决定买哪辆车。尼克有一套公寓想要出租，他想和一些潜在租客见面交谈。特瑞娜是乳腺癌幸存者援助组织的成员之一，她希望与自己所在社区最近确诊为乳腺癌患者的妇女见面，向她们提供一些重要信息，以帮助她们挽救生命。玛丽计划采访一些退伍军人，以便在她的研究论文中谈一谈他们的军事经验。杰夫手下有位员工经常迟到，他想激励这位员工准时上班。崔西的厨房只装修到一半，承包商就不干了，怎样才能找到可靠的帮手来完成这项工作？她打算在做决策之前，与她朋友推荐的三个新的承包商面谈一下。

本章内容将帮助你提高你的面谈技能。你在面谈时的表现在很大程度上取决于你的准备程度，而准备工作的出发点是了解你想从面谈中得到什么。

明确你想要什么

知道自己想要什么很重要，不管你是发起面谈的人还是接受面谈的人。明确你想要什么，可以使你聚焦于自己的意图，激励你继续搜寻目标，并且让你带着热情去告诉别人你的目标。

辛迪需要买辆二手车，她花了几分钟来想象自己想要什么："我想象自己开着一辆樱桃红色的经济型轿车去上学和上班，这辆车很安全，不会抛锚。它的暖风和空调系统性能可靠，收音机和 CD 播放器非常高级。它的空间够大，即使我和三个朋友拼车，也不觉得拥挤。我很自信，驾驶起来也很轻松。如果它的价格不超过我预算的 6 000 美元，那么我会很高兴。"

辛迪接着问自己，她想要的汽车的哪些方面是必不可少的："首先，车辆必须安全可靠，没有经过大修。暖风系统和收音机是必需品，而且必须能使四名成人同时乘车时感到舒服。车况良好，使我在开车时感到自信和轻松。此外，车辆的油耗必须经济划算，并且价格不能超过 6 000 美元。"最后，辛迪决定，颜色、空调、CD 播放器（高级的音响系统）都不是必需品。下面这个练习将帮助你在面谈时明确自己的目标。

练习20.1

你可以想一下自己希望拥有的某样东西，或者自己想经历的某件事情。得到或者经历它们，需要你至少参加一次面谈。请留出几分钟闭上眼睛，做几次深呼吸，然后放松。想一想你想要什么。试想你已经达到了你的目标。它是什么样子的？你感觉如何？你在干什么？你在哪里？你是一个人，还是和别人在一起？如果和别人在一起，你怎样与他们互动，他们又如何回应你？用你所有的感官尽可能完整地充实这些内容，以便你在脑海中对自己想要的东西形成一幅完整而详尽的图画。

1. 你想要什么？请描述你想要的东西。
   _____
   _____
   _____

2. 你想要的东西的某些方面是不可或缺的吗？请写下这些要求。
   _____
   _____
   _____

3. 你想要的东西的哪些方面并非必不可少，但如果能有则更好？请写下这些好处。
   _____
   _____
   _____

当你感到气馁，想转移话题时，当你准备面谈时，当你结束了面谈时，请记得再来看一下你写在这里的内容。

当你发起面谈时

假如你想发起一次面谈,你需要遵循一个书面的计划。它将帮助你节省时间,避免错误,变得更加自信,做出更合适的决策,并最终获得你想要的结果。

面谈清单

当你要为撰写文章或报告收集信息,决定录用某人,选择房地产经纪人,研究买些什么,或者激励员工时,你可以遵循以下基本步骤。

1. **决定与谁面谈**。如果你还没有找到合适的面谈对象,随着你对自己感兴趣的领域的研究,一份潜在的候选人名单就会自然而然地形成。请尽可能多地了解你的潜在对象,然后选择一个或多个人进行面谈。
2. **明确面谈的目的**。你的目的可能是为自己收集信息,向别人汇报,理解某个复杂的主题,以某种方式影响面谈对象(被采访者),做出自己的决定等。
3. **列出你想传递的信息**。运用有效的表达方式进行表达,表达内容囊括所有的实际细节,比如你的名字、从业背景、面谈的目的和时间等。
4. **列出你在面谈中想要提出的问题**。确保其他人不可能轻松地回答这些问题。不要列太多:五六个好的问题,胜过20个一般的问题。请将问题按你想问的顺序排列好。从简单的问题开始,把难的问题留到中间,在面谈对象已经开始对这个话题感兴趣的时候再抛出难的问题。请记住,别把最重要的问题拖到最后——那时你可能没时间了,得不到对方的回答。

5. **预测面谈对象的问题**。请想象一下这个人可能会问你什么，并准备好回答他们可能提出的每一个问题。

6. **安排面谈**。你需要联系面谈对象，让他们同意前来面谈。你可以用打电话或视频聊天的方式来确定见面的时间和地点，并且告诉面谈对象你希望的面谈时长。

7. **建立融洽关系**。请热情地接待面谈对象。你需要与之微笑，握手，眼神交流，并喊出对方的名字。如果面谈在你的办公室或家里进行，那么你要确保面谈对象感到舒适。你要重申面谈的目的和时间，向对方介绍自己，告诉对方你希望的面谈的时长；确保面谈对象理解并同意你提出的安排。你可以聊一聊你们共同的兴趣、处事原则、朋友或相似的经历等，以建立联系。如果你不知道你们有什么共同点，就从中立的话题（比如天气等）开始，要远离政治等有争议的话题。请密切关注面谈对象对你的回应。你可以调整自己的行为，让对方放松下来。当你清楚这个人和你谈话觉得很舒服时，马上进入下一阶段。

8. **提问**。互动是这样进行的：你提一个问题，而后面谈对象回答。接下来，你用评论或后续问题来回应对方的回答。你对面谈对象的回应，和你起初围绕提什么问题而做计划一样，都对你收集需要的信息非常重要。你可以用不同的方式来回应，比如点头说"嗯"，然后总结一下对方的回答，或者同意对方提出的观点，或者问对方一个后续的问题。当你感觉你们之间的互动并没有朝着有益的方向发展时，可以随意地改变话题并转向清单中的下一个问题："现在我想问你对别的事情的看法……""让我们稍稍去探索一下……"面谈对象期待你提的问题，而且通常不会犹豫。

9. **结束面谈**。请计划好如何结束面谈。当你们滔滔不绝的谈话进入尾声时，你最好选择一段亲切而清晰的结束语。你可以这样来结尾：指出是时候结束面谈了；征求对方最后的意见；总结面谈的要点；纠正任何的误解；感谢面谈对象。如果你愿意，也可以敞开心扉与对方再说一些，以便进一步接触。

10. 事后检视并跟进。面试结束后，你可以立即回顾一下面谈中发生的事情。请对你和面谈对象说的话做个简短的总结。这在你刚开始面谈的时候尤为重要。一定要把事实和假设分开。你问问自己，面谈对象是否同意你预想的内容。如果你对谈话内容有疑问，可以打电话跟对方确认，或者将你的书面总结发给对方确认。如果你面谈的目的是做出决策，那么你现在拥有了足够的信息来决策吗？如果你承诺无论什么原因都要请面谈对象回来，那就继续跟进。

在你写出面谈时发生的事情之后，花点时间来评估自己的表现。怎样才能在下一次面谈时做得更好呢？

玛丽·乔采访退伍军人

玛丽·乔决定采访四名退伍军人，了解他们的军旅生涯，以便写一篇研究论文。她在父母的熟人中列出了一份潜在的被采访者名单。

玛丽·乔写了一篇介绍性的脚本，打算在给名单上的人打电话请求对方接受采访时使用："您好，我是玛丽·乔·安德森，我的父亲是韦恩·安德森，他给了我您的名字。据我所知，您曾在某军种服役（说出对方服役的军种名称），是一位××（说出军衔或职务）。我正在写一篇关于军旅生涯的研究论文，想听您简单谈谈您的经历。时间不会超过45分钟，我可以在您方便的时候去您家。"

玛丽·乔根据她打算提问的顺序，写下了五个问题。

1. "您在军队中的日常生活是怎样的？"
2. "您最喜欢军旅生涯的哪个方面？"
3. "您最不喜欢军旅生涯的哪个方面？"
4. "您在军队里最难忘的几次经历是什么？"
5. "您在军队里经历过哪几件趣事？"

玛丽·乔还写了一段简短的结束语。实际上，她只要将结束语稍稍修改一下，就可以用来结束以后的每一次采访："我发现我们的采访时间快到了。在结束之前，您还有什么要补充的吗？感谢您花时间和我分享您的从军经历（总结陈述）。您提供的信息对我撰写关于军旅生涯的研究论文很有帮助。如果我后续还有别的问题，我能再打电话给您吗？"

练习 20.2

假设你正在采访一名海军陆战队队员，他刚刚说了下面这些话："在海军陆战队的经历中，我最享受的是和战友在一起的时光。我们经常冲浪和聚会。我也喜欢当游泳教练。有的新兵不会游泳，站在水里被吓坏了。我必须让他们的游泳水平达到这样的高度：能够背着所有的武器装备潜入水底并且生存下来。"

请想象并写下不同的反应来完成对下面每一步骤的采访。

鼓励被采访者继续说下去：

_____

_____

_____

探听更多的信息：

_____

_____

表示你赞同对方的说法：

总结：

将主题转到某个相关的领域：

将主题转到一个新的领域：

尼克与租房者面谈

当尼克决定将其车库上方的一套公寓出租时，他发现遵循下列步骤对与租房者面谈很有帮助。

1. **决定和谁面谈**。尼克研究了他所在地区的租赁市场，了解了公平而有吸引力的租金大致是多少。他发现最常见的租房方式是在某个热门网站上发布在线广告。

2. **确定面谈的目的**。尼克想找到理想的租房者：一对不吸烟、不养宠物的夫妻，双方都是全职工作者，能够轻松支付房租。租客需要有人推荐，并且愿意至少租一年。尼克认为，租客不戒烟、有工作、有值得信任的人推荐、愿意租住一年、能够轻松支付租金等都是必要的条件，而且没有商量的余地。可选的和可协商的条件是不养宠物和全职工作。
3. **列出想要传递的信息**。尼克写了一段话来介绍欲出租房子的情况，他可以在打电话时参考一下。他把自己的要求写进了网站上的广告，并列出了人们联系他时需要注意的要点。最初的电话交谈或电子邮件交流是为了对这次面谈进行筛选，以剔除不合适的候选者。他强调的重点是事实。他邀请合适的候选者在他打算出租的房子里见面交谈，以决定自己是否喜欢他们。
4. **列出问题**。尼克列出了一份问题清单，以筛选来电问询者，并且将这些问题按顺序排列："你的全名和电话号码是什么？我晚上联系你。""你会一个人住还是和别人一起住？"如果答案是"和别人一起住"，那么下面的问题也适用于他们："你现在住在哪里？为什么要搬家？""如果你决定要租我的房子，我可以和你最近的三个房东谈谈吗？""你抽烟吗？""你养了宠物吗？""你是做什么工作的？""我可以和你的老板联系一下吗？这样可以确认你的工资和你的信用。""你打算租多久？"
5. **预测面谈对象的问题**。尼克预测了面谈对象可能会问他的问题，并事先做出了回答。

   问："山租多久？"

   答："至少一年，一年以后每月结算租金。"

   问："有车库吗？"

   答："没有，但社区有很多停车位。"

问:"家用电器是烧煤气的还是用电的?"

答:"暖气、炉子和烘干机是烧煤气的,其他是用电的。"

问:"学校离得近吗?"

答:"走路就能到一所小学和一所中学。高中离这儿约有 4.8 公里远,校车停在街角处。"

6. **安排面谈**。当尼克接到潜在租客的电话,对方询问报纸上关于出租公寓的广告时,他做了自我介绍,问了对方的名字,并且解释说,他在带对方实地察看公寓之前,会先通过电话简单地筛选一下。他花时间寻找他与询问者之间的共同点,以建立融洽的关系。在收集到询问者当前的情况和租房需求的信息时,他也分享了一些关于自己的信息,以鼓励两人更加开诚布公地交流。接着,尼克简单描述了一下那套公寓和附近的环境,问了一些他打算问的问题,并且对询问者的回答给予了回应。根据收集到的信息,他当时就会在电话中弄清楚,这位潜在租客是否具备他寻找的租客的基本特征。如果他认为这个人似乎合适,而且对方在接受筛选后仍然对公寓感兴趣,他就会约这个人来看房子。如果他认为这个人不合适,就说:"已经有很多人想租我的公寓了,我打算从他们之中挑一个。谢谢你,祝你找到更好的房子。"

7. **建立融洽的关系**。尼克邀请了符合他大部分标准的夫妻以及他最喜欢的潜在租客进行一个小时的面谈。在那段时间,他问了他们一些额外的问题,以便更好地了解他们——既从潜在租客的角度来了解,又从普通人的角度来了解。"你能告诉我更多你的情况吗?""你以前的生活情况怎么样?""你为什么决定搬家?""你为什么想住在这附近?"同时,他还回答了他们关于他本人、租金以及邻居的问题。

8. **提问**。尼克查阅了他的清单，确定他已经得到了所有他需要的答案。他打电话给其他潜在租客，告诉他们自己的决定。
9. **结束面谈**。有一对夫妻同意了他的条件，签下了租约。尼克确认了他需要的所有联系信息，并向对方表示，在他核实了他们的推荐人之后，将在两天时间内亲自签署租约。
10. **事后检视并跟进**。核实过租客的推荐人后，尼克打电话给他们，让他们拿走租约，并就入住日期做了安排。他为自己与租客面谈顺利而自豪。

激励性的面谈

当人们只是做他们该做的事情时，生活就简单多了。员工应该准时上班，老师应该让学生知道在学校要怎么做，邻居不该让他们的狗日夜叫个不停。不幸的是，有些时候，确实有必要和那些没有达到你期望的人坐下来谈一谈，激励他们改变自己的行为。作为发起面谈的人，你可以通过激励性的面谈来鼓励对方与你合作。

克莱尔早上上班经常迟到。她的上司杰夫收到了同事的投诉后，评审了公司的出勤制度，然后安排与克莱尔进行面谈，讨论她的迟到问题。在几分钟的闲聊之后，杰夫让克莱尔放松下来，他解释了"为什么守时能够提升整个部门的效率和士气"，然后描述了"克莱尔经常性的迟到对整个部门产生了怎样的负面影响"。克莱尔很快为自己辩护，杰夫满怀同理心地倾听着。最后，他总结了自己听到的内容："你是说你身患疾病，这有时导致你觉得早晨起来很糟糕。因此，你不是旷一天的工，只是来得晚一些，并且用晚上加班来弥补上午迟到的时间？"克莱尔点头称是。

杰夫表示，虽然他同情克莱尔的问题，但不能接受她的随意出勤模式。考虑到她的病情，他为她提供了三种选择，所有的选择都要求她持续不断地去看医生,并且出示医生证明来确认她的病情。克莱尔接受了杰夫的建议,每天上班晚来两个小时。

杰夫指出,克莱尔的同事需要知道她什么时候有空协助他们,他们会欣赏她的准时,她的出勤率将反映在下一次的绩效评估中。如果她还是随意出勤,公司将提出书面警告,严重时公司将解雇她。杰夫将他们的协议写下来,让克莱尔确认并签字。

通过将书面协议归档到克莱尔的人事档案中,并且在下一次评估时为后续面谈做好笔记,杰夫很好地检视了这次面谈的情况。

当你接受面谈时

如果你接受了面谈,现在对面谈流程有更好的了解,准备工作就会更容易做。尽管你的观点和发起面谈的人不同,但这里提供的很多准备步骤和面谈清单上的十分相似。

被面试者的清单

以下清单中的例子主要与求职面试有关。不论你什么时候发现自己处于被面试者的位置,你都可以轻松地将其付诸应用。

1. **明确目的**。重要的是明确你参加面试的目的和面试官的目的。
2. **做好准备**。如果你还不是面试方面的专家,那就做好准备吧!假设你要申请一份工作,你就要调查一下面试你的人或公司。你未来的雇主是做什么的?他们是怎么做的?有多么成功?谁是他们的竞争对手?什么因素促成了他们的成功?你申请的工作对他们的成功有什么帮助?

3. **列出问题**。根据你的调查,请写下几个你可以问面试官的问题。
4. **列出你想要传递的信息**。关于你自己,你想要传达哪些重要的信息?例如,至少想想你已经做过的三件事,证明你可以为未来雇主的成功做出贡献。利用你的学历、经验、成就、技能、兴趣、人品、计划和创意来说服面试官相信你的价值。
5. **预测面试官的问题**。你可能会被问到什么问题?对每个问题都要准备好深思熟虑的回答。
6. **预测对方的异议**。如果有一个筛选过程,预期筛选者可能对你有什么异议,并进行恰当的辩护。举个例子,如果你养有宠物,而且正想租一套公寓,那么你要做好准备,在房东对你说"对不起,不准养宠物"时该怎样回应。你可以坦诚地承认你养了宠物,并且仍然可以这样说:"我的小狗很乖。他从来没有弄脏过地毯,而且我确保他身上没有跳蚤。我以前的房东可以告诉你,当我离开那套公寓时,公寓里的情况很好。如果你愿意的话,我甚至愿意支付额外的保洁押金。"
7. **排练**。在镜子前、录音机前或者和朋友一起,通过角色扮演来排练面试。这将使得你对真正的面试感到更适应,并且让你有机会做出必要的改进。
8. **建立融洽的关系**。从一些中性的话题开始建立联系,比如墙上的画作和面试官办公室里的小摆设:"我真的很喜欢那幅画。谁画的?""哇,从照片上我可以看出你也是个高尔夫球手。你最喜欢的球场是什么?""现在,我可以联想咖啡杯上的标语了。我也喜欢喝浓咖啡。"请远离政治、宗教和其他有争议的话题。
9. **询问结果**。你需要做好准备请求对方提供明确的面试结果。如果你希望面试官能够肯定你,而对方却立马拒绝了你,那么你要请求对方给予反馈意见。你没有什么可以失去的,可以反驳面试官对你提出的异议。如果面试官似乎对你很满意，但没有告诉你下一步该做什么，你就要询问下一步要做什么，例如，面试官什么时候会联系你参加最终确定人选的面试？你什么时候能去看打算出租的房子或者试驾二手车？如果你很清楚自己对面试官提供的职位感兴趣，那就热情地说出来，并总结你能提供的一切。如果合适的话，你需要给面试官一个机会，力促面试官做决策。如果面试官不能做决策，就要求和能够做决策的人谈谈。

10. **面试后尽快进行事后检视**。请写下面试的日期和面试官、公司、职位或者你感兴趣的事项等一些基本情况。你的主要观点是什么，面试官又是如何回应的？面试官主要关心的问题是什么？你是如何回答的？下一步要做什么？你说了些什么你觉得后悔不该说出口的东西？你还有什么话没说而你希望自己已经说了？你打算如何跟进这次面试？例如，你可以给面试官写封信，感谢对方抽出时间对你进行面试。请回顾你的主要观点以及它们与你的目标的关系，说明你认为下一步应该做什么。让你的信有趣且切题。你可能想添加一些新的或有挑战性的东西。

11. **跟进**。如果合适的话，你可以列出一些理由，在接下来的几周内询问面试官。请把你对某个悬而未决问题的想法写下来。你可以发送一篇支持你观点的文章，接着问面试官是否收到了这篇文章以及他的想法。

留下好的第一印象

虽然这一小部分是为求职面试量身定做的，但它适用于任何你想要寻求积极结果的面谈场合。

第一印象至关重要。你永远没有第二次机会给人留下好的第一印象。

面试官对求职者的第一印象，通常在面试的前5分钟就形成了。负面印象一旦形成，就很难改变。

要准时。确保你知道面试的时间和地点，并且留出足够的时间。穿着要适合你申请的职位，让面试官满意。如果你不确定对这个职位来说合适的着装是什么，一条好的经验法则是"穿着专业而保守"。现在不是尝试某种新潮的新时尚，或者喷浓浓的香水或古龙水的时候。请选择能让你看起来漂亮或帅气的衣服。从你最近剪的头发到刚擦过的鞋子，你都要精心打理。

了解面试官的名字并且叫出来。人们喜欢听到别人准确地喊出自己的名字。

请记住，要深呼吸，放松肌肉。可以通过了解面试官来克服你的自我意识。你可以告诉自己，你已经为求职成功做好了准备，穿着也得体。面试官预期你会紧张，并且也能原谅你的紧张。要有礼貌。你需要向面试官展示你的尊重和友好。

非言语交流和你说的话一样重要：热情、坚定地握手，保持自然和直接的目光接触，等着别人告诉你该坐哪儿，注意你的姿势，坐姿稍微向前倾，以上这些都能展现你的社交礼仪。你还要注意自己收到的非言语反馈，这样才能相应地调整自己的行为。假如面试官在你说话的时候坐立不安、转移视线或者看表，这就意味着你应该停止当前话题或者改变话题。

要灵活机智。只有在你觉得必要的时候才提出反对意见。当你有不同的意见时，在陈述你的观点之前先要承认面试官的观点，并强调你从中看到的优点。做到诚实守信和始终如一。没有什么比拆穿谎言更能迅速摧毁一段关系中的信任了。即使是表面上的欺骗，通常也无法挽回。"承认你不知道"比"编造一个容易被怀疑的答案"好太多了。

让面试官对你感兴趣。如果你只是等着别人提问，那么根本无助于使自己在所有被面试者中脱颖而出。说点或做点什么来给面试官一天的单调生活增添点新鲜元素，例如分享一些让你难忘的事情，讲个有趣的故事，寻找你们之间的"桥梁"（共同的兴趣等）。让面试官对你有个好印象。如果面试官能在某些重要方面认同你，你就能赢得对方的心。在选择谁将被录用的时候，面试官对你的直觉比他对你的具体情况的回忆更重要。

作为一位被面试者，你要把自己当成一名销售员。在面试中，你的产品就是你自己：你的资产就是你的经验、技能和个性。虽然你的简历可以清楚地说明你的背景，但个性只有在面试中才能体现出来。

在求职面试中，面试官基本上只有一个问题："我为什么要聘用你？"对于这个问题，你能给出的最佳答案是，你为公司创造的价值，将远远超过公司为你付出的成本。你可以用你的业绩来证明这一点。不管面试官问你什么问题，都要试着把答案组织起来，表明你在应聘的职位上是有价值的。

管理不适当的问题

在面试过程中，面试官会时不时地问你一些不恰当或令你不舒服的问题。一旦发生这种情况，你需要先停下来深吸一口气，整理一下思绪。尽管你可以拒绝回答这些问题，但是面试官很容易将你的拒绝理解为不合作，或者更糟糕的是，以为你在隐瞒什么。这对你面试成功并无益处。那么，你如何才能在回答这些问题的同时，不暴露一些你认为与面试官无关的事情，同时又不至于搞砸面试呢？

如果你在接受一次信息性的访谈，也就是说，是一场你可以分享你的经验或专业知识的访谈，那么在开始前，你可以选择列出你愿意讨论的话题以及超出范围的话题。电视台和电台采访的名人经常以此作为参与访谈节目的条件。试想，一家当地的报社记者联系你，想让你写一篇关于你作为妻子、母亲、艺术家以及你所在城市的艺术协会创始人的生活的文章。你可以说，你愿意讨论你自己的艺术和艺术协会方面的问题，不想讨论你的家庭生活。如果在这个问题上出现了你之前没有提到的问题，你可以简单地提醒对方记得你们之前的协议。

请记住，当你是信息性的面谈中的面谈对象时，你处于有利地位，因为这意味着有人来向你寻求信息。在通常情况下，即使你限制了讨论范围或者对某个问题说"不"，你也不会失去什么。如果你不想引起别人对某些话题的注意，而这些话题是一位有事业心的面谈发起人可能会自己去研究的，那么只有当面试官提出某个尴尬的问题时，你才让对方知道你的界限，你可以说："这超出了我今天想谈的范围。"在这种情况下，面谈发起人只会接受这一点，转而提出下一个问题。

当面谈发起人问及你对某个敏感话题的看法，而你想通过一种不那么生硬的方式回答"无可奉告"时，你可以用一种常见的说法简单回答。例如，当面谈发起人问"你为什么离婚"时，你可以说："不好的事情发生在好人身上。""她想在纽约生活，而我不想。"当面谈发起人问你为什么没有孩子时，你可以说："我想，我很难有孩子。"听到你这样的回答，大多数面谈发起人会得到这样的信息：你不想谈论这个话题，所以他们会继续下一个问题。

如果你觉得面谈发起人因为问了一个不恰当的问题而需要你提出温和的批评，那么你可以试着停顿一下，看上去稍显震惊，然后说："你真的问过我这个问题吗？"如果面谈发起人仍没有领会你的暗示，你可以直截了当地说，你认为这个问题不合适，太私人了，与面试的主题无关，或者与面谈发起人无关，所以你不想回答这个问题。

当你在面谈时处于劣势的时候，大胆地设定界限会比较困难，即使并非完全不可能。例如，当你想要给一位未来的老板或房东留下你是新员工或者新租客的合适人选的印象时，你不想告诉对方某些话题是禁区，却担心拒绝回答某些问题而令对方对你印象差。幸运的是，美国有专门的法律，保护你在就业前、入学前、贷款前以及其他各种与商业相关的面谈中不受歧视。例如，在求职面试中，对以下方面的询问是受到限制的或者是不被允许的。

- 种族、种族背景、民族血统
- 婚姻状况
- 家庭构成
- 性别
- 年龄（除非与工作相关）
- 体重或身高
- 社团或组织中的会员身份
- 宗教隶属
- 拘捕记录
- 残障情况

有些面试官会欣赏你在他们询问非法问题的时候有勇气指出来，别的面试官可能感到你在威胁他，因而不让你通过面试。你可以简单地说，你认为这个问题是歧视性的问题，你不好回答。如果你拒绝回答，必须尽可能地委婉一些。例如，你可以说："我当然愿意在任何合法的调查领域与你交流，但我的理解是，与工作无关的问题是不合适的。我认为这个问题与工作无关，你认为呢？"

如果你觉得回答某个非法问题不会影响你被录用，那就可以回答这个问题，不要冒犯或吓到面试官而搞砸面试。

在本章中，你已经了解到，成功的面谈首先要明确你的目标，然后让自己了解你的目标。

当你坐下来开始面谈的时候，无论你是面谈发起人还是面谈对象，都有一系列的问题要问。同时，你也要掌握你认为最可能被问到的问题的答案。你知道如何与面谈发起人建立融洽的关系,怎样给面谈发起人留下良好印象。你已经了解了非法的问题和不恰当的问题。作为面谈发起人,你在提前准备好问题的时候,最好不要将它们提出来;作为面谈对象,你要知道如何应对这些问题。你可以利用面谈的最后环节来总结要点,纠正误解,并且清晰地说明下一步该怎么做。

参考文献

Bandler, R., and J. Grinder. 2005. *The Structure of Magic: A Book About Language and Therapy. Vol 1.* New ed. Palo Alto, CA: Science and Behavior Books.

Berne, E. 1996. *Games People Play.* New York: Ballantine.

Cautela, J., and A. J. Kearney. 1993. *Covert Conditioning Casebook.* Pacific Grove, CA: Brooks/Cole Publishing Co.

Davis, M., E. R. Eshelman, and M. McKay. 2008. *The Relaxation and Stress Reduction Workbook.* 6th ed. Oakland, CA: New Harbinger.

Gottman, J. M. 1999. *The Marriage Clinic: A Scientifically Based Marital Therapy.* New York: W. W. Norton and Co.

Gottman, J. M., and R. W. Levenson. 1992. "Marital Processes Predictive of Later Dissolution Behavior, Physiology, and Health." *Journal of Personality and Social Psychology* 63 (2): 221–33.

Hall, E. T. 1990. *The Hidden Dimension.* New York: Doubleday.

Handy, C. 2000. *Twenty-One Ideas for Managers: Practical Wisdom for Managing Your Company and Yourself.* San Francisco: Jossey-Bass.

Harris, T. A. 2004. *I'm OK, You're OK.* Reprint ed. New York: Harper-Perennial.

Linehan, M. M. 1993. *Cognitive-Behavioral Treatment of Borderline Personality Disorder.* New York: Guilford Press.

Mehrabian, A. 1980. *Silent Messages: Implicit Communication of Emotions and Attitudes*. 2nd ed. Belmont, CA: Wadsworth Publishing Company.

———. 2007. *Nonverbal Communication*. London and New York: Routledge.

Rosenthal, R., and L. Jacobson. 1992. *Pygmalion in the Classroom*. Expanded ed. New York: Irvington.

Ross, L., D. Greene, and P. House. 1977. "The 'False Consensus Effect': An Egocentric Bias in Social Perception and Attribution Processes." *Journal of Experimental Social Psychology* 13 (3): 279–301.

Selfhout, M. H., S. J. Branje, M. Delsing, T. ter Bogt, and W. H. Meeus. 2009. "Different Types of Internet Use, Depression, and Social Anxiety: The Role of Perceived Friendship Quality." *Journal of Adolescence* 32 (4): 819–33.

Sullivan, H. S. 1968. *The Interpersonal Theory of Psychiatry*. New York: W. W. Norton and Co.

Sunnafrank, M., and A. Ramirez Jr. 2004. "At First Sight: Persistent Relational Effects of Get-Acquainted Conversations." *Journal of Social and Personal Relationships* 21 (3): 361–79.

扩展阅读

Alberti, R. E., and M. Emmons. 2008. *Your Perfect Right.* 9th ed. San Luis Obispo, CA: Impact Press.

Axelrod, R. 2006. *The Evolution of Cooperation.* Rev. ed. New York: Basic Books.

Bandler, R., A. Roberti, and O. Fitzpatrick. 2013. Reprint ed. *The Ultimate Introduction to NLP.* New York: HarperCollins.

Bower, S. A., and G. H. Bower. 2004. *Asserting Yourself: A Practical Guide for Positive Change.* Updated ed. Cambridge, MA: Da Capo Press/Perseus.

Crowell, A. 1995. *I'd Rather Be Married: Finding Your Future Spouse.* Oakland, CA: New Harbinger.

Faber, A., and E. Mazlish. 2012. *How to Talk So Kids Will Listen and Listen So Kids Will Talk.* 30th anniversary ed. New York: Scribner.

Fisher, R., W. Ury, and B. Patton. 2011. *Getting to Yes: Negotiating Agreement Without Giving In.* Updated and rev. ed. New York: Viking Penguin.

James, M., and D. Jongeward. 1996. 25th anniversary ed. *Born to Win: Transactional Analysis with Gestalt Experiments.* Cambridge, MA: Perseus Books.

Lankton, S., and L. Bandler. 2003. *Practical Magic: A Translation of Basic Neuro-Linguistic Programming into Clinical Psychotherapy.* 2nd ed. Carmarthen, UK: Crown House Publishing.

Markway, B. G., C. N. Carmin, C. A. Pollard, and T. Flynn. 1992. *Dying of Embarrassment: Help for Social Anxiety and Social Phobia.* Oakland, CA: New Harbinger.

McCroskey, J. C. 2005. *An Introduction to Rhetorical Communication.* 9th ed. Upper Saddle River, NJ: Allyn and Bacon.

McKay, M., M. Davis, and P. Fanning. 2011. *Thoughts and Feelings: Taking Control of Your Moods and Your Life.* 4th ed. Oakland, CA: New Harbinger.

McKay, M., and P. Fanning. 1991. *Prisoners of Belief: Exposing and Changing Beliefs That Control Your Life.* Oakland, CA: New Harbinger.

McKay, M., P. Fanning, and K. Paleg. 2006. *Couple Skills: Making Your Relationship Work.* 2nd ed. Oakland, CA: New Harbinger.

McKay, M., P. D. Rogers, and J. McKay. 2003. *When Anger Hurts: Quieting the Storm Within.* 2nd ed. Oakland, CA: New Harbinger.

Newman, M. 1994. *Stepfamily Realities.* Oakland, CA: New Harbinger.

Phelps, S., and N. Austin. 2002. *The Assertive Woman.* 4th ed. San Luis Obispo, CA: Impact Press.

Powers, P. 2009. *Winning Job Interviews.* Rev. ed. Franklin Lakes, NJ: The Career Press.

Rusk, T. 1994. *The Power of Ethical Persuasion.* New York: Viking.

Satir, V. 1983. *Conjoint Family Therapy.* 3rd ed. Palo Alto, CA: Science and Behavior Books.

Scott, G. G. 2011. *Resolving Conflict: With Others and Within Yourself at Work and in Your Personal Life.* CreateSpace Independent Publishing Platform.

Smith, M. J. 2011. *When I Say No, I Feel Guilty.* Ebook. New York: Bantam.

Stein, M. 2003. *Fearless Interviewing: How to Win the Job by Communicating with Confidence.* New York: McGraw-Hill.

Watzlawick, P., J. Beavin, and D. Jackson. 2011. *Pragmatics of Human Communication.* New York: W. W. Norton and Co.

Wolvin, A., and C. G. Coakley. 1995. *Listening.* 5th ed. New York: McGraw-Hill.

人际沟通

《他人的力量:如何寻求受益一生的人际关系》

作者:[美]亨利·克劳德 译者:邹东

畅销书《过犹不及》作者、心理学博士和领导力专家亨利·克劳德新作,书中提出一个科学理念:人们若想抵达更高层次,实现理想的生活状态,百分之百需要依靠人际关系——你相信谁,你如何与人相处,你从他人身上学到什么。

《学会沟通:全面沟通技能手册》(原书第4版)

作者:[美]马修·麦凯 等 译者:王正林

一本书掌握全场景沟通技能,用心理学原理破解沟通难题,用"好好说话"取代"无效沟通"。

《你为什么不道歉》

作者:[美]哈丽特·勒纳 译者:毕崇毅

道歉是一种重要的人际沟通方式、情感疗愈方式、问题解决方式。美国备受尊敬的女性心理学家20多年深入研究,教会我们善用道歉修复和巩固人际关系。中国知名心理学家张海音、施琪嘉、李孟潮、张沛超联袂推荐。

《自信表达:如何在沟通中从容做自己》

作者:[加]兰迪·帕特森 译者:方旭燕 张媛

沟通效率最高的表达方式;兼具科学性和操作性的自信表达训练手册;有效逆转沟通中的不平等局面,展现更真实的自己。

《人际关系:职业发展与个人成功心理学》(原书第10版)

作者:[美]安德鲁·J.杜布林 译者:姚翔 陆昌勤 等

畅销美国30年的人际关系书;最受美国大学生欢迎的人际关系课;美国著名心理学家、人际关系专家安德鲁·J.杜布林将帮你有效提升工作场所和生活中的人际关系质量。

更多>>> 《给人好印象的秘诀:如何让别人信任你、喜欢你、帮助你》 作者:[美]海蒂·格兰特·霍尔沃森
《杠杆说服力:52个渗透潜意识的心理影响法则》 作者:[美]凯文·霍根